학교, 미래교육을 디자인하다

학교자율시간 운영과 학교교과목 만들기

김현섭 지음

수업디자인연구소
INSTRUCTION DESIGN INSTITUE

학교, 미래교육을 디자인하다

1판 2쇄 발행 2023년 10월 16일

저 자 김현섭

발행인 김성경

편집인 김현섭

교정 및 윤문 한유희

표지디자인 마음선아 인스타 @maeumsuna_calli

디자인 조주영

발행처 수업디자인연구소 www.sooupjump.org

도서문의 031-502-1359 eduhope88@naver.com

주 소 경기도 군포시 대야2로 147, 201호

ISBN 979-11-983077-9-8

값 18,000원

서문

'미래(未來)'란 '지금의 시간으로부터 그 이후'를 말한다. 미래의 반대말은 '과거'이다. 과거, 현재, 미래는 연속성 차원에서 이해할 수 있다. 과거가 있기에 현재가 있고, 현재가 있기에 미래가 있다. 그래서 현재 상황을 이해하려면 과거를 살펴보면 좋다. 미래도 현재 상황을 분석하면 어느 정도 가늠할 수는 있다.

미래는 가만히 있으면 다가오는 시간이 아니다. 현재 어떤 문제의식을 가지고 행동하는가에 따라 미래는 변화한다. 이는 자기완성 예언과 자기부정 예언으로 나타난다. 자기완성 예언이란 미래에 어떤 일이 생길 것이라 믿고 현재이를 이루기 위해 행동하면 실제 미래가 현실이 되었을 때 과거에 예언한 대로 성취되는 것이다. 예컨대, 미래사회에서는 융합과 연결이 중요한 키워드로 될 것으로 생각하여 기존 핸드폰에 컴퓨터, TV, 계산기 등의 다양한 기능을 복합적으로 넣어 연결할 수 있는 스마트폰을 만드는 것이다. 몇십 년 전 유선전화를 주로 사용하던 시대에서는 사람들이 각자 스마트폰을 가지고 자유롭게 생활하는 것을 예상하지 못했을 것이다. 자기부정 예언은 부정적인 미래를 예언한 것에 대하여 현재의 문제점을 수정·보완하여 결국 예언대로 이루어지지 않도록 하는 것이다. 예컨대, 마르크스는 자본주의가 자체 모순으로 붕괴할 것이라고 예언했고, 실제로 세계적인 대공황 현상이 나타나 자본주의 체제가 흔들렸다. 하지만 사람들이 자본주의의 문제점을 수정 보완하여 수정 자본주의 체제로 만들어 자본주의가 망하지 않고 현재까지 이어지고 있다. 필자는 미래를 숙명론적인 태도로 수용하는 것이 아니라 선지자적인 태도로 능동적으로 준비하고 만들어가야 한다고 생각한다.

그렇다면 미래사회는 어떠한 모습일까? 현재 사회보다 미래사회가 발전할 것이라고 생각하면, 사람들은 현재를 즐기면서 낙관적으로 살 수 있다. 하지만 현재 사회와 미래사회가 큰 차이가 없다고 느껴지면 사람들은 현재를 충실하게 살아가려고 노력할 것이다. 왜냐하면 현재가 쌓여서 미래가 될 것이기 때문이다. 미래사회가 어느 정도 예측 가능하기에 현재 삶에 맞추어 노력을 기울일 것이다. 그런데 미래사회가 현재 사회보다 변동성이 크고, 예측하기 힘들며, 모호하고, 훨씬 복잡하다면, 현재에 최선을 다하여 살아간다고 해서 잘 살 수 있는 것이 아니다. 최근의 미래사회에 대한 예견은 유토피아(uto-pia)보다는 디스토피아(dystopia)에 가깝다. 기후 위기에 따른 생태계 파괴, 자원 고갈로 인한 국가 간 갈등과 전쟁, 4차 혁명과 인공지능 기술 발달로 인한 일자리 감소, 인구 감소로 인한 지방 소멸 현상과 도농 격차 심화, 다문화 인구 증가로 인한 문화적 갈등 등 기대보다는 우려가 되는 부분이 많다.

최근 우리나라 교육계에서 자주 사용하는 핵심 용어가 '미래교육'이다. 미래교육이란 미래를 준비하는 교육이다. 즉, 우리 아이들에게 미래사회를 잘 살아갈 수 있도록 교육을 해야 한다는 것이다. 우리 아이들은 현재를 살아가고 있지만 동시에 미래를 살아가야 할 존재이다. 그러므로 기성세대가 경험한 과거의 지식과 경험을 전수하는 것을 넘어 현재의 삶을 행복하게 살아갈 수 있도록 해야 한다. 미래의 행복을 위해 현재의 행복을 억압하는 것이 아니라 현재의 행복을 바탕으로 미래를 살아갈 수 있는 힘을 심어줄 수 있어야 한다. 소위 혁신교육 운동은 이 부분에 초점을 맞추고 있다. 그런데 우리 아이들에게 미래사회에 맞는 가치와 역량을 심어주려면 좀 더 적극적으로 미래교육에 대한 연구와 실험을 통해 접근할 수 있어야 한다. 그러므로 미래학교란 학생 스스로 자기 미래를 만들어 갈 수 있는 미래적 가치와 역량을 키울 수 있는 학교로서 이에 맞는 교육과정과 수업, 평가 등이 이루어지고, 생활교육과 행정 지원 활동이 뒷받침되는 학교라고 할 수 있다.

이 책은 미래학교를 추진하는 데 있어서 학교가 어떠한 것을 구체적으로 학교 교육과정에 담을 것인가에 대한 고민을 바탕으로 정리하였다. 특히 최근 수업디자인연구소와 교육디자인넷에서 여러 교육기관과 함께 수행한 미래형 학교 교육과정에 대한 연구들을 기반으로 서술하였다. 세종 및 대전시교육청 주관 혁신학교 평가체제 연구, 전북교육청 주관 학교교과목 개발 연구, 충북교육청 주관 지역연계 교육과정 운영 모델 연구, 제천 고교학점제 및 지역 공동 교육과정 연구, 서울시교육청 주관 생태전환교육 연구 및 생태전환교육 초중고 국제공동수업자료집 개발, 김포교육지원청 주관 지역연계 생태와 평화 수업자료집 개발, 안산교육지원청 주관 상호문화이해교육 및 생태환경 수업자료집 개발, 시흥교육지원청 주관 디지털 리터러시 수업자료집 개발, 인천시교육청 및 광명교육지원청 주관 중3 진로연계 교육 활동 수업자료집 개발, 충남 초중고 인권 감수성 수업자료집 개발 등의 연구 성과, 학교 컨설팅 결과 등을 반영하였다. 함께 연구 개발에 참여한 모든 분들에게 다시 한번 감사를 전한다. 특히 수업디자인연구소 선생님들과 함께할 수 있어서 이러한 결과물을 얻을 수 있었다. 무엇보다 하나님께 감사드리며...

2023년 3월
저자 **김현섭**

학교,

미래교육을 디자인하다

차례

서문   005

1장. 미래가 온다   010

2장. 학교, 미래교육의 방향을 추구하다   019

3장. 학교, 디지털 세상을 준비하다   030

4장. 학교, 생태전환사회를 꿈꾸다   038

5장. 학교, 사람다움을 깨우다   051

6장. 학교, 마을과 함께하다   068

7장. 학교, 다문화사회를 준비하다   098

8장. 학교, 역량으로 공부와 진로를 연결하다   115

9장. 학교, 융합 수업과 프로젝트 수업을 도전하다   140

10장. 학교 자율시간을 어떻게 구성할까?   154

11장. 우리 학교만의 교과목을 만들다   171

12장. 학교, 질문으로 교육과정을 디자인하다   194

13장. IB 학교를 넘어 KB 학교로!   219

14장. 학교 공간을 새롭게 디자인하다   250

1장. 미래가 온다

예상되는 미래사회의 모습과 미래교육의 방향

지금 현재를 분석하면 미래가 보인다. 예상되는 미래사회의 모습과 그에 대한 대응 차원에서 미래교육의 방향을 어느 정도 예견할 수 있다.

코로나19 이후 사회적, 교육적 문제점들

코로나19 이후 발생한 여러 가지 문제점들이 있다. 준비되지 않은 상태에서의 전면적인 온라인 수업은 많은 현실적인 문제점을 드러냈다. 학습 효율성 저하, 교사의 학생 생활 지도 한계, 초등 저학년 학생 및 특수학생 접근성 문제, 학생 참여 활동 및 피드백 부족 현상, 디지털 기기 보급 및 인터넷망 문제 등 다양한 문제점들이 나타났다. 온라인 수업의 문제점을 극복하기 위해 등장한 블렌디드 수업은 온라인 수업과 대면 수업의 장점을 혼합한 수업 형태였다. 하지만 실제 블렌디드 수업은 교사와 학생이 주도권을 가지지 못하고 코로나 확산세에 따라 블렌디드 수업이 진행되다 보니 오히려 온라인 수업의 단점과 대면 수업의 단점이 드러날 뿐이었다[1]. 코로나19 이후 기초학력 저하 문제, 디지털 기기 과의존 현상, 사회성 및 인성 교육 문제 등으로 인하여 어려움을 겪고 있는 상황이다. 또한 코로나19가 완전히 종식된다 하더라도 주기적으로 팬데믹 현상이 올 수 있다. 사스(2002)⇒메르스(2012)⇒코로나19(2019)로 넘어오면서 팬데믹 주기가 점차 짧아지고 있다. 그러기에 주기적으로 찾아오는 팬데믹 현상을 돌발 변수가 아니라 상수로 이해하고 그에 맞는 대비책이 이루어져야 한다.

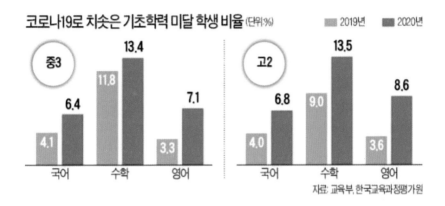

코로나19로 치솟은 기초학력 미달 학생 비율 (단위:%)

자료: 교육부, 한국교육과정평가원

4차 산업혁명과 신기술, 그리고 인공지능

4차 산업 혁명의 도래와 함께 신기술이 우리의 일상생활에 대한 변화를 일으킬 것이다. 스마트폰이 없는 일상생활을 생각하기 힘들 정도로 기술의 변화가 우리의 일상 문화를 바꾸어 놓았다. 특히 인공지능 기술은 육체노동이 아니라 정신노동이 하던 영역까지 대체해 나갈 수 있다는 점에서 그 파급 효과가 크다. 기존 일자리가 사라지고, 새로운 일자리가 만들어질 것이다. 최근 등장한 ChatGPT는 OpenAI가 개발한 생성형 인공지능 챗봇이다. 사용자가

---

1) 김현섭 외(2021), "미래를 여는 온오프라인수업", 수업디자인연구소

입력하여 검색한 결과에서 정보를 얻는 기존 포털 검색과 달리, ChatGPT는 사용자의 질문에 바로바로 논리적인 답을 제공해 준다.[2] 마이크로소프트(MS, Microsoft)에서 개발한 새 빙(New Bing)은 웹에서 관련 콘텐츠를 검색한 후 찾은 내용을 요약하여 유용한 응답을 생성한다. 해당 출처를 인용하므로 참조하는 웹 콘텐츠에 대한 링크를 볼 수 있다.[3] 또한 마이크로소프트에서 개발한 인공지능 인턴 프로그램인 코파일럿(Copilot)을 활용하면 기존 문서를 요약하거나 문서 파일을 요약하여 프레젠테이션 파일로 자동 전환하는 서비스까지 할 수 있다. 나중에 동영상 회의에 참여해도 이전 회의 내용을 코파일럿이 알아서 요약하여 제시해 줄 수 있다. MS에서 개발한 기존 오피스 프로그램을 인공지능이 연동하여 활용할 수 있도록 한 것이다.[4] 최근 국내 기업이 인공지능 기술을 활용하여 학생생활기록부를 기록하는 시스템까지 개발하여 현재 보급되고 있다. 인공지능과 동영상 합성기술이 만난 딥페이크(Deepfake) 기술을 활용하면 유명 강사의 아바타를 활용하여 인공지능이 대신 강의할 수 있다. 초창기의 기계 번역기(구글 번역, 파파고 등)는 원활한 의미 전달이 쉽지 않았으나 현재는 다른 나라의 언어로 구성된 내용을 이해하는 데 별 어려움이 없는 수준까지 올라갔다.[5] 시간이 갈수록 데이터가 쌓이기 때문에 앞으로도 정확도는 더 올라갈 것이다. 따라서 영어나 중국어 등 외국어를 공부해야 할 이유를 새롭게 제시하지 않으면 안 되는 상황이 되었다. 특정 임무나 목적이 있는 온라인 게임에 비해 사용자가 자유롭게 대화하고, 게임하고, 경제활동까지 할 수 있는 메타버스가 등장하였다. 메타버스(metaverse)란 가상, 초월 의미인 '메타'(meta)와 세계, 우주 의미인 '유니버스'(universe)를 합성

---

2) 변문경 외(2023), "ChatGPT 인공지능 융합교육법", 다빈치북스
3) https://www.bing.com/new
4) https://www.youtube.com/watch?v=BrgTbhTzukc
5) 2019년 기준 영한 번역은 구글 번역이 51%, 파파고는 67%, 한영번역은 구글 번역 47%, 파파고 49% 수준이었다. 매년 3~7% 정확률이 올라가고 있다. 일본어 번역은 영어 번역에 비해 정확률이 더 높다.

학교, 미래교육을 디자인하다

한 신조어로서 직역하면 '가상 세계'를 의미한다. 메타버스란 모든 사람들이 아바타를 이용하여 사회, 경제, 문화적 활동을 하게 되는 가상의 세계를 말한다. 우리나라에서도 메타버스를 교육적 차원에서 활용하려는 노력이 이루어지고 있다[6]. 최근 에듀테크가 발달하면서 에듀테크 활용 교육, 디지털 기반 교육이 강화되고 있는 추세이다. 인공지능 활용 교육에 대한 국가적, 사회적 관심이 높아지고 있다.

⊕ **새로운 Bing이란 무엇인가요?**

⊕ **새 Bing을 가장 잘 사용하려면 어떻게 하나요?**

⊖ **일반 검색 엔진과 어떻게 다른가요?**
새로운 Bing은 기존 Bing 환경을 기반으로 하여 새로운 유형의 검색을 제공합니다.
- Bing은 관련 링크 목록을 생성하는 것 외에도 웹 전반에 걸쳐 신뢰할 수 있는 원본을 통합하여 하나의 요약된 답변을 제공합니다.
- 말하고, 문자를 보내고, 생각하는 방식을 검색하세요. Bing은 복잡한 검색을 수행하고 자세한 응답을 다시 공유합니다.
- 채팅 환경에서는 자연스럽게 채팅하고 초기 검색에 대한 후속 질문을 하여 개인 설정된 답변을 받을 수 있습니다.
- Bing을 창작 도구로 사용할 수 있습니다. 시나 이야기를 쓰거나 프로젝트를 위한 아이디어를 공유하는 데 도움이 될 수 있습니다.

⊖ **새 Bing은 어떻게 응답을 생성하나요?**
Bing은 웹에서 관련 콘텐츠를 검색한 후 찾은 내용을 요약하여 유용한 응답을 생성합니다. 또한 해당 출처를 인용하므로 참조하는 웹 콘텐츠에 대한 링크를 볼 수 있습니다.

기후 위기 현상과 생태 문제

미래사회는 기후 위기, 자원 고갈, 식량 부족 현상 등이 가속화될 것이다. 생태 환경 문제는 선택의 문제가 아니라 생존의 문제로 다가온다. 지구온난화 현상으로 인하여 북극뿐 아니라 남극도 녹고 있는 상황이다. 극지방의 빙하가 녹으면 전 세계 해수면이 상승하게 된다. 해수면 상승으로 인해 피지, 통가 등 남태평양 섬나라들은 30년 이내에 국가의 일부 또는 전체가 수몰될 수 있고, 다른 지역도 해변가를 중심으로 수몰될 수 있을 것이다. 극지의 얼음이 녹으면 수백만 명이 마시고 사용할 물이 사라지고, 얼음이 녹는 과정에서 오랜 시

---

6) 메타버스의 대표적 서비스로서 십 대 게임 놀이터인 '로블록스', 교육 콘텐츠로 활용되는 '마인크래프트', 가상학교가 가능한 '게더타운', 아바타 기반 SNS인 '제페토' 등이 있다. 일부 학교에서는 게더타운을 활용하여 학습 캠프 등을 운영하거나 대구에서는 학교가자.com을 운영하기도 한다.

간 묻혀있던 온실가스가 대기 중으로 배출되면서 지구온난화를 가속화할 수 있다[7]. 이제 생태 환경 문제는 쓰레기 분리수거 수준의 생활윤리 문제를 넘어 인권 문제, 경제 문제, 노동 문제, 국제 분쟁 등 사회 구조적인 접근이 필요하게 되었다. 이에 따라 환경교육, 생태교육을 넘어 생태전환교육이 부각되었다. 생태전환교육이란 기후 변화와 환경재난 등에 대응하고, 환경과 인간의 공존을 추구하며, 지속 가능한 삶을 위한 모든 분야와 수준에서의 생태적 전환을 위한 교육이다. 즉, 인간 중심적 사고 문화 체계를 생태 중심적 사고 문화 체계로 전환하는 것을 말한다. 생태 문제를 중심으로 민주시민교육, 세계시민교육, 경제교육, 인권교육 등이 총체적으로 연결되어 사회 구조적인 전환을 위한 교육 체제가 요구된다.

인구 감소에 따른 학생 수 감소

저출산 현상에 따라 급격한 인구 감소 현상이 진행되고 있다. 최근 '인구 절벽'이라는 신조어가 나올 정도로 인구 감소 현상이 두드러지고 있다. 1971년의 신생아는 약 100만 명에 달했지만, 2023년 기준 현재 고교 3학년 학생은 약 40만 명 정도에 불과하다. 2017년에는 약 36만 명, 2018년 약 32만 명, 2019년 약 30만 명, 2020년 약 27만 명, 2021년 약 26만 명, 2022년 약 25만 명 정도가 된다. 1971년생에 비해 2022년생은 1/4로 줄어들었다. 2022년 출산율은 0.78명까지 떨어졌다[8]. 이에 따라 많은 학교가 통폐합되거나 사라졌다. 1969년부터 2020년까지 폐교된 학교는 총 3,832개교이다[9]. 전남, 경북 등의 시골 학교뿐 아니라 대도시인 서울에서도 학생들이 부족하여 일부

---

7) BBC NEWS 코리아 2022.11.19. https://www.bbc.com/korean/features-63168554
8) 통계청 인구 추이 kosis.kr
9) 세계일보, 2021.3.6

학교, 미래교육을 디자인하다

학교가 폐교되는 현상까지 나타났다[10]. 10년 뒤 초등학생의 예상 수는 현재의 약 54% 정도로 추정된다.(국가통계포털) 학생 수 감소는 대입 입시 경쟁률 완화, 대학의 구조조정, 초중고 학급당 인원수 감소 및 일부 학교 통폐합, 초중고 연계학교 등장 등의 변화를 불러올 것으로 예상한다. 이에 따라 개별학습, 학생 개인 맞춤형 교육 수요 증가 등 학부모들의 교육 기대 수준도 올라갈 것이다.

시·도별 폐교보유 현황 (단위: 교)

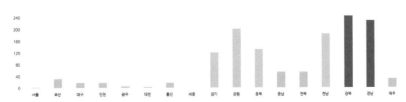

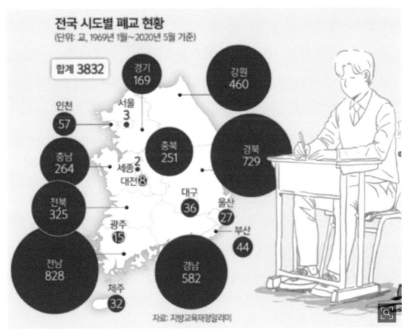

자료: 지방교육재정알리미

---

10) 홍일초(2015년), 염강초(2020년), 공진중(2020년), 화양초(2023년) 폐교, 도봉고(2024년) 폐고 예정

다문화 인구 증가 및 이질적인 사회

인구 감소 현상에 이어 한국 사회에서 다문화 인구가 증가하고 있는 추세이다. 이에 따라 다문화 학생들의 비중이 더욱 늘어날 것이다. 이미 우리나라 인구의 다문화 인구수는 2021년 기준 약 112만 명 정도이다[11]. 국내 외국인 주민 수는 2019년 기준 222만 명으로, 총인구 대비 4.3%에 이른다[12]. 추후 전체 인구수 대비 다문화 인구 비중은 더욱 올라갈 것으로 예상된다. 3D 업종 기피 현상 심화에 따라 그 빈자리를 외국인 노동자들로 채우는 상황이고, 코로나 안정 이후 인적 교류가 활성화하게 되면 경제적인 안정을 찾는 외국인 노동자들이 대거 입국할 것이다. 세계화 현상에 따라 결혼 이민, 외국인 유학생 비중이 늘면서 다문화 인구도 더욱 늘어날 것이다. 탈북자도 코로나19 이전까지 해마다 약 1천 명 이상이 넘어왔다. 2022년도 6월 기준 누적 인구수가 약 3만 3천 명 정도가 되고, 실제 거주 인구는 약 2만 7천 명 정도로 추산한다[13]. 우리나라는 이미 다문화 된 사회 구조로 변화했다. 다문화 학생 비중도 늘어가고 있는데, 한국어 미숙으로 인한 학업 문제, 문화적 차이에서 오는 문화적 갈등, 진로진학 문제 등으로 인하여 힘들어하고 있다. 이에 앞으로 다문화 교육, 상호문화이해교육, 세계시민교육이 더욱 강조될 것이다.

포노 사피엔스의 등장과 스마트 기기 과의존 현상

소위 'Z세대'라고 불리는 10대 문화가 기존 기성세대 문화와는 다른 양상으로 드러나고 있다. 1995년 이후 실용적 소비를 추구하고 디지털 네이티브로 자기 생각을 표현하는 세대라는 것이다. 기성세대는 디지털 이주민이라

---

11) 통계청 인구 추이 kosis.kr
12) 장인실 외(2022), "다문화교육", 학지사
13) 통일부 누리집
      https://www.unikorea.go.kr/unikorea/business/NKDefectorsPolicy/status/lately/

학교, 미래교육을 디자인하다

면, 현재 청소년들은 디지털 원주민이라고 볼 수 있다. 세대별 SNS 서비스 선호도를 살펴보면 40대 이상은 텍스트 기반인 페이스북 등을 자주 사용한다면, 20~30대는 이미지 기반인 인스타그램 등을 자주 사용한다. 그런데 10대들은 동영상 기반인 유튜브와 틱톡 등을 자주 사용한다. 그래서 요즘 청소년들은 동영상으로 정보를 얻고 편집하고 활용하는 능력이 기성세대보다 뛰어나다. 최근 등장한 신개념 중의 하나가 '포노 사피엔스'이다. 포노 사피엔스(Phono Sapiens)란 '스마트폰(smartphone)'과 인류를 의미하는 '호모사피엔스(Homo Sapiens)'의 합성어로서, 스마트폰 없이는 일상생활을 할 수 없는 신세대를 말한다[14]. 포노 사피엔스는 기성세대와 비교했을 때 공부하는 태도와 방법도 다르다. 디지털 기기 활용에 익숙하고, 관심 사항은 개인화된 방식으로 배우고, 초점에서 사방팔방으로 네트워크를 유영한다[15].

하지만 다른 한편으로는 스마트 기기 과의존 현상으로 인하여 많은 어려움을 경험하고 있다. 스마트 기기 과의존 현상이란 '스마트폰·인터넷 사용에 대한 금단과 내성을 지니고 있으며 이로 인해 일상생활의 장애가 유발되는 상태'를 말한다. 심리적인 차원에서는 다양한 심리적 변화나 우울, 불안 등의 증상을 보인다. 관계 및 행동적 차원에서는 가상 세계에 몰입하여 일상적 대인관계가 악화되거나, 일탈적 행동을 하게 된다. 신체적 차원에서는 장시간 스마트폰의 사용으로 VDT 증후군, 뇌 기능 저하, 수면장애 등 다양한 신체적 기능이 영향을 받아 여러 가지 장애를 유발한다[16].

청소년들의 스마트 기기 과의존 현상 실태를 살펴보면 2019년 30.2%, 2020년 35.8%, 2021년 37%로 매년 늘어나고 있는 상황이다. 이 중에서 고위험군은 2021년 기준 5.7%나 된다. 우리나라 스마트폰 이용자의 24.2%가

---

14) 최재붕(2019), "포노 사피엔스", 쌤앤파커스
15) 최승복(2020), "포노 사피엔스 학교의 탄생", 공명
16) 스마트쉼센터, "나와라 스마트폰 세상 밖으로", https://www.iapc.or.kr/

과의존 상태라고 볼 수 있는데, 2019년 20%에서 2021년 24.2%로 코로나19 기간 동안 과의존 현상이 약 4.2% 정도가 늘어났다는 것을 알 수 있다[17]. 이에 따라 디지털 리터러시, 디지털 기반 교육에 대한 수요가 더욱 늘어날 것으로 예상한다.

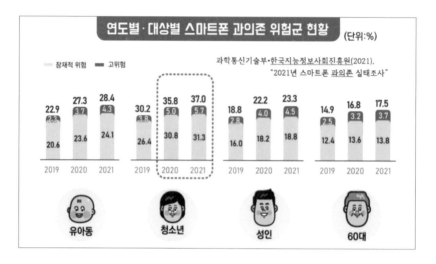

---

17) 과학통신기술부•한국지능정보사회진흥원(2021), "2021년 스마트폰 과의존 실태조사"

학교, 미래교육을 디자인하다

2장. 학교, 미래교육의 방향을 추구하다

미래교육 담론의 모순과 다양성

미래교육 담론을 얼핏 살펴보면 상반된 담론이 충돌되는 것처럼 느껴진다. 하지만 세심하게 살펴보면 모순 대립 관계가 아니라 상호보완 내지 의존 관계라는 것을 알 수 있다.

학력 중심 교육 ⇔ 역량 중심 교육

최근 기초학력 부진 학생이 늘어나면서 학력에 대한 사회적 관심이 높아지고 있다. 그런데 많은 지식을 알고 있는 것은 의미 있지만, 지식을 삶 속에서 실천하지 못하면 '똑똑한 바보'가 될 수 있다. 기존 학력 중심 교육을 비판하면서 등장한 것이 학생의 삶과 경험을 강조한 구성주의이다. 구성주의는 맥락에 적합한 의미 구성을 추구하면서 개인의 주관적 경험과 사회적 상호작용을 강조하였다. 다른 한편으로 학교 교육이 우리 사회가 추구하는 직업 역량을 키울 수 있어야 한다는 요구가 있었다. 미래사회가 요구하는 인재를 양성하기 위해 미래 핵심 역량이 강조되면서 역량 중심 교육이 대두되었다. 역량은 지식뿐 아니라 기능, 태도 등을 포함한 종합적인 개념으로서 삶 속에서 지식을 활용할 수 있는 것이다. 역량은 복잡한 삶의 문제를 해결할 수 있도록 하는 것이다. 역량은 지식을 삶 속에서 실천하는 경험을 통해 기를 수 있다. 그러므로 학력과 역량은 상호 모순 관계가 아니라 역량을 키우기 위한 필요조건이다. 학력을 기반으로 역량을 쌓아갈 수 있다.

학력 중심 교육 ▸◂ 역량 중심 교육

개별학습 (개인 맞춤형 교육) ⇔ 협동학습 (공동체 교육)

학생 개개인의 특성에 맞게 개별 맞춤형 교육을 하는 것은 교육의 이상(理想)이라고 볼 수 있다. 개인주의 문화, 한 자녀 가정 시대에서 개별학습은 더욱 중요하다. 디지털 기술과 에듀테크는 다인수 학급에서도 개별학습이 가능할 수 있도록 한다. 개별화 수업, 고교학점제, 수준별 수업 등이 이러한 맥락에서 중요하다. 하지만 동시에 미래사회는 현재 사회보다 복잡해지고 이질적인 사람들이 모여 사는 다원화 사회이다. 이질적인 다양한 문화가 공존하고 융합되면서 우리 사회가 발전할 수 있을 것이다. 이를 위해 공동체적 가치(협동, 협업, 배려 등)와 역량이 사회적으로 요구될 것이다. 협동학습, 팀 프로젝트 수업, 관계기술(Social Skill), 사회봉사활동 등이 학교 교육에서 중요한 부분을 차지한다. 개별학습의 단점을 보완할 수 있는 것이 협동학습이다.

학교, 미래교육을 디자인하다

개별학습
개인맞춤형 교육

협동학습
공동체 교육

디지털 기반 교육(기술) ⇔ 인성교육(인간) ⇔ 생태전환교육(자연)

에듀테크가 발전할수록 디지털 기반 교육, 테크놀로지 기반 교육이 강조될 것이다. 에듀테크를 활용하면 개별화 교육 활동을 할 수 있고, 시공간을 넘나들며 다양한 교육 활동을 진행할 수 있다. 그런데 기술은 수단이지, 교육의 목적이 될 수 없다. 교육은 기술 지상주의의 한계를 극복해야 한다. 왜냐하면 교육은 기본적으로 사람과 사람 사이의 인격적 만남을 토대로 인간 행동의 변화를 추구하기 때문이다. 디지털 기반 교육이 강조될수록 인간다움을 강조하는 인성교육을 강조해야 한다. 기술은 사람다움을 세울 수 있는 방향으로 사용되어야 한다. 또한 기술을 강조할수록 자칫 자연과 생태계를 파괴할 수 있다. 인본주의적 사고에서 벗어나 생태 중심적 사고를 기반으로 사회 구조적 변화를 추구하는 생태전환교육이 필요하다. 기술과 인간, 그리고 자연은 얼핏 방향성이 다른 것 같지만 사실 세 가지가 서로 조화를 이루고 융합되어야 한다.

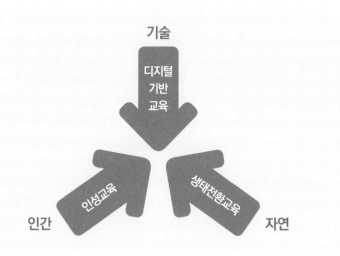

세계화 교육 ⇔ 지역화 교육

세계화 흐름 속에서 인적, 물적 교류가 활발해지고 있다. 지금까지 치열한 국제 경쟁 속에서 살아남기 위한 글로벌 인재 육성을 강조했지만, 자기 지역과 문화에 대한 정체성을 잃어버리는 것이 더 큰 문제라는 것을 알게 되었다. 예전에 한창 "가장 한국적인 것이 가장 세계적인 것이다"라고 강조한 신토불이(身土不二) 문화가 유행한 적이 있었다. 그런데 각국의 자국 중심주의와 애국주의 운동 확산은 국가 간, 민족 간 갈등과 전쟁으로 이어지는 경우가 많았다. 그래서 그 대안으로 등장한 것이 세계시민교육이다. 세계시민교육이란 '학생들이 세계시민으로서 더 포용적이고, 정의롭고, 평화로운 세상을 만드는 데 이바지할 수 있도록 필요한 지식, 기능, 가치, 태도를 길러주는 교육'을 의미한다. 다양한 지구촌 문제에 관심을 가지고 문제의 해결을 위해 적극적으로 행동하는 사람을 양성하기 위한 교육으로 UN이 정한 지속가능 개발 목표(Sustainable Development Goals, SDGs)의 주요 목표로도 다뤄지는 교육이다[1].

---

1) 국무조정실 https://www.odakorea.go.kr/

학교, 미래교육을 디자인하다

최근에는 세계화 교육과 지역화 교육을 결합한 글로컬(Glocal) 교육이 대두되고 있다. 글로컬 교육이란 국제 사회와 외국인에 대한 이해를 기초로 유능한 세계인으로 기능할 수 있는 능력을 기르는 글로벌(Global) 교육과, 지역 사회에 대한 관심과 애정을 갖고 지역 사회 발전과 삶의 질 향상을 위한 활동을 수행하는 능력을 기르는 로컬(Local) 교육이 결합한 교육이다. 글로컬 교육 차원에서 세계시민교육이 이루어져야 한다.

언택트(Untact, 비대면) 문화 / 온텍트(Ontact, 온라인 만남) ⇔ 로컬텍트(Local-tact, 지역 소모임화)

코로나19 이후 방역 차원에서 언택트, 비대면 문화가 확산되었다. 그런데 사회적 존재로서 인간은 혼자서 살아갈 수 없기에 온라인 만남을 통해서 사회적 관계를 맺기도 한다. 하지만 비대면 만남, 온라인 만남의 한계가 존재하기에 그 대안으로 소그룹 대면 만남을 강조하는 흐름이 대두되고 있다. 불특정 다수 중심의 대규모 대면 모임보다 지역 단위의 작은 모임이 강화되고, 각 소모임이 네트워크 형태로 연결될 것이다. 이러한 흐름 속에서도 학교도 큰 학교보다는 작은 학교, 다인수 수업보다 소인수 수업, 학습 가족과 학습공원을 지향하는 유연한 교육 활동이 강조될 것이다.

미래는 열린 개념이므로 미래교육의 특성상 몇 가지 과제로 표준화하기 쉽지 않다. 미래교육은 미래사회의 요구와 그에 맞는 역량 중심 교육 관점에서 다음의 다양한 키워드들이 함께 강조될 것이다.

미래교육과 혁신교육, 미래학교와 혁신학교

2022년 지방 선거 이후 보수 교육감이 등장한 지역을 중심으로 기존 혁신학교 정책에 대한 재평가가 이루어지고 있다. 아무래도 혁신학교 정책이 진보 진영의 대표적인 정책이니만큼 보수 진영 입장에서는 비판적인 관점에서 혁신학교 문제에 접근하고 있다. 이와는 반대로 진보교육감이 있는 시도교육청은 그동안의 혁신학교 정책을 성찰하고, 이를 통한 수정 보완 작업을 통해 심화 발전의 방향을 모색하고 있다. 현재 혁신학교에 대한 평가는 정치적인 성향에 따라 '공교육 정상화를 위한 모델학교'로 바라보는 긍정적인 관점과 '학력 저하와 정치 편향적인 학교'라는 부정적인 관점으로 극단적으로 나뉘어 충돌하고 있다.

혁신학교 운동과 정책

혁신학교란 '교육과정과 수업, 평가를 총체적으로 바꾸어 학생의 삶에 긍정적인 영향을 미치고, 공교육 변혁의 모델을 제시함으로써 일반 학교의 변화를 추동하는 학교'이다.(김성천, 2012) 혁신학교는 공교육의 학교 혁신 모델로 시작된 자율학교이다. 2001년 남한초에서 시작된 새로운 학교 만들기 운동이 2009년 경기도 혁신학교 정책으로 제도화되었다. 이후 전국적으로 확산되면서 혁신학교 정책은 다혼디배움학교(제주), 행복씨앗학교(충북), 행복나눔학교(충남), 행복학교(경남), 빛고을학교(광주), 행복더하기학교(강원), 다행복학교(부산), 창의인재학교(대전) 등등 다양한 명칭으로 지역별로 운영되고 있다. 혁신학교 명칭은 지역마다 약간 달라도 혁신학교가 지향하는 가치와 추진과제 등은 큰 차이가 없다. 혁신학교는 공통적으로 공공성, 민주성, 창의성 등의 가치 등을 추구하고, 추진과제로써 전문적 학습공동체 활성화, 민주적 의사결정, 배움 중심 수업, 창의적인 교육과정 운영, 생활공동체, 지역 사회와의 협력 체제 등을 제시하고 있다. 그래서 이러한 가치와 추진과제를 잘 수행하는 학교가 혁신학교라고 평가한다.

혁신학교는 '왜곡된 교육 현실을 비판하고 교육 본질을 회복하기 위한 공교육 학교혁신 모델학교'이다. 예컨대, 교육과정-수업-평가-기록의 일체화는 교육학적인 관점에서 당연한 문제이지만 입시와 경쟁 등 왜곡된 교육 현실로 인하여 많은 학교에서 교육과정-수업-평가-기록의 불일치 현상이 나타났다. 그래서 학교혁신을 통하여 이러한 불일치 상태를 원래대로 일체화 상태를 회복하고자 하는 것이다.

'혁신'의 용어를 둘러싼 갈등

　원래 '혁신(革新, innovation)'이라는 단어의 사전적인 의미는 '묵은 풍속, 관습, 조직, 방법 따위를 완전히 바꾸어서 새롭게 함'이다.(네이버 국어사전) 혁신이란 '잘못된 것, 부패한 것, 만족스럽지 못한 것 등을 고치는 것'이다. 그런데 혁신은 '개선'과 '개혁'보다 강한 의미를 담고 있다. 개선(改善)이란 '잘못된 것이나 부족한 것, 나쁜 것 따위를 고쳐 더 좋게 만듦'이고, 개혁(改革)이란 '제도나 기구 따위를 새롭게 뜯어고침'이다. 강도 세기를 기준으로 단어들을 배열한다면 개선〈개혁〈혁신 순서이다.

　지난 우리 교육사를 살펴보면 해당 순서에 따라 단어들이 사용되었다는 것을 알 수 있다. 1986년 운현초와 영훈초에서 시작한 열린 교육 운동이 전국적으로 확산되었지만, 80년대 말 교실붕괴 담론 등장 이후 열린 교육 운동이 학력 저하의 주범으로 몰리면서 급격하게 몰락하였다. 이때 '열린 교육 시범학교'가 '교실 수업 방법 개선 학교'로 명칭이 바뀌게 되었다. 1995년 5.31 교육개혁 정책이 발표되면서 '개선'이라는 단어 대신 '개혁'이라는 단어가 교육계에서 더 많이 사용하게 되었다. 2009년 진보교육감이 등장하면서 '교육개혁'보다 강한 의미를 담고 있는 '혁신교육'을 사용하게 되었고, 혁신교육을 실현하는 '혁신학교' 정책이 지금까지 추진되고 있는 상황이다. 혁신학교 운동에 적극적으로 참여한 사람들과 진보 진영 사람들은 '혁신'에 대한 애정을 많이 가지고 있다. 하지만 다른 한편에서는 10여 년 이상 '혁신'이라는 단어를 자주 사용하면서 '혁신'에 대한 현장 교사들의 피로감이 높아졌고, '혁신'을 부담스러운 업무로 여기는 경향이 나타났다. 혁신학교의 양적 확대 정책에 의해 '무늬만 혁신학교'들이 생기면서 이에 대한 비판적인 시각도 나타났다. 교육청의 지원을 받는 혁신학교에 비해 역차별을 받고 있다고 생각하는 일부 일반학교 사람들이나 보수 진영 사람들은 '혁신'에 대한 반감을 드러내고 있다.

미래학교

미래학교란 '빠르게 변화하는 사회 및 기술 환경에 따라, 현재의 공교육 문제를 해결할 뿐 아니라 미래사회 관점에서 예측된 공교육의 문제에 대응하고, 더 나아가 미래사회에 준비된 인재를 양성하고자 현재의 학교 환경 및 기술, 교육 및 조직의 변화가 있는 학교'이다.(김현진 외, 2017) 즉, 미래학교는 미래를 준비하는 학교로써 미래사회가 추구하는 가치와 역량을 기르는 학교이다. 미래사회가 추구하는 가치는 다양성 존중, 평화, 디지털 시민성, 생태전환, 지역화, 세계화, 행복 등이 있을 것이다. 미래사회가 추구하는 역량들은 OECD 데세코 프로젝트의 3대 범주 9대 핵심 역량, OECD 교육 2030의 변혁적 역량과 웰빙, 2022 개정 교육과정에서 제시하는 6대 역량 등을 통해 살펴볼 수 있다. 그런데 미래사회가 추구하는 가치와 역량들은 기존에 우리가 추구한 가치와 역량들에 비해 더 다양하다. 그러기에 특정 모델학교가 미래 가치와 역량을 모두 담을 수 없다. 학교 특성에 따라 미래 가치와 역량을 선택과 집중의 원리에 따라 선정하고 미래형 교육과정을 운영해야 한다. 그래서 미래학교는 기본에 충실한 학교로서 사회적 합의를 바탕으로 진행된 혁신학교와 달리 미래사회가 추구하는 가치와 역량들을 학교 특성에 따라 선택하여 다양한 교육과정을 운영하는 학교라고 할 수 있다.

최근 미래학교 정책을 앞장서서 추진하고 있는 교육청 중의 하나는 경기도교육청이다. 경기도교육청의 미래학교 정책을 살펴보면, 17대 교육감 체제(진보)에서는 경기미래학교 유형으로 신나는 놀이 학교, 지속가능마을학교, 꿈을 찾는 도전 학교, 스마트 첨단 학교, 민주적 자치학교, 친환경 녹색학교, 안전한 평화학교 등을 제시하면서 학생 수 감소에 따른 초중 통합 운영학교, 중고 통합 운영학교, 다문화 학생들을 위한 미래 국제학교, 문화예술 중점 학생자치학교로서 신나는 학교, 환경교육 중심의 생태숲 미래학교 모델 등을 추진하였다. 그런데 18대 교육감 체제(보수)에서 제시한 미래학교는 '학생들이 스스로 미래를 만들어갈 수 있도록 미래역량을 키우는 교육과정을 운영하고, 최첨단의 교수·학습 기술인 에듀테크를 적극적으로 활용한 학생 개인 맞춤형 학습 플랫폼을 활용하는 학교'이다. 경기 미래학교 유형으로서 에듀테크, AI 학교, DQ 학교, SW 학교, IB 학교, 세계시민교육 학교(다문화학교), 기초학력 향상 중점 미래학교 등을 제시하고 있다.(18대 경기도교육감 인수위 백서) 이를 통해서 알 수 있는 것은 미래교육을 이해하는 관점에 따라 미래학교 유형과 모델도 달라질 수 있다는 것이다.

혁신학교와 미래학교와의 공통점과 차이점

혁신학교와 미래학교의 공통점은 공교육 학교혁신 모델학교라는 것이다. 차이점을 살펴보면 혁신학교는 왜곡된 교육 본질을 회복하는 것을 강조한다면, 미래학교는 미래사회가 추구하는 가치와 역량에 초점을 둔다는 것이다. 혁신학교는 배움 중심 수업, 창의적 교육과정 운영, 전문적 학습공동체 활성화, 민주적 의사결정 등 공통된 추진 과제가 있어서 보편성과 혁신학교의 확산을 강조하지만, 미래학교는 추구하는 가치와 역량에 따라 다양한 학교 모델을 제시할 수 있다는 점에서 다양성과 특수성을 지향한다.

연속성인가? 단절성인가?

혁신학교와 미래학교의 관계는 연속성을 강조하는 입장과 단절성을 강조하는 입장으로 구분된다. 연속성을 강조하는 입장은 혁신학교 성과를 기반으로 미래학교로 발전시키자는 것으로 문재인 정부의 미래형 혁신학교, 서울시교육청의 혁신 미래교육 등이 대표적인 사례라고 할 수 있다. 그에 반해 단절성을 강조하는 입장은 혁신학교와는 전혀 다른 새로운 학교로 이해한다는 것이다. 특히 보수 진영이나 혁신학교를 부정적으로 바라보는 사람들은 대체로 이러한 입장을 지지한다. 그래서 미래학교 모델로 인공지능 학교, IB 학교 등을 제시한다.

또한 미래학교의 접근 전략은 점진적 접근과 파괴적 접근으로 구분할 수 있다. 서울 창덕여중처럼 현재의 법과 제도하에 학교장 재량권 범위에서 변화를 추구하는 점진적 변화를 추구하는 미래학교도 있겠지만, 교실, 학년, 정규 수업 시간이 없는 스웨덴의 비트라 스쿨, 학교 건물이 없는 온라인 학교인 미국의 미네르바 스쿨 등처럼 기존 학교 운영 방식을 뛰어넘는 파괴적 변화를 추구하는 학교를 미래학교로 생각한다.

필자는 혁신학교와 미래학교의 관계 문제가 연속성과 단절성 두 가지 차원을 모두 가지고 있다고 생각한다. 기존 학교가 과거의 지식과 경험에 기반을 두고 있기에 기존 학교를 바로 미래학교로 전환하기가 현실적으로 쉽지 않다. 기존 학교가 미래학교로 전환하려면 개선 수준을 넘어 치열한 학교혁신 과정이 있어야 한다. 그러므로 혁신학교의 성과 위에 미래학교로 전환하는 것이 현실적인 접근이 될 수 있다. 하지만 기존 혁신학교 추진과제를 열심히 수행한다고 해서 저절로 미래학교가 되는 것은 아니다. 기존 혁신학교의 틀을 뛰어넘어 미래사회가 추구하는 가치와 역량을 구현할 수 있어야 미래학교로의 전환이 비로소 가능하다고 생각한다.

3장. 학교, 디지털 세상을 준비하다

2022 교육과정의 디지털 소양과 인공지능 교육

2022 교육과정에서는 기초 소양으로 언어 소양, 수리 소양, 디지털 소양을 제시하고 있다. 특히 디지털 소양 함양 교육을 강조하고 있다. 디지털 소양이란 디지털 지식과 기술에 대한 이해와 윤리의식을 바탕으로, 정보를 수집·분석하고, 비판적으로 이해·평가하여 새로운 정보와 지식을 생산·활용하는 능력을 말한다.

2022 교육과정에서는 인공지능(AI)·소프트웨어(SW) 등 신(新) 산업 기술 혁신에 따른 미래 세대 핵심 역량으로 디지털 기초 소양을 함양하고, 교실 수업 개선 및 평가 혁신과 연계할 것을 이야기하고 있다. 모든 교과교육을 통해 디지털 기초 소양 함양 기반을 마련하고, 정보 교육과정과 연계하여 AI 등 신기술 분야 기초 및 심화 학습을 내실화할 것을 밝히고 있다.

[디지털 기초 소양 및 컴퓨팅 사고력 함양을 위한 교육과정 구성 방안]

2022 교육과정에서의 인공지능 교육은 정보 교육과정 재구조화 및 신산업 분야에 대한 학생 요구 등에 따라 자율적인 학교별 정보 교과목 편제와 교육 과정 편성을 다음과 같이 제안하고 있다.

[초 · 중등학교 교육과정에서의 정보교육 강화 방안 예시]

구분	교과목 편제 및 교육과정 편성	교과 내용 재구조화
초등학교	• 정보관련 내용을 학생 수요 및 학교 여건에 따라 학교장 개설과목으로 편성 가능 ※실과 교과를 포함하여 학교 자율시간 활용을 통한 34시간 이상 시수 확보 권장	• 정보 관련 교과(실과) 내용에 인공지능 (AI) 등 신산업기술 분야 기초 개념· 원리 등 반영 • 놀이 체험 활동 중심으로 간단한 프로그래밍 등 디지털 역량 함양을 위한 과목 신설
중학교	• 학교 자율시간 및 교과(군)별 시수 증감을 통한 정보시수 확대 이수 권장 기준 마련 ※(개선안) 정보 과목은 학교 자율시간을 확보하여 68시간 이상 편성· 운영을 권장	• 인공지능에 대한 학습(learning about AI) 관련 내용 강화 • 디지털 기초 소양 함양 교육과 연계한 기본 심화를 위한 정보 과목 개설

고등학교	• 정보 교과를 신설하고, 진로·적성에 따른 다양한 선택과목 편성 ※(현행) 기술 가정 교과군 → (개선안) 기술 가정/정보	• 인공지능(AI) 및 빅데이터 등 다양한 신기술 분야 과목 신설

디지털 지수(DQ)와 디지털 시민성(DC)

최근 IQ(지능지수)나 EQ(감성지수)처럼 DQ(Digital Intelligence Quotient, 디지털 지수)란 새로운 개념도 등장하였다. 경기도교육청에서는 미래학교 모델 중의 하나로 DQ 학교를 내세우고 있다. DQ란 '디지털에 대한 친숙도'를 말한다. DQ 교육의 핵심은 온라인에서도 실제 생활과 마찬가지라는 점을 학생들에게 강조하는 것이다. 개인정보를 아무한테나 알려주면 안 되고, 내가 올린 글들이 지워지지 않기 때문에 SNS 등에 글을 올리는 것을 조심해야 하며, 온라인에서 얻은 정보를 다 믿어도 되는지 등을 스스로 판단할 수 있도록 도와주어야 한다는 것이다. DQ 프로그램은 정체성, 사용, 안전, 보안, 감성지능, 커뮤니케이션, 리터러시, 권리 등 8가지 분야로 구분하고, 시민의식, 창의력, 경쟁력 3단계로 발전한다고 본다[1].

일각에서는 DC(Digital Citizenship, 디지털 시민성)를 더 강조하기도 한다. 디지털 시민성은 '디지털 혁명의 시대에 시민들이 더 책임감 있고 역동적으로 참여할 수 있는 역량'을 말한다. DKAP 프로젝트에서 제시된 디지털 시민성은 5개 영역의 역량으로 구성되어 있다. 첫째, '디지털 리터러시'는 디지털 도구를 사용하여 정보를 검색하고, 비판적으로 평가하고, 효과적으로 사용하여 정보에 입각한 결정을 내릴 수 있는 능력으로 정의된다. 둘째, '디지털 안전과 회복'은 디지털 공간에서 자신과 다른 사람들을 위해로부터 보호하는 방법을 이해하는 능력으로 정의된다. 셋째, '디지털 참여'는 적절한 디지털 기술을 통해 사회와 공평하게 상호작용하고 관여하며 긍정적인 영향을 미치는

---

1) 박유현 저, 한성희 역(2022), "디지털 지능", 김영사

능력으로 정의된다. 넷째, '디지털 감성 지능'은 개인과 대인관계 수준에서 디지털 상호작용 중에 감정을 인식하고 탐색하고 표현하는 능력으로 정의된다. 다섯째, '창의성과 혁신'은 ICT 도구를 활용한 디지털 콘텐츠 창출을 통해 자신을 표현하고 탐구하는 능력으로 정의된다[2].

디지털 기반 교육

디지털 교육의 핵심은 '디지털 리터러시(literacy, 문해력)'와 '컴퓨팅 사고력'이다. 디지털 리터러시란 '디지털 사회 구성원으로서의 자주적인 삶을 살아가는 데 필요한 기본 소양으로 윤리적 태도를 가지고 디지털 기술을 이해·활용하여 정보의 탐색 및 관리, 창작을 통해 문제를 해결하는 실천적 역량'이다. 컴퓨팅 사고력은 '컴퓨터과학의 기본 개념과 원리 및 컴퓨팅 시스템을 활용하여 실생활 및 다양한 분야의 문제를 이해하고, 창의적인 해법을 구현하여 적용할 수 있는 능력으로, 문제를 작은 단위로 분해하고 핵심적인 패턴을 인식한 뒤, 알고리즘 설계를 하는 추상화 단계를 거쳐 프로그래밍을 통해 자동화하는 사고의 체계'를 말한다.

디지털 리터러시 내용은 크게 디지털 테크놀로지 이해와 활용, 디지털 의식 및 태도, 디지털 사고 능력, 디지털 실천 역량 등으로 구분할 수 있다[3].

내용 영역	일반화된 지식	내용 요소
디지털 테크놀로지 이해와 활용	디지털 기기의 원리를 이해하고, 다양한 소프트웨어를 활용하여 정보를 관리하는 능력	컴퓨터 시스템, 소프트웨어 활용, 인터넷과 네트워크, 정보관리, 코딩, 최신 기술 이슈

---

2) 정제영, '디지털 혁명시대, 디지털 시민성의 중요성', 행복한교육, 2019년 5월호
3) 이운지·김수환·이은환(2019), 디지털 리터러시 교육과정 프레임워크 개발 연구, 교육연구논총Vol.40. No3.

디지털 의식 및 태도	사회의 공익을 추구하고, 개인의 삶을 보호하기 위하여 안전하게 기술과 정보를 사용하는 데 필요한 규범과 윤리를 배우고, 예절과 태도를 형성함	생명존중 의식, 디지털 준법의식, 디지털 예절
디지털 사고 능력	디지털 사회에서 요구하는 지식, 기술, 태도를 통합적으로 학습하고 수행하기 위한 고차원적 사고력이 필요함	비판적 사고력, 컴퓨팅 사고력, 창의적 사고력
디지털 실천 역량	소통과 협업의 과정을 거쳐 디지털 사회의 문제를 해결하고 새로운 콘텐츠를 창작해낼 수 있는 실천적인 역량	의사소통과 협업, 문제 해결, 콘텐츠 창작

디지털 리터러시 교육과정 및 수업자료집 개발의 실제

시흥교육지원청과 함께 수업디자인연구소에서 디지털 리터러시 고등학교 수업자료집(2022)을 개발하였다. 디지털 기반 교육의 핵심 영역으로 디지털 기술의 비판적인 이해, 디지털 시민성 함양, 디지털 기술 활용 능력 등으로 이해하고, 이에 맞추어 다음과 같이 교육과정을 개발하였다.

단원명	핵심질문	세부 질문 (동기유발-내용 이해-심화 및 적용)	주요 내용	교수학습활동
3. 유토피아, 디지털 사회	디지털 기술은 우리 세상을 어떻게 변화시켜 나갈까?	· 우리 동네 맛집을 쉽게 찾을 수 있는 방법은 무엇일까? · 우리가 사용하고 있는 디지털 기술에는 어떤 것들이 있을까? · 우리는 앞으로 무엇을 하며 살게 될까?	· 디지털 기술 활용 탐구 · 디지털 기술 (빅데이터, 인공지능, 메타버스)의 이해 · 디지털 기술로 인한 미래의 기회 토론	· 모둠별 조사 활동 · 기술 체험 활동 · 토의토론

4. 디스토 피아, 디지털 사회	디지털 기술이 잘못 활용된다면?	· 스마트폰을 계속 보게 되는 이유는 무엇일까? · 인터넷에서 가짜 뉴스가 넘치는 이유는? · 디지털 기술이 가지는 문제점은 무엇일까? · 디지털 기술로 행복한 세상으로 만들려면?	· 디지털 기술로 인한 사회 문제 (확증 편향, 가짜 뉴스, 사이버폭력, 중독) 탐구 · 사회적 문제를 일으키는 디지털 기술(알고리즘, 딥페이크, VR) 이해 · 디지털 기술의 발전 방향	· 모둠별 조사 활동 · 기술 체험 활동 · 프로젝트 활동
5. 똑바로 읽어도, 거꾸로 읽어도 시흥시? 시흥을 알려라!	아름다운 시흥을 알린다면?	· 시흥에 대한 이미지는 무엇일까? · 시흥시의 생태자원을 홍보한다면? · 시흥시의 문제점을 찾아 해결 방안을 제안해 본다면?	· 시흥시에 대한 사회적 인식 이해 · 시흥시의 홍보전략을 비판적으로 분석하기 · 디지털 툴을 사용하여 시흥 홍보 콘텐츠 만들기 · 시흥의 미래 상상하기	· 모둠별 조사 및 발표 활동 · 크롬북 또는 태블릿을 사용한 활동 -문제해결학습 (PBL)

디지털 리터러시 교육과정에 따라 수업자료집을 개발하였다. 다음의 수업
자료집 일부 내용이다.

04.
디스토피아, 디지털 사회

▪ 질문 분석표

	질문 대화	활동
핵심 질문	디지털 기술이 질못 활용된다면?	
출발 질문	인터넷에서 가짜 뉴스가 넘치는 이유는?	개별 활동
전개 질문	디지털 기술로 지구는 문제일까 무엇일까?	기술 체험
도착 질문	디지털 기술로 정복한 세상을 만들려면?	프로젝트

▪ 학습 목표
현대 사회에서 디지털 기술이 가지는 문제점을 설명할 수 있다.
디지털 기술이 현대 사회에 미치는 영향을 이해하고 디지털 사회의 위험과 대안을 제시할 수 있다.

▪ 교육과정 연계

교과명	영역(단원)	성취기준
국어과	연기와 매체 4. 매체 언어의 탐구 및 활용	[12언매02-01] 매체 언어가 인간관계와 사회생활에 미치는 영향을 탐구한다. [12언매01-06] 매체를 바탕으로 하여 현실태도 문화에 대해 비판적으로 이해하고 주체적으로 향유한다.
정보과	정보 1. 정보문화와 2. 정보윤리	[12정보01-06] 사이버 공간에서 발생하는 사회적 문제를 예방하기 위한 제도를 이해하고 사이버 윤리를 실천한다.
생활과 윤리	생활과 윤리 IV. 과학과 윤리 1. 과학 기술과 윤리 2. 정보 사회와 윤리	[12생윤04-01] 과학 기술 연구에 대한 다양한 관점을 조사하여 비교·설명할 수 있으며 이를 과학 기술의 사회적 책임 문제에 적용하여 비판할 수 있다.(분석 수 있다. [12생윤04-02] 정보기술과 매체의 발달에 따른 윤리적 문제들을 제시할 수 있으며 이에 대한 해결 방안을 정보윤리와 매체윤리의 관점에서 제시할 수 있다.

▪ 수업의 주안점
디지털 기술은 사회의 전 영역에서 사용되고 있다. 우리 사회의 커다란 영향을 미치고 있는 디지털 기술은 앞으로 더욱 발전하게 될 것이다. 파리만 정보 사용을 우리 사회를 그만큼 더욱 큰 위험에 처할 것이다. 본 수업은 '디스토피아'라는 주제를 가지고 디지털 기술이 거짓을 만들어내는 도구로 사용하여 사회적 문제를 일으키는 것에 대해서 이해하고 이를 개선하고 바로 잡을 수 있는 우리의 역할은 무엇인지 살펴본다.

▪ 핵심 질문
디지털 기술이 잘못 활용된다면?

▪ 수업 전개도

인터넷에서 가짜 뉴스가 넘치는 이유는?	→	디지털 기술이 가지는 문제점은 무엇일까?	→	디지털 기술로 행복한 세상을 만들려면?
개별 활동 [활동지 1-1] [활동지 1-2]		기술 체험 [활동지 2-1] [활동지 2-2] [활동지 2-3]		프로젝트 [활동지 3]

▪ 수업 준비물
활동지, 필기도구, 인터넷 가능 디지털 기기, 온라인 학습 관리 시스템(LMS)

출발 질문   인터넷에서 가짜 뉴스가 넘치는 이유는?
- 뉴스를 바르게 읽는 방법과 가짜 뉴스가 무엇인지 이해하고 진짜 뉴스와 가짜 뉴스를 분별할 수 있다.
- [활동지 1-1]을 통하여 기사에 담긴 사실과 의견을 구분한다.
- 활동지 정답

사실	의견
(1), (5), (6), (7), (9)	(2), (3), (4), (8)

- 육하원칙을 활용하여 사실과 의견이 담긴 기사문을 작성한다.

사람들의 공포를 키우는 가짜 뉴스가 퍼지고 있습니다 / 비디오로그
https://youtu.be/Ymu.JEKDpL7A

- [활동지 1-2]의 가짜 뉴스 분별하는 법을 활용하여 가짜 뉴스를 분별한다.
- 가짜 뉴스에 의한 피해 사례를 찾아 발표한다.

- 가짜 뉴스를 생산하는 것은 위험한 행동임을 강조한다.

전개 질문   디지털 기술이 가지는 문제점은 무엇일까?
- 더욱 발전될 디지털 기술의 문제점을 이해한다.

[ET] "등 코로존 팔는때 아님(外)군?" 진짜 넘치는 가짜 일(페이크) / KBS 2021.06.3!
https://youtu.be/zmaX6Ap_HYI

- [활동지 2-1]을 활용하여 인공지능으로 만들어진 사람의 모습을 구분해본다.
  1번 답안 예시 3번
  2번 답안 예시 줄어 모자를 쓰고 사람의 어깨 위에 손을 얹고 있는 모습은 조작된 부분이다. 왜냐하면 줄어 모자를 쓰고 사람과 어깨들이 할 수 없다고 생각하기 때문이다.
  3번 답안 예시 1) 진짜 뉴스가 양산된다.
  2) 인권침해나 사이버 범죄가 발생한다.
  3) 사람들이 진심을 알 수 없는 사회가 된다.

- 인공지능과 그래픽 기술을 활용하여 진짜 같은 거짓이 만들어진다면 어떤 문제가 발생하게 될지 생각해본다.

[영어설정 부탁] 인공지능은 얼마로 공정할까?개 기술은 누구 통제하는가 #알고햄정보 EP.13
https://youtu.be/48PqJGLJe8o

- [활동지 2-2]을 통해 snar:tablemachine에서 시작과 호랑이를 구분해본다.
- 고양이를 입력해서 어떤 결과가 나오는지 확인한다.
- 인공지능의 데이터 편향성으로 인한 문제에 대해 작성하여 발표한다.

소셜딜레마 넷플릭스 예고편. Social dilemma NETFLIX Trailer
https://youtu.be/ZZz9tV1WssO

- [활동지 2-1]을 활용하여 자동 추천 방식과 서비스를 변경한다.
- 서로 비교한 이후 자신이 추천 영상 리스트가 만들어지게 된 이유들을 서로 이야기한다.
- 이러한 필터버블이 일으킬 수 있는 문제에 대해서 발표한다.

학교, 미래교육을 디자인하다

- 디지털 기술의 발달로 더욱 진짜 같은 거짓을 경험하는 사회를 맞이하게 될 것을 이야기한다.
- 디지털 기술로 편집된 사진이나 영상을 통해 진실을 믿기는 쉽지 않다. 공교 사랑이 함께 있는 사진을 볼 때, 우리는 그것이 합성사진인지 아닌지 구분할 수 없다. 그러므로 사진을 만든 사람의 의도를 파악하고 사회적인 맥락 안에서 분별하는 리터러시가 중요함을 강조한다.
- 컬러버블로 인하여 편향성, 중독, 사생활 침해 등의 문제가 일어날 수 있음을 함께 강조한다.
- 발표 시에는 온라인 발표 도구(구글 프레젠테이션 등)를 활용하는 것이 좋다.

도착 질문 디지털 기술로 행복한 세상을 만들려면?

- 보고서를 통해 디지털 기술의 발달에 가져올 문제들에 대한 대안으로서의 디지털 리터러시를 이해한다.
- [활동] 지음을 통해 디지털 기술이 가져온 문제에 담겨 있는 가짜뉴스를 제작한다.
- 보고서를 구성하여 모둠별 프로젝트 활동을 진행한다.

- 프로젝트를 통해 디지털 기술의 문제를 해결해 나가는 과정을 생각할 수 있도록 한다.

활동지 2-1

진짜일까? 가짜일까?

_____학년 _____반 _____번 이름_____

[ET] "틀 크루즈 맞는데 아니라고?" 진짜 넘보는 가짜 '딥페이크' / KBS 2021.05.31.
https://youtu.be/zms6Ap_hYI

1. 다음은 인공지능이 만들어낸 가상인물과 실제 존재하는 인물이 섞여있는 사진입니다. 다음 중 실제로 존재하는 사람은 누구일까요? 모두 골라보세요.

[출처] which face is real(https://www.whichfaceisreal.com), Random Face Generator(https://this-person-does-not-exist.com)

교사용 읽기자료 1

미리캔버스와 클로바더빙(AI)을 활용한 동영상 만들기

학생들에게 친숙한 미리캔버스로도 동영상을 만들 수 있다. 아래 유튜브 채널을 참고하여 영상을 만들고, 그 영상을 클로바 더빙으로 몰입감이 AI 더빙을 할 수 있다. 30여 가지의 외국어도 지원하기도 한다. 앞에 단원에서 배운 내용을 두 개의 활동 이용하여 홍보 콘텐츠를 만들고 공유해 보자.
https://www.youtube.com/watch?v=2sIFFVRbJ30

1. 미리캔버스를 이용한 영상화면 만들기

2. 클로바 더빙으로 AI 목소리 입히기

교사용 읽기자료 2

미디어 시흥

미디어 시흥에 시흥과 관련된 자료들이 많이 탑재되어있다. 시흥사에 대한 자료가 부족할 경우 미디어 시흥에 정리된 자료를 참고하면 도움이 된다.
https://www.siheung.go.kr/media/main.do

'시화호의 기적은 끝나지 않았다'와 같이 시흥의 환경에 관한 정보뿐만 아니라 정치, 경제, 사회 등 다양한 자료를 얻을 수 있다.

4장. 학교, 생태전환사회를 꿈꾸다

생태전환교육이란?

최근 '생태전환교육'이라는 표현을 자주 사용하지만, 정작 기존 환경교육이나 생태교육의 개념과의 차이점을 잘 모르는 경우가 많다. 환경교육은 1970년대 이후 환경오염이 심각해지면서 등장한 개념으로 공해나 환경오염을 예방하고 해결하기 위한 교육이다. 그런데 기존의 환경교육이 환경오염과 그로 인해 인간의 건강에 미치는 피해를 예방한다는 인간 중심적 관점을 벗어나지 못하고 있다는 점을 비판하면서 등장한 것이 바로 생태교육이다. 생태교육은 인간과 환경의 이분법을 비판하고, 인간에게 특별한 지위를 부여하는 대신 생태계를 구성하는 일부분으로 보고 생태계 자체의 건강성 회복과 조화로운 생활양식의 실천을 강조한 교육이다. 즉, 인간이 생태계 일부로서 모든 생명과 함께 공존할 수 있도록 하는 교육이다.

생태전환교육은 생태교육을 보다 더 확장시킨 개념이다. 생태전환교육이란 '기후변화와 환경재난 등에 대응하고 환경과 인간의 공존을 추구하며, 지속 가능한 삶을 위한 모든 분야와 수준에서의 생태적 전환을 위한 교육'이다.

생태전환교육은 생태교육과 전환교육의 합성어다. '전환(轉換)'이란 '다른 방향이나 상태로 바꾸다'는 것이다. 전환은 기존 질서와 흐름을 새로운 질서와 흐름으로 판갈이를 한다는 것이다. 즉, 한 시대의 사람들의 견해나 사고를 근본적으로 규정하고 있는 인식 체계를 바꾼다는 것이다. 기존 질서를 유지하는 패러다임에서 새로운 질서를 지향하는 패러다임으로 바꾸는 것을 의미한다. 그러므로 전환은 개선, 개혁, 혁신보다 더욱 강력한 단어이다.

기후 변화와 팬데믹, 자원 고갈(자연), 경제적인 성장의 한계와 빈부 격차(경제), 강요된 비대면 소통과 개인주의 문화 확산(사회), 사람들의 욕구불만을 이용하는 포퓰리즘의 확산과 자문화 중심주의를 추구하는 극우 세력 강화(정치), 국가 간 이해관계 충돌로 인한 국제적인 전쟁 발발과 군수산업 발달(군사) 등은 부분적인 사회 개선이나 개혁 방식으로는 이를 극복하는 데 한계가 있다. 이러한 총체적인 사회 위기를 극복하기 위해서는 새로운 패러다임으로의 전환이 필요하다. 전환 사회란 미래사회를 위한 변혁적인 사회 구조이다. 전환 사회를 추구하는 교육이 바로 전환교육이다. 그러므로 전환교육은 사회 구조적인 변화와 실천적 행동에 방점이 찍힌 개념이다.

그래서 생태교육과 전환교육의 결합은 인간 중심적 사고와 문화 체계에서 생태 중심적 사고와 문화 체계로 판갈이를 하는 교육을 의미한다. 생태전환교육이란 "기존 환경·생태교육을 넘어 기후 위기를 인식 및 대응하고 지속 가능한 성장과 확장을 도모하기 위해 '가치와 지향점', '실천 교육', '실천 행동', '시스템과 제도의 전환' 등의 영역이 서로 융·복합적으로 작동하는 원리로 교육의 생태적 전환"을 의미한다[1].

생태전환교육과 관련한 유사 개념 간의 관계 정립은 다음과 같다. 생태전환교육 안에 기후 위기 교육, 생태교육, 환경교육, 지속가능발전교육, 생명존중교육, 인성교육, 민주시민교육, 세계시민교육, 인권 교육 등을 아우른다. 영역과 세부 요소를 살펴보면 기후 위기의식, 가치, 실천 행동 등뿐 아니라 사회적 시스템과 제도 변화까지 다루고 있다.

---

1) 안종복 외(2022), "생태전환교육목표체계 구축 및 성과관리방안 연구", 서울특별시교육청교육연구정보원 서울교육정책연구소

학교, 미래교육을 디자인하다

[빅뱅 이론에 비유한 생태전환교육의 영역 모델(안종복 외, 2022)]

[카메라 렌즈에 비유한 생태전환교육의 영역 모델(안종복 외, 2022)]

생태전환교육에서 사회적 시스템과 제도 변화까지 확대한 이유가 있다. 생태전환사회를 만들려면 개인의 생태 윤리적 실천만으로는 부족하다는 인식이 깔려있다. 예컨대, 헌 옷을 수거하여 저개발국가들에 보내는 행위를 살펴보자. 헌 옷을 무료 내지 헐값으로 보낸다는 것이 실제 해당 국가에는 오히려 경제발전과 환경보호에 방해가 될 수 있다. 저개발국가들이 경제발전을 하기 위해서는 농업, 어업, 광업 중심의 1차 산업에서 제조업 중심의 2차 산업으로 전환이 이루어져야 한다. 저개발국가가 2차 산업으로 전환하려고 할 때 초창기에는 의류 및 신발 제조, 봉제업 등 노동 집약적 산업이 좋다. 그런데 선진국의 헌 옷을 기증받거나 헐값으로 받으면 상당 부분은 활용하기 힘들어 그대로 폐기된다. 이 경우, 선진국 쓰레기가 후진국으로 옮겨지는 결과가 된다. 또한 헌 옷이지만 무료나 헐값으로 사용하게 되면 사람들이 의류를 새롭게 구입하려는 의지가 줄어들 수밖에 없다. 그래서 자체 의류 내수 시장이 형성되지 못하게 된다. 선진국 사람들이 좋은 의도를 가지고 후진국에 헌 옷을 보냈다 하더라도 결과적으로 후진국에 도움이 된 것이 아니라 방해가 될 수 있다. 또한 국제 환경 규제 기준이 높아지게 되면 선진국들은 자본과 기술이 있기 때문에 탄소 거래 등을 통해 환경 기준에 충족할 수 있다. 하지만 후진국들은 자본과 기술이 없기 때문에 국제 환경 규제 기준이 높아질수록 더욱 불리해져서 결과적으로 가난함에서 벗어나기 힘들게 된다. 선진국은 공해 발생, 탄소 사용, 자원 고갈의 주체였지만, 후진국들은 이러한 행위를 하지 못하도록 하는 셈이 된다.

생태전환교육은 쉽게 말해 '문명의 생태화'를 통한 생태적 전환을 추구하는 교육으로써 '살기 좋고 편리한 세상'이 아니라 '지속 가능한 삶을 위한 불편한 세상'을 살아갈 수 있는 교육을 말한다.

학교, 미래교육을 디자인하다

[생태전환교육의 논리적 구조]

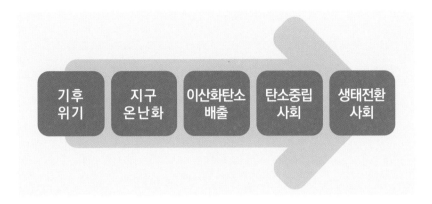

기후
위기

지구
온난화

이산화탄소
배출

탄소중립
사회

생태전환
사회

2022 교육과정에서의 생태전환교육 문제

2022 교육과정 시안에서는 '지속 가능한 발전', '기후 위기 대응', '생태전환' 등에 포함된 가치(생명존중, 지속가능, 생태환경 감수성 등)를 교육목표에 반영할 것을 제시한다. 생태전환교육에 포함된 가치와 태도, 역량 함양이 가능하도록 내용 기준을 개발하고 교과 교육과정 재구조화를 추구한다. 사회, 도덕, 과학, 환경 등 관련 교과를 넘어 모든 교과에서 반영할 수 있도록 생태 감수성 등을 중심으로 기본 개념을 구체화하고, 핵심 내용 체계를 제시한다. 교과를 재구조화하여 기후환경과 공동체 소양 등을 포함할 수 있도록 관련 교과(과학, 사회, 환경, 국어 등) 내용을 재구조화하고, 고등학교 선택과목 신설을 검토한다. 예컨대, '기후 변화와 지속 가능한 세계', '기후 변화와 환경 생태' 등을 개설할 수 있도록 하는 것이다. 비교과 활동과 연계하여 창의적 체험활동, 자유학기 활동 등과 연계한 참여 체험 중심의 수업과 자치활동 등을 강화한다. 지역과 연계한 체험학습 프로그램, 봉사활동 등 다양한 학습 형태를 지원한다.

그런데 2022 교육과정 시안에서는 생태전환교육이 강조되었지만, 논란 끝에 최종안에서는 상대적으로 약화되었다. 그 이유는 2022 교육과정 시안은 문재인 정부(진보 진영)에서 준비했지만, 확정안은 윤석열 정부(보수 진영)에서 마무리했기 때문이다. 대개 보수 진영에서는 생태전환교육을 부담스럽게 생각하지만, 진보 진영에서는 생태전환교육을 매우 강조한다. 환경운동가들이나 생태전환교육을 강조하는 사람들은 대체적으로 정치적인 관점에서 진보 진영을 지지하는 경향이 있다. 보수 진영은 생태교육은 지지하지만 사회 구조적 변화까지 강조하는 생태전환교육은 다소 불편하게 느낄 수 있다. 특히 생태전환교육 담론 안에는 원자력 발전 문제가 들어있다. 진보 진영과 보수 진영 모두 화석 연료를 줄이고, 신재생에너지 비중을 늘리자는 의견에는 대개 동의한다. 하지만 원자력 문제는 매우 상반된 입장을 가지고 있다. 원자력 발전은 그 특성상 화석 에너지와 신재생에너지로 분류하기 힘들다. 보수 진영은 경제적인 관점에서 원자력 발전에 대하여 긍정적인 입장을 가지고 있지만, 진보 진영은 방사능 유출 가능성 및 원자력 폐기물 문제 등으로 인하여 부정적인 입장을 가지고 있다. 기존 생태전환교육 차원에서는 원자력 발전에 대하여 부정적인 입장을 가지고 있어서 보수 진영에서는 최근 원자력 발전을 신재생에너지로 분류하려는 흐름도 있다.

생태전환교육을 위한 교육과정과 수업자료집 개발의 실제

수업디자인연구소에서는 서울시교육청, 김포교육지원청, 안산교육지원청, 시흥교육지원청과 함께 생태전환교육을 위한 교육과정과 수업자료집을 개발하였다. 서울시교육청과 함께 개발한 초중고 학교급별 생태전환교육 국제공동수업자료집(2023)을 소개하면 다음과 같다.

[초등학교 생태전환교육 국제공동수업을 위한 교육과정(2023)]

단원명	핵심질문	세부질문	단계	질문 내용
1. 이상 해지는 기후, 왜?	이상해지는 기후! 왜 그럴까요?	출발 질문	느끼고	1. '기후 위기'와 관련된 상대국의 언어를 배워볼까요? 2. 좋아하는 계절과 그 이유는 무엇인가요? 3. 내가 가장 좋아하는 계절의 모습을 소개해볼까요?
		전개 질문	배우고 말하고	1. 옛날과 다른 계절의 모습에는 무엇이 있을까요? 2. 왜 기후가 달라질까요? 3. 현재 세계의 기후는 어떠할까요?
		도착 질문	행하고 말하고 나누고	1. 지구온난화의 또 다른 영향은 무엇일까요? 2. 지구온난화를 막는 방법에는 무엇이 있을까요? 3. 지구온난화를 소개하는 보드게임을 만들어볼까요? 4. 지구온난화를 막기 위해 나는 어떤 노력을 할 수 있을까요?
2. 지구를 살리는 먹거리	지구를 살리는 먹거리에는 무엇이 있을까요?	출발 질문	느끼고	1. '음식'과 관련한 상대국 언어를 알아볼까요? 2. 힘들 때 먹으면 힘이 나는 음식은 무엇인가요? 3. 생일날 꼭 먹는 음식 또는 먹고 싶은 음식은 무엇인가요?
		전개 질문	느끼고 배우고 말하고	1. 우리 집 밥상을 소개해볼까요? 2. 내가 먹는 음식이 지구에 어떤 영향을 줄까요? 3. 지구를 위해 어떤 먹거리를 먹어야 할까요?
		도착 질문	행하고 말하고 나누고	1. 지구를 위해 먹거리와 관련하여 내가 할 수 있는 일은 무엇이 있을까요? 2. 지구를 위한 밥상을 차려 본다면 어떤 모습일까요?
3. 더 늦기 전에, 탄소 중립	탄소 중립을 위해 어떤 노력을 해야 할까요?	출발 질문	**말하고** 느끼고 **배우고**	1. '0'을 어떻게 표현하나요? 2. 더 이상 참을 수 없어 화를 내 본 경험이 있다면, 그 과정을 이야기해볼까요?
		전개 질문	배우고 느끼고 말하고 행하고	1. 지구의 온도 상승을 멈추게 하려면 어떻게 해야 할까요? 2. 지난달 우리 집에서 발생한 이산화탄소량은 얼마인가요? 3. 탄소 배출을 줄이기 위해 어떤 노력을 해야 할까요? 4. 탄소 흡수를 늘리기 위해 어떤 노력을 해야 할까요?
		도착 질문	말하고 나누고 행하고	탄소 중립 실천을 독려하는 홍보자료를 만들어볼까요?

4. 쓰레기? No! 자원	자원 순환을 위해 어떤 노력을 해야 할까요?	출발 질문	말하고 느끼고	1. 이 마크를 무엇이라고 부르나요?
				2. 과대포장이라고 생각했던 물건이 있었나요?
		전개 질문	배우고 말하고 행하고	1. 우리가 버린 쓰레기들은 어디로 갈까요?
				2. 자원 순환을 실천하려면 어떻게 해야 할까요?
				2-1. '쓰레기 줄이기'를 실천하려면 어떻게 해야 할까요?
				2-2. '재사용'을 실천하려면 어떻게 해야 할까요?
				2-3. '재활용'을 실천하려면 어떻게 해야 할까요?
				2-4. '에너지 만들기'를 실천하려면 어떻게 해야 할까요?
		도착 질문	행하고 말하고 나누고	자원 순환을 위한 아이디어를 제안해 볼까요?

01.
이상해지는 기후, 왜?

• 교육과정 연계

교과목	영역(단원)	성취기준
과학	에너지와 생활	[6과17-02]자연 현상이나 일상생활의 예를 통해 에너지의 형태가 전환됨을 알고, 에너지를 효율적으로 사용하는 방법을 토의할 수 있다.
	전기의 이용	[6과13-03]전기를 절약하고 안전하게 사용하는 방법을 토의할 수 있다.
	생물과 환경	[6과05-02]비생물 환경 요인이 생물에 미치는 영향을 이해하여 환경과 생물 사이의 관계를 설명할 수 있다.
		[6과05-03]생태계 보전의 필요성을 인식하고 생태계 보전을 위해 우리가 할 수 있는 일에 대해 토의할 수 있다.
사회	지속가능한 지구촌	[6사08-05] 지구촌의 주요 환경문제를 조사하여 해결 방안을 탐색하고, 환경 문제 해결에 협력하는 세계시민의 자세를 기른다. [6사08-06]지속가능한 미래를 건설하기 위한 과제(친환경적 생산과 소비 방식 확산, 빈곤과 기아 퇴치, 문화적 편견과 차별 해소 등)를 조사하고, 세계시민으로서 미래 적극 참여하는 방법을 모색한다.
도덕	사회 공동체와의 관계	[6도03-04]세계화 시대에 인류가 겪고 있는 문제와 그 원인을 토론을 통해 알아보고, 이를 해결하고자 하는 의지를 가지고 실천한다.

• 질문 및 단계

질문	단계	질문 내용
핵심 질문		이상해지는 기후 왜 그럴까요?
출발 질문	느끼고	1. 기후 위기와 관련된 세계국의 언어를 배워볼까요? 2. 좋아하는 계절과 그 이유는 무엇인가요? 3. 내가 가장 좋아하는 계절의 모습을 소개해볼까요?
전개 질문	배우고 알리고	1. 옛날과 다른 계절의 모습에는 무엇이 있을까요? 2. 왜 기후가 달라질까요? 3. 현재 세계의 기후는 어떠할까요?
도착 질문	행하고 말하고 나누고	1. 사구 온난화에 따 나쁜 생활은 무엇일까요? 2. 지구 온난화를 막는 방법에는 무엇이 있을까요? 3. 지구 온난화를 소개하는 보드게임을 만들어볼까요? 4. 지구 온난화를 막기 위해 어떤 노력을 할 수 있을까요?

• 수업의 주안점
이 수업을 통해 좋아하는 계절의 모습을 상대국 친구들과 나누어 보고 다양한 자료를 통해 이상 기후의 예를 찾아볼 수 있도록 하였다. 또한 이상 기후의 원인인 지구 온난화에 대해 알아보고 지구 온난화를 막기 위한 다양한 실천 방법으로 보드게임을 제작해 본다. 보드게임을 직접 체험하며 실천 방법을 익히고, 자신이 실천할 수 있는 방법을 선택해 계획을 세우며, 상대국 친구들과 실천 결과를 공유해 보는 시간을 갖도록 하였다.

• 핵심 질문 이상해지는 기후 왜 그럴까요?

• 학습 목표
- 다양한 자료를 통해 이상 기후의 예를 찾을 수 있다.
- 기후 위기의 원인을 말할 수 있다.
- 지구 온난화를 막기 위한 실천 계획을 세울 수 있다.

학교, 미래교육을 디자인하다

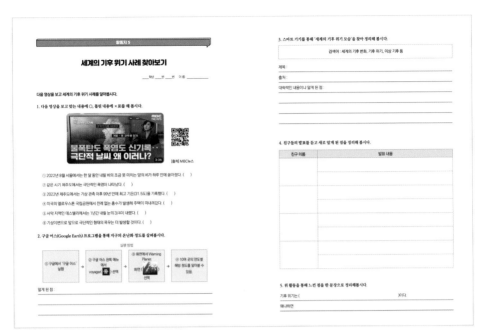

[중학교 생태전환교육 국제공동수업을 위한 교육과정(2023)]

단원명	핵심질문	세부질문	단계	질문 내용
1. 환경 위기 시각은 몇 시 몇 분?	기후 위기를 막기 위해 어떤 노력을 해야 할까?	출발 질문	느끼고	날씨가 이상하다고 느낀 적이 있다면?
		전개 질문	배우고 말하고	1. 다른 나라에도 기상 이변이 일어나고 있을까? 2. 기상 이변이 발생하는 이유는 무엇일까? 3. 환경 위기 시각은 지금 몇 시 몇 분일까?
		도착 질문	행하고 말하고 나누고	지구의 현재 상황을 알리는 홍보물을 만든다면?
2. 플라 스틱을 줄이자!	플라스틱을 어떻게 줄일 수 있을까?	출발 질문	말하고	왜 미역으로 케첩 통을 만들었을까?
		전개 질문	배우고 말하고	1. 플라스틱 섬은 왜 생겼을까? 2. 하루에 얼마나 많은 플라스틱(일회용품)을 사용할까? 3. 플라스틱 대체재로 어떤 것들이 있을까?
		도착 질문	행하고 말하고 나누고	플라스틱 없이 살아보기를 실천해 본다면?

3. 풍요로운 지구를 만드는 생물 다양성	왜 생물은 다양할수록 좋을까?	출발 질문	말하고 느끼고	좋아하는 동식물을 말한다면? 한국산 명태가 밥상에서 사라진 이유는 무엇일까?
		전개 질문	배우고 말하고	1. 세계의 다양한 생물은 어떤 의미가 있을까? 2. 사라지고 있는 동식물은 어떤 것이 있을까? 3. 생물 다양성이 감소하는 이유는 무엇일까?
		도착 질문	행하고 말하고 나누고	멸종위기종을 보호하기 위한 카드 뉴스를 만든다면?
4. 모두를 위한 기술, 적정 기술	지구를 살리는 기술은 어떤 것일까?	출발 질문	말하고 느끼고	더 나은 지구를 만들기 위해 필요한 것은 무엇일까? 아프리카 생명 빨대는 왜 개발되었을까?
		전개 질문	배우고 말하고	1. 지구를 살리는 기술에는 어떤 것이 있을까? 2. 적정기술에는 어떤 것이 있을까? 3. 왜 적정기술을 개발해야 할까?
		도착 질문	행하고 말하고 나누고	모두를 살리는 적정기술 아이디어를 제안해 본다면?

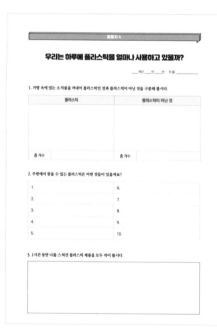

[고등학교 생태전환교육 국제공동수업을 위한 교육과정(2023)]

단원명	핵심질문	세부질문	단계	질문 내용
1. 세상을 변화 시킨 전염병	질병을 일으키는 병원체는 어떤 대상이나 환경을 선택했을까?	출발질문	느끼고	아프다는 말을 각 나라의 언어로 표현해 본다면? 최근 아파본 경험을 이야기해본다면?
		전개질문	배우고 말하고 나누고	1. 질병의 원인이 되는 병원체에는 어떠한 것이 있을까? 2. 인수 공통 전염병은 무엇일까? 3. 전염병은 세상을 어떻게 변화시켰을까? 4. 코로나19는 세상을 어떻게 변화시켰을까?
		도착질문	말하고 나누고	코로나19와 같은 전염병이 나타나지 않게 하려면 우리는 어떠한 노력을 해야 할까?
2. 물 사용 설명서	물은 어떻게 사용하는 것이 좋을까?	출발질문	느끼고	각 나라의 언어로 다양한 맛을 표현해 본다면? 물의 맛을 표현해 본다면?
		전개질문	배우고 말하고	1. 물은 왜 다양한 맛으로 느껴질까? 2. 물은 왜 우리 몸에 소중한 존재일까? 3. 물 문제가 발생한다면 우리는 어떤 불편함 속에 살아갈까?
		도착질문	말하고 나누고	맑고 투명한 물을 계속 마실 수 있도록 하기 위해서는 어떠한 노력을 해야 할까?
3. 공짜 점심은 없다	지구온난화 극복을 위해 어떤 에너지를 사용해야 할까?	출발질문	느끼고	싼 전기가 무조건 좋을까?
		전개질문	배우고 말하고	1. 각 원료가 전체 발전량에서 차지하는 비중은 얼마일까? 2. 화석 연료 사용으로 생기는 문제점은 무엇일까?
		도착질문	행하고 말하고 나누고	지구를 살리는 착한 에너지는 무엇일까?
4. 지구 라는 우주선	탄소 중립을 달성하기 위해 우리가 할 일은?	출발질문	느끼고	어린이들은 왜 기후 소송을 했을까?
		전개질문	배우고 말하고	1. 2050 탄소 중립을 외치는 이유가 무엇일까? 2. 지구온난화 문제 해결은 왜 어려울까?
		도착질문	행하고 말하고 나누고	지구 우주선 보호를 위한 국제 공동 선언문을 만들어볼까?

각 연료가 전체 발전량에서 차지하는 비중은 얼마일까?

_____학년 _____반 _____번 이름: _____

1. 화석연료란 무엇이며 어떤 것들이 있을까요? 검색하여 찾아본 후 이야기를 해 봅시다.

국가	화석연료란? (What is fossil energy?)	화석연료의 종류?	함께 나눈 이야기 (공통점, 차이점, 서로 재밌던 점 등)
우리 나라			
친구 나라 ( )			

2. 신재생 에너지란 무엇이며 어떤 것들이 있을까요? 검색하여 찾아본 후 이야기를 나눠 봅시다.

국가	신재생 에너지란? (What is renewable energy?)	신재생 에너지의 종류?	함께 나눈 이야기 (공통점, 차이점, 서로 재밌던 점 등)
우리 나라			
친구 나라 ( )			

3. 2021년 각국의 연료원별 전체 발전량에서 차지하는 비중을 찾아 원그래프로 표시하고 다음 질문을 가지고
이야기를 나눠 봅시다. (전체 발전량에서 원자력, 화석연료, 신재생 에너지, 기타가 차지하는 비중)

(우리나라 연료원별 전체 발전량 비중)   (미국 연료원별 전체 발전량 비중)

우리나라   친구 나라( )

질문: 어느 연료의 비중이 가장 높을까? 해당 연료의 비중을 늘려야 할까? 혹은 줄여야 할까?
그 이유는 무엇일까요?

5장. 학교, 사람다움을 깨우다

인성교육이란?

> **제2조(교육이념)** 교육은 **홍익인간(弘益人間)**의 이념 아래 모든 국민으로 하여금 **인격을 도야(陶冶)**하고 자주적 생활능력과 **민주시민**으로서 필요한 자질을 갖추게 함으로써 인간다운 삶을 영위하게 하고 민주국가의 발전과 인류공영(人類共榮)의 이상을 실현하는 데에 이바지하게 함을 목적으로 한다.

위의 교육기본법 제2조 내용은 우리나라 교육이념을 제시한 조항이다. 홍익인간 이념 아래 인성교육과 민주시민교육을 강조한 문구라고 할 수 있다. 홍익인간(弘益人間)은 '인간을 널리 이롭게 한다'는 뜻으로 '이타주의(利他主義)'를 의미한다. 쉽게 말해 '배워서 남 주자'는 말이다. 다소 추상적이고 모호한 개념이므로, 홍익인간의 이념을 뒷받침하는 인성교육과 민주시민교육이 좀 더 구체적인 개념이라고 할 수 있다. 일단 교육기본법 2조 내용은 '인성교육'과 '민주시민교육'의 두 개념을 다 담고 있다고 볼 수 있다.

인성교육이란 '사람을 사람답게 세우는 교육'을 말한다. 인성교육에 대한 내용을 잘 담고 있는 법은 '인성교육진흥법'이다. 인성교육진흥법은 "대한민국헌법에 따른 인간으로서의 존엄과 가치를 보장하고, 교육기본법에 따른 교육이념을 바탕으로 건전하고 올바른 인성(人性)을 갖춘 국민을 육성하여 국가 사회의 발전에 이바지함"을 목적으로 정해졌다. 여기에서는 인성교육을 '자신의 내면을 바르고 건전하게 가꾸고 타인·공동체·자연과 더불어 살아가는 데 필요한 인간다운 성품과 역량을 기르는 것을 목적으로 하는 교육'이라고 정의한다. '핵심가치·덕목'이란 인성교육의 목표가 되는 것으로 예(禮), 효(孝), 정직, 책임, 존중, 배려, 소통, 협동 등의 마음가짐이나 사람됨과 관련되는 핵심적인 가치 또는 덕목을 말한다. '핵심 역량'이란 핵심가치·덕목을 적극적이고 능동적으로 실천 또는 실행하는 데 필요한 지식과 공감·소통하는 의사소통 능력이나 갈등 해결 능력 등이 통합된 능력을 말한다. 인성교육진흥법에 따라 모든 학교는 인성교육 추진계획을 수립하고, 그에 맞게 인성교육 프로그램을 추진해야 한다. 교사들은 인성교육 연수를 일정 시간 이상 이수해야 한다.

인성교육의 영역

인성교육을 잘 이해하려면 먼저 인성, 사람다움에 대하여 살펴야 한다. 인성(人性)이란 '사람다움'을 의미한다. 서양의 철학 전통(철학적 인간학)에서는 인성을 지(知)-정(情)-의(義)로 구분하고, 그중에서 이성을 중시 여겼다. "나는 생각한다. 고로 난 존재한다"라는 데카르트의 유명 문구가 대표적인 사례라고 할 수 있다. 동양 유교의 철학 전통에서는 지(知)-덕(德)-체(體)로 구분하고, 그중에서 도덕성을 강조하였다. "사람이라고 사람이냐, 사람다워야 사람이지"라는 일상적인 언어적 표현이 좋은 사례라고 할 수 있다.

인성은 포괄적인 개념이기 때문에 인성 교육에 접근하려면 좀 더 구체적인

학교, 미래교육을 디자인하다

영역으로 구분하여 접근하는 것이 필요하다[1]. 여기에서는 지성, 감성, 사회성, 덕성, 실천성 등으로 나누어 설명하고자 한다[2].

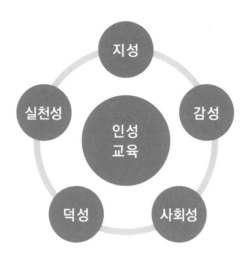

지성(知性)

지성이란 생각하는 힘을 말한다. 기존의 인지 교육은 많은 지식을 전달하고 이를 암기하는 데 초점을 두고 있다. 그에 비해 지성 교육은 적용, 분석, 종합, 비판 등 고차원적인 사고 능력을 가지고 기초적인 지식을 활용할 수 있는 역량을 기르는 것을 의미한다.

지성 교육은 어떤 사물에 대하여 '왜?'라는 질문을 스스로 던지고 그 답을 찾아갈 수 있도록 하는 것이다. 관련된 덕목은 지혜, 절제 등이고 관련 역량은 정보 처리 능력, 문제 해결력, 상상력, 창의력 등이 있다.

---

1) 차성현(2012)은 인성 교육의 개념을 3차원 6대 핵심 역량으로 설명한다. −도덕성(핵심 가치 인식, 책임 있는 의사결정 역량), 사회성(사회적 인식, 대인관계 역량), 감성(자기 인식, 자기관리 역량)
2) 김현섭(2017), "철학이 살아있는 수업기술", 수업디자인연구소

감성(感性)

감성이란 어떤 대상에 대한 느낌과 인식의 결합 상태를 말한다. 감성은 어떤 대상으로부터 5가지 감각(시각, 청각, 후각, 미각, 촉각)을 통해 느껴지는 인식이다. 감성은 감정과 깊은 관련이 있지만 개념은 약간 다르다. 감정이란 어떤 대상에 대하여 일시적으로 느끼는 자연스러운 마음의 상태라면 감성은 어떤 대상에 대해서 느끼는 지속적인 인식 성향을 말한다. '기쁘다', '슬프다' 등이 감정이라면 '멋있다', '따뜻해 보인다.'는 감성이다. 즉, 감성이란 감정(느낌)에 대한 인식 성향을 말한다.

감성 교육은 자기나 다른 사람의 감정을 잘 알아차리고 자기감정을 소중히 여기는 만큼 다른 사람들의 감정을 소중히 여기고 배려할 수 있도록 해야 한다. 관련된 덕목은 감정 이입, 친절, 염치, 긍정 등이고, 관련 역량은 공감 능력, 심미적 감성 능력 등이 있다.

사회성(社會性)

사회성이란 다른 사람과의 관계를 적절하게 맺고 원만한 관계를 유지할 수 있는 것을 말한다. 다른 사람과의 원만한 관계를 유지하기 위해서는 자기중심 사고에서 벗어나 역지사지(易地思之)의 자세를 가져야 한다. 공동체에 대한 소속감과 애정을 가지고 참여하는 것도 사회성에 포함된다.

사회성은 사회적 관계의 의식으로서 사회생활에 적응하는 것을 의미한다. 사회성은 특정한 사람과의 친밀성인 애착을 넘어 다양한 사람과의 긍정적인 관계 형성을 의미한다. 사회성은 대개 또래 집단과 공동체 구성원 간의 경험을 통해 습득된다. 에릭슨은 사회성 발달을 통해 성격이 형성된다고 보았으며, 칼 융은 사회적 얼굴인 페르소나를 통해 인성이 발달한다고 보았다[3]. 관련 덕목은 배

---

3) 신재한, 김상인(2019), "제4차 산업혁명 시대 인성교육의 실제", 교육과학사

려, 예절, 효도, 협동 등이고 관련 역량은 소통 능력, 공감 능력, 대인관계 능력, 갈등 해결 능력 등이 있다.

덕성(德性)(자기 정체성, 영성)

덕성이란 인간 성품의 좋은 상태를 말한다. 성품이란 정신적·심리적 바탕인 '성질'과 사물의 좋고 나쁨의 정도인 '품격'의 합성어이다. 덕성이란 인간 됨됨이(being)를 말한다. 덕성을 기르려면 자기 내면의 중심을 살피고 자기의 부족함을 찾아 채워야 한다. 덕성이 부족하면 삶의 만족도와 행복 지수도 떨어진다.

덕성은 자기 정체성과 밀접한 관련이 있다. 자기 정체성이란 자기의 본질을 깨닫는 성질을 말한다. 자기 정체성은 자존감과 밀접한 관련이 있다. 자존감은 자기가 자기를 존중하는 것을 말한다. 자존감은 자기를 소중한 존재로 여기는 자기 존중과 어떤 일을 도전할 때 잘 수행할 수 있으리라고 생각하는 낙관적인 기대감인 자기효능감으로 이루어져 있다.

또한 덕성은 인간 내면의 안정성과 관련이 있다. 덕성이 세워지면 개인의 내면을 바르고 건전하게 가꿀 힘이 생긴다. 덕성을 가지면 주변 사람들의 시선과 상관없이 올바름을 유지할 수 있다.

덕성은 영성과도 관련이 깊다. 영성이란 초자연적 존재와의 관계를 통해 개인의 내적 세계와 전체 세계와의 관계를 깨닫게 되는 것이다. 이를 통해 자기 정체성을 깨닫게 되고, 내면의 안정성을 유지할 수 있게 한다.

덕성 교육은 자기 성찰 활동, 내면의 힘을 기르기 위한 활동, 피드백 활동 등을 강조한다. 자기의 생각, 감정, 가치관, 태도, 자세 등을 객관적으로 알아차리고 부족한 부분을 채울 수 있는 것을 강조한다. 관련 덕목은 성실, 자존감, 성찰, 존중, 절제 등이고, 관련 역량은 자기 성찰, 자기관리 역량 등이다.

실천성(實踐性)(신체성, 통합성)

실천성이란 알고 있는 것, 옳다고 생각하는 것을 실천할 수 있는 것이다. 실천성이란 지행합일(知行合一)을 추구하며 신체성과도 관련이 있다. 신체성은 육체적 건강 이상의 의미를 가지고 있다. 육체적 건강은 정신적 건강이 연결되어 있고 머리로만 생각하는 것이 아니라 몸으로 실천할 수 있어야 함을 의미한다. 서양 전통에서는 플라톤 이후 이론과 실천, 몸과 마음, 이성과 감정을 이원화하여 좋고 나쁨을 구분하는 경향이 있다. 반면 동양에서는 몸과 마음을 구분하지 않고 심신 수양을 강조하였다. 동양에서는 음양설처럼 사물을 둘로 구분하여 대립적인 관계로 이해하지 않고 하나로 이해하여 조화를 추구하였다.

실천성을 지향하는 교육에서는 생활 중심 교육과정, 노작 교육, 프로젝트 수업, 문제 중심 수업, 사회 참여수업, 사회봉사 활동 등을 강조한다. 관련 덕목은 정의, 조화 등이고 관련 역량은 문제 해결 능력, 실행 능력, 창의적 능력 등이다.

정창우(2015)는 인성교육을 성품과 관련한 덕목과 문제 해결력과 관련한 역량으로 구분하여 인성의 요소에 대하여 설명한다. 즉, "개인의 내면을 바르고, 건전하게 가꾸는 데 필요한 인간다운 성품과 역량'과 '타인·공동체·자연과 더불어 살아가는데 필요한 인간다운 성품과 역량"을 말한다. 인성교육이 추구할 덕목으로 개인의 도덕적인 덕목 차원과 사회정의를 기반으로 한 시민윤리 차원으로 구분한다. 지혜를 포함한 지적 덕목, 성실, 용기, 절제 등의 도덕적 덕목, 인권 존중, 준법, 협동 등의 시민적 덕목으로 정리한다. 핵심 인성역량으로 지적 인성 역량(도덕적 추론 능력 등), 도덕적 인성 역량(자기관리 능력 등), 시민적 인성 역량(세계시민의식, 환경윤리의식 등)을 제시한다[4].

---

4) 정창우(2015), "인성교육의 이해와 실천", 교육과학사

사회성 발달을 위한 관계기술

인성교육의 영역은 매우 광범위하다. 여기에서는 사회성에 초점을 맞추어 관계기술에 대하여 이야기하고자 한다. 관계기술(사회적 기술, Social Skill)이란 '공동의 학습 목표를 이루기 위해 학생들끼리 서로 배려하면서 대인관계를 맺어나가는 기술'로서 다른 사람들을 배려하는 사회적 행동을 말한다. 대표적인 관계기술로는 칭찬하기, 경청하기, 칭찬하기, 배려하기, 공감하기, 격려하기, 갈등 해결하기, 인사하기, 긍정적으로 표현하기 등이 있다[5].

관계(關係)의 사전적인 의미는 사람, 사물이나 현상 사이에 서로 맺어져 있는 연관성 등을 말한다. 사람 사이의 대인관계(對人關係)는 둘 이상의 사람이 빚어내는 개인적이고 정서적인 관계를 가리킨다. 사람의 본질적 특성 중의 하나가 사회적 존재라는 것이다. 사람은 태어날 때부터 다른 사람의 도움과 보호를 필요로 하는 의존적 존재이기도 하다. 사람은 가족, 연인, 동료 등 사회를 구성하여 서로 상호작용하면서 살아간다.

대인관계에 있어서 대인관계 능력(對人關係能力)은 다른 사람의 생각이나 감정을 잘 이해하며 조화롭게 관계를 유지하며, 갈등이 생겼을 때 이를 원만하게 해결할 수 있는 능력을 말한다. 다른 사람의 감정과 욕구를 잘 알아차리고 원만하게 관계를 맺을 수 있는 능력인 것이다. 다중지능이론에서는 대인관계 능력을 주요 다중 지능으로 이해했다[6].

대인관계를 원만하게 잘 맺는 방법은 관계의 중요성을 이해한다고 이루어지는 것이 아니라 실제로 대인관계를 맺을 수 있는 기술과 태도 등이 뒷받침되어야 한다. 상대방을 배려하는 마음만 가지고 관계를 맺는 것이 아니라 배려하는

---

5) 김현섭 외(2013), "사회적 기술", 한국협동학습센터
6) 하워드 가드너는 기존 지능 개념을 비판하고 대안으로 8가지 다중지능을 제시하였다. 즉, 언어적 지능, 논리수학적 지능, 대인 지능, 자성지능, 공간적 지능, 음악적 지능, 신체적 지능, 자연이해 지능이다. 하워드 가드너, 문용린 역(2007), "다중지능", 웅진지식하우스

구체적인 기술이 행동으로 드러나야 온전한 관계를 맺어나갈 수 있다.

그렇다면 교실에서의 관계기술 교육이 왜 중요한가? 첫째, 관계기술은 저절로 생겨나는 것이 아니라 직접 가르쳐야 생길 수 있는 것이다. 개인주의적 성향과 공격적인 성향을 가진 아이들이 늘어나고 있지만 관계의 중요성만을 강조한다고 해서 아이들의 행동이 변화되는 것은 아니다. 관계기술은 선천적인 특성이 아니라 후천적 특성을 가지고 있다. 그러므로 사회화 관점에서 교사가 직접 관계기술을 가르쳐야 생길 수 있는 것이다.

둘째, 인성 교육, 특히 사회성 교육의 핵심적인 부분이라는 것이다. 사회성 교육에 있어서 지식과 기술, 태도가 결합되어야 한다. 사회성 교육의 핵심은 관계기술을 가르치는 것이다. 관계기술을 교실에서 직접 실천하고 반성하고 보완할 수 있도록 해야 한다.

셋째, 이질적인 사회를 살아가기 위한 핵심 역량이라는 것이다. 미래사회에서 세계화 현상과 다문화 현상은 더욱 가속화될 것이다. 이러한 상황에서 관계기술 교육은 학생들이 현재의 생활을 원활하게 하기 위해서뿐 아니라 미래사회를 살아가는 데 있어서 필수적인 역량이라는 것이다.

넷째, 학급 운영 측면에서 평화적인 교실 공동체를 만드는 등 공동체 교육에 있어서 필수적 요소라는 것이다. 미국의 경우, 학교폭력 예방 교육과 평화 교육 측면에서 관계기술을 강조해왔다. 우리나라의 경우는 가치와 덕목 중심의 도덕 교육 측면에서 관계 문제를 다루었지만, 이제는 실용적인 측면에서 관계기술을 보다 더 강조해야 한다. 우리 학급을 평화적인 교실 공동체로 만들고, 공동체 역량을 심어주기 위한 실제적인 내용이 바로 관계기술이다[7].

---

7) 김현섭 외(2021), "관계수업", 수업디자인연구소

학교, 미래교육을 디자인하다

사회성과 관계기술 향상을 위한 교육과정

　관계기술 향상을 위한 학급 교육과정의 운영 사례를 제시하면 다음과 같다. 학기 초 관계기술에 대한 연간 계획표를 세워서 운영하면 체계적인 지도가 가능할 것이다.

시기	중점 관계기술	관계기술 활동
3월	목표 세우기	가치 경매 게임, 만다라트 계획표, SMART 계획표 나의 사명선언서 만들기 등
	규칙 세우기	먼저 인사하기, 규칙 만들기 활동, 라인업 활동 등
4월	칭찬하기	돌아가며 칭찬하기, 칭찬 샤워, 사물 칭찬하기, 낙서 예술 등
	질문하기	삼박자 질문하기, 생각 꼬리 질문, 질문 게시판 등
5월	감사하기	감사 게시판, 감사일기 및 감사편지 쓰기 등
6월	감정 조절하기	그럴 수 있지 게임, 하나둘셋 심호흡하기, 바른말 고운 말 캠페인 활동 등
7월	격려하기	욕구별 격려하기, 돌아가며 격려하기, 격려 샤워 등
8월	경청하기	다시 말하기, 듣고 말하기, 3단계 인터뷰 활동 등
9월	공감하기	감정 카드 활동, 스피드 감정 퀴즈, 공감적 경청 연습하기 등
10월	긍정적으로 표현하기	긍정 통역기, 사물 카드, 욕 풀이 특강 등
11월	갈등 해결하기	PBL 수업, 두 마음 토론 등
12월	성찰하기	일기 쓰기, 체크리스트 활동 등

교육부, 한국교육개발원과 수업디자인연구소가 함께 개발한 사회성 기반 인성교육 교육과정을 소개하면 다음과 같다[8].

순번	제목	주제	세부 내용 예시	관련 덕목
1	빨리 갈래요 멀리 갈래요?	관계세우기	· 학급 세우기 활동의 중요성 – 왜 관계인가? · 학습 세우기 활동 – 이 사람을 찾아라, 장벽을 넘어서, 고리반전/ 고리풀기 줄서기 활동 등 · 모듬 세우기 활동 – 나는 눌구일까요?, 모듬 하얀 거짓말 찾기, 이야기엮기, 느낌표 친구찾기, 글찾기 등	협동 존중
2	천리 길을 갈려면?	공동 목표 세우기	· 함께 참여하는 우리 학급의 공동목표 정하기 – 사회적 기술 센터의 의미와 중요성 · 접착식 메모지 분류하기 활동 · T-차트/사회적 기술센터 만들기 – 배려왕 코너와 명예의 전당	배려 책임

---

8) 수업디자인연구소, 교육부, 한국교육개발원(2016), "두근두근 설레는 인성교실여행"

학교, 미래교육을 디자인하다

3	백짓장은 어떻게 들라고?	학급의 공동규칙 세우기	· 질문을 통해 규칙 세우기 · 약속과 규직이 소중한 이유 – 규칙 세우기의 유의사항	절제 준법
			– (구체화된) 질문 학습지 활동 – 생각, 짝, 나누기 · 하브루타 활동	
4	가는 말이 고우면?	칭찬하기	· 칭찬하기의 필요성 – 칭찬하기의 방법(활동의 구조화) · 칭찬하기 활동상의 유의사항	존중 배려
			– 사물칭찬하기(종이컵 등) – 부모님께 듣고 싶은 칭찬 vs 듣기 싫은 칭찬 – 독이 되는 칭찬과 약이 되는 칭찬 – 4박자 칭찬으로 친구 칭찬하기 – 애벌레 칭찬, 칭찬 암해어사 활동 – 생각카드로 친구의 마음 문 열어주기	

5	한 귀로 듣고 한 귀로 흘려?	경청하기	· 경청하기의 중요성
			  – 경청하기의 방법
			  – 경청하기 활동상의 유의사랑
				존중
				배려

			– 이심전심 게임하기 – 온몸으로 경청하기(섞이고, 짝짓기 활동) – 짝 대신 말하기 · Y–차트 완성하기 활동 – 경청 역할극	

6	구슬은 서 말인데 어떻게 꿰지?	감사를 표현하기	· 감사를 표현하기의 중요성
			  – 감사를 표현하는 방법
			  – 감사하기 활동상의 유의사항
				감사
				지혜

			– 사물이 되어보기 – 부모님께 감사하기(달걀 아기 키우기) · 감사 이미지 엮기 · 감사 일기장 및 노트 활동 · 감사 게시판 등	

7	굽은 나무도 산을 지킬 수 있을까?	격려하기	· 격려하기의 중요성
			  – 격려가 필요한 상황 및 방법
			  – 격려하기 활동상의 유의사항
				배려
				존중

			– 격려해주는 말과 행동 찾기 – 격려 약속 팔지 만들기 – 숨은 천사 활동 등	

8	참을 인(忍)자 셋이면?	분노를 조절하기	– 자기 조절 활동(STC : Stop-Think-Choose 버튼) – 나-전달법 대화	절제 소통
			– 아이스크림 어기바[어(사실)-생(생각)-기(기분)-바(바람)]활동 – 역할극 활동(구조화된 학습지)	
9	비 온 뒤에 땅이 굳어지려면?	갈등 해결하기	– 갈등이란? – 갈등은 왜 생갈까? – 갈등의 긍정적 이해 – 회복적 써클 활동의 중요성과 방법	창의 배려
			– 마인드맵 무지개 – 갈등상황돠 갈등 대처 방법 익히기 – 나↔너 : 역지사지→역지감지 – 교실 갈등을 해결하기 위한 학급 평화 회의	
10	공든 탑이 무너지지 않으려면?	나를 돌아보기	· 전체 인성활동 돌아보기 · 활동으로 돌아보는 나의 모습 · 배움 일기 쓰기 · 대박사건 투표하기 · 내 안의 최소량의 법칙 알기	성찰 지혜

학교, 미래교육을 디자인하다

사회성과 관계기술 향상을 위한 수업의 실제

관계기술 향상을 위한 수업 활동의 일부를 소개하면 다음과 같다.

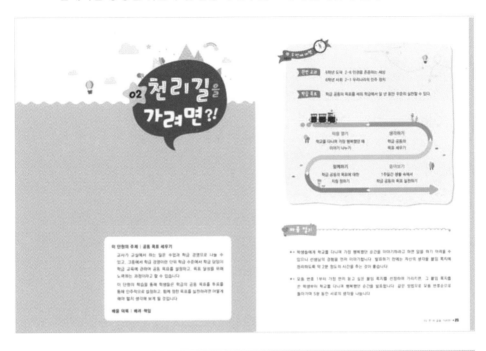

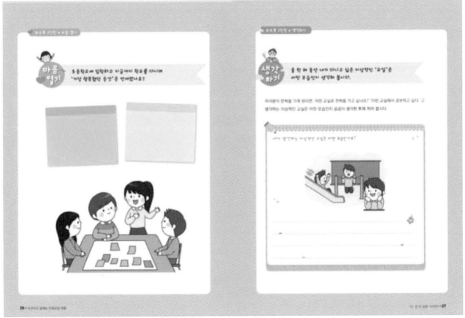

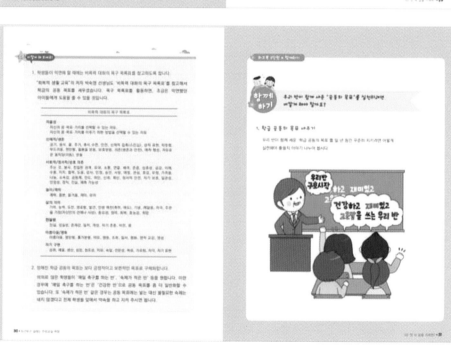

소담초 2학년 국어과 및 바른생활 교육과정 재구성 운영 사례

효촌초(박선아 교사)에서 진행한 '평화와 협력의 교실 만들기' 운영 사례이다.(박선아)

주	요일	대단원 (대주제)	소단원 (소주제)	차시	학습 주제	비고
4	수	국어 1-2	3. 문장으로 표현해요	1/3	경청의 T차트 '녹슨 못이된 솔로몬' 책 읽기	9-2 경청
	수	국어 1-2	3. 문장으로 표현해요	2/3	녹슨 못이된 솔로몬 책 독후 활동	평화 협력 조성 평화의 책 읽기 활동
	수	국어 1-2	3. 문장으로 표현해요	3/3	녹슨 못이된 솔로몬 책 독후 활동	
6	화	국어 1-2	4. 바른 자세로 말해요	1/2	'황금사과' 책 읽기	평화 협력 조성 9-3 비폭력 대화 평화의 책 읽기 활동
	화	국어 1-2	4. 바른 자세로 말해요	2/2	비폭력 대화 나누기	
9	화	국어 1-2	4. 바른 자세로 말해요	1/2	'당나귀 실베스터와 요술조약돌' 읽기	평화 협력 조성 평화의 책 읽기 활동
	화	국어 1-2	4. 바른 자세로 말해요	2/2	당나귀 실베스터와 요술조약돌 독후 활동하기	
	월	국어 1-2	5. 알맞은 목소리로 읽어요	1/3	'노란 샌들 한 짝' 책 읽기	
11	월	국어 1-2	5. 알맞은 목소리로 읽어요	2/3	평화에 대한 이야기 나누기	평화 협력 조성 평화의 책 읽기 활동
	화	국어 1-2	5. 알맞은 목소리로 읽어요	3/3	평화 써클 활동하기	
12	월	국어 1-2	6. 고운 말을 해요	1/4	비폭력 대화 익히기	9-3 비폭력 대화 평화의 대화 나누기 활동
	화	국어 1-2	6. 고운 말을 해요	2/4	비폭력 대화 익히기	
	목	국어 1-2	6. 고운 말을 해요	3/4	감정 카드 나누기	
	목	국어 1-2	6. 고운 말을 해요	4/4	필요카드 나누기	

16	월	국어 1-2	8. 띄어 읽어요	1/2	'알사탕' 책 읽기	평안 협력 조성 평화의 책 읽기 활동
	화	국어 1-2	8. 띄어 읽어요	3/3	책 읽고 나의 소원 생각해 보기	
20	금	국어 1-2	10. 인물의 말과 행동을 상상해요	1/2	'슬픈 란돌린' 책 읽기	평안 협력 조성 평화의 책 읽기 활동
	금	국어 1-2	10. 인물의 말과 행동을 상상해요	2/2	책 읽고 나누기	
	총			18		
: 2	월	평화와 협력의 교실 만들기	5가지 사랑의 언어	1/7	사랑의 언어란?	평안 협력 조성
	목	평화와 협력의 교실 만들기	사회적 기술훈련 Social skill	1/9	종이컵 칭찬하기 나야 나! 자기 칭찬하기	S-2 경청
	목	평화와 협력의 교실 만들기	사회적 기술훈련 Social skill	2/9	칭찬 옷 입기 (모둠별 칭찬)	S-2 경청
3	월	평화와 협력의 교실 만들기	5가지 사랑의 언어	2/7	인정하는 말	L-1 인정하는 말
4	월	평화와 협력의 교실 만들기	5가지 사랑의 언어	3/7	함께하는 시간	L-2 함께하는 시간
	금	평화와 협력의 교실 만들기	5가지 사랑의 언어	4/7	선물	L-3 선물

학교, 미래교육을 디자인하다

5	월	평화와 협력의 교실 만들기	사회적 기술훈련 Social skill	3/9	비폭력 대화 – 감정 카드 나누기	S-3 비폭력 대화
	금	평화와 협력의 교실 만들기	사회적 기술훈련 Social skill	4/9	관찰-느낌-욕구-부탁의 비폭력 언어	S-3 비폭력 대화
	금	평화와 협력의 교실 만들기	사회적 기술훈련 Social skill	5/9	인정의 말 5가지 종이 눈싸움	L-1 인정하는 말
	금	평화와 협력의 교실 만들기	5가지 사랑의 언어	5/7	봉사	L-4 봉사
6	화	평화와 협력의 교실 만들기	5가지 사랑의 언어	6/7	스킨십	L-5 스킨십
	금	평화와 협력의 교실 만들기	5가지 사랑의 언어	7/7	사랑의 언어 선택하기	평화 협력 조성
: 11 :	수	평화와 협력의 교실 만들기	평화와 협력의 공간조성	6/9	회복적 써클 체험하기	평화 협력 조성
	수	평화와 협력의 교실 만들기	평화와 협력의 공간조성	7/9	회복적 써클 체험하기	평화 협력 조성
: 15 :	금	평화와 협력의 교실 만들기	사회적 기술훈련 Social skill	8/9	분노 조절하기 자신의 분노 표현하기	S-3 비폭력 대화
	금	평화와 협력의 교실 만들기	사회적 기술훈련 Social skill	9/9	분노 조절 방법 익히기	S-3 비폭력 대화

6장. 학교, 마을과 함께하다

"한 아이를 키우려면 온 마을이 필요하다."

 이 말은 아프리카 나이지리아 속담으로서 한 아이가 온전하게 성장하도록 돌보고 가르치는 일은 한 가정만의 책임이 아니며, 이웃을 비롯한 마을이 아이들에 대한 관심과 애정을 가져야 한다는 것을 강조한 것이다. 학교가 마을의 섬이 아니라 마을 속의 학교로서 마을에 기여해야 하고, 마을도 아이들을 위하여 학교를 도울 수 있는 상호 교류의 공간이 되어야 한다.

 최근 지방자치, 교육 자치, 학교자치가 이루어지면서 자연스럽게 지역연계 교육과정에 대한 관심이 높아지고 있다. 학교자치란 학교 교육을 담당하는 주체들이 교육의 목적을 달성하기 위하여 자율적으로 의사결정에 참여하는 것이다. 그런데 학교자치에서 교육 3주체들(교사, 학생, 학부모)이 자율적인 의사결정 핵심은 학교 교육과정이다. 교육 주체들의 참여를 통해 '함께 만들어 가는 교육과정'이 되어야 한다. 학교 교육과정에서 담을 수 있는 차별화된 주제가 바로 우리 '마을'이다. 왜냐하면 제주 지역 학교가 제주시 대신 서울 강남을 주제로 학교 교육과정에 자세하게 담아내기는 힘들기 때문이다.

그런데 그동안 학교는 마을을 학교 교육과정에서 충분하게 담아내지 못했다. 무엇보다 중앙집권형 정치 및 교육 문화를 가지고 있는 상황에서 지역이나 학교에서 교육과정에 대한 자율권을 충분히 가지고 있지 못했다. 그러기에 지역 교육과정, 학교 교육과정의 자율성이 낮았기에 국가 교육과정을 있는 그대로 구현하는 데 초점을 두고 교육과정을 운영해왔다. 국가 교육과정에서는 지역적 특수성을 충분히 담아내기 힘든 한계를 가지고 있었다. 국정교과서나 국정 같은 검인정교과서 체제에서 마을을 주제로 교육과정에 담기가 쉽지 않았다. 그나마 현행 국가 교육과정에서 본격적으로 지역을 담고 있는 부분은 초등학교 3, 4학년 사회과 교육과정 정도에 불과하다. 시도교육청 차원에서 제작한 지역화 교과서가 있지만, 지역에 따라 그 수준 차이도 많이 나는 것이 현실이다.

현대 자본주의 사회에서는 전근대적 농경 사회에 비해 마을이라는 공간적 개념이 그리 중요하지 않다. 농사를 짓고 사는 이웃들끼리 두레나 품앗이를 통하여 함께 돕고 살던 사회가 아니라 도시화, 산업화 현상 이후 서로 다른 직업을 가지고 살아가는 상황에서 이웃과의 교류는 예전에 비해 드물어지게 되었다. 그러다 보니 예전에 비해 애향심(愛鄕心), 마을에 대한 소속감과 애정 등이 약화되었다.

이제는 교사들도 해당 학교 근처 마을에서 거주하지 않는 경우가 많다. 공립학교 교사의 경우, 정기 전보 인사 제도로 인하여 특정 학교에 오랫동안 머물지 않기 때문에 상대적으로 우리 마을, 우리 학교라는 개념이 강하지 않다. 서울 등 대도시의 경우는 교통이 편하기 때문에 교사 거주지와 학교가 물리적으로 멀리 떨어져 있어도 출퇴근하는 데 큰 어려움이 없다. 읍면 지역의 경우,

지역 기반 인프라가 잘 구축되어 있지 않기 때문에 상대적으로 인프라가 잘 구축된 지방 거점 도시에서 살면서 장거리 출퇴근하는 경우가 많다. 그러기에 교사가 자기 학교의 마을에 거주하는 경우가 적기에 '마을'을 주제로 교육과정을 담는 것에 대하여 상대적으로 관심이 낮을 수밖에 없다.

왜 지역교육과정인가?

첫째, 교육의 본질을 고민해 보면 우리의 일상적인 삶을 담는 공간인 마을을 학교 교육과정에서 담는 것은 매우 당연한 것이다. 교육은 기본적으로 앎과 삶의 일치를 추구해야 한다. 우리의 삶은 마을이라는 물리적 공간에 이루어진다. 그러기에 학교에서 마을을 가르치고, 자기 마을에 대한 소속감과 애정을 가지고 마을을 발전할 수 있도록 돕는 노력이 필요하다.

둘째, 우리 마을을 살리는 최선의 방법 중의 하나이다. 수도권의 인구 집중과 지방 인구의 감소 현상으로 인하여 최근 '지방 소멸'이라는 단어까지 생겼다. 한국고용정보원에서 통계청의 주민등록 연앙인구 자료와 월별 주민등록인구통계 자료를 이용해 분석한 결과 228개 전국 시·군·구 중 소멸 위험지역은 2017년 85곳, 2018년 89곳, 2019년 93곳, 2020년 105곳, 2021년은 106곳, 2022년 113곳으로 전체의 49.6%에 이른다[1]. 지방 소멸 현상을 극복하려면 수도권 집중 현상을 완화하고 지방 경제를 살리는 전략이 필요하다. 일자리와 주거 문제, 교육 문제를 해결해야만 국토 균형 발전을 이룰 수 있을 것이다. 지방에서 자란 아이들이 성인이 되어 서울로만 이사 가려고 한다면 지방에는 노인들만 남는 마을로 변할 것이다. 우리 마을을 살리는 현실적인 방법 중 하나가 우리 마을에 대한 애정을 가질 수 있도록 학교에서 마을을 가르칠 수 있어야 한다는 것이다.

---

1) 한국고용정보원, 계간지 '지역산업과 고용', 2022년 봄호(통권3호)

학교, 미래교육을 디자인하다

셋째, 지역연계 교육과정은 지방자치, 교육 자치, 학교자치의 공통분모가 된다. 중앙 정부에서 지방자치단체로 권한을 이양하는 지방자치, 일반 행정에서부터 교육 행정을 분리하는 교육 자치, 교육청으로부터 학교 자율성을 인정받는 학교자치의 흐름은 서로 간 밀접한 연결 고리를 가지고 있다. 즉, 지방자치 ⇒ 교육 자치 ⇒ 학교자치 ⇒ 교사 자치·학생 자치·학부모 자치의 단계로 연결된다. 그런데 지방자치, 교육 자치, 학교자치의 공통분모가 바로 지역연계 교육과정이다. 지자체, 교육지원청, 단위 학교에서 공통적으로 다룰 수 있는 교육과정 주제가 바로 '마을'이다.

넷째, 교육지원청이나 학교만이 담당할 수 있는 고유의 교육과정 영역이 '마을'이다. 대개 사람들이 생각하는 마을의 개념은 자기가 속한 광역자치단체인 시도 수준보다는 기초 자치단체인 시군구 수준에 가깝다. 예컨대, 타 지역 누군가에 자기 고향을 소개할 때 자기 고향은 충청도라고 밝히는 것보다는 청주라고 이야기하는 경우가 많다. 그러기에 지역연계 교육과정을 구성하고 추진하는 데 있어서 해당 주체는 시도교육청보다는 교육지원청이나 학교가 좋다.

충북지역 설문조사 결과와 지역 균형 발전 문제

2022년 충북지역 초중고 학생, 학부모, 교사들(총 5,777명)을 대상으로 지역연계 교육과정 연구 관련 설문조사를 실시하였다[2]. 설문조사 결과, 우리가 주목해야 할 몇 가지 사실들을 도출할 수 있었다.

먼저 학생들에게 현재 거주하고 있는 우리 지역(마을)에 대한 인식을 살펴보았는데, 52%가 살기 좋거나 매우 살기 좋다고 긍정적으로 말했고, 보통은 37.2%, 살기 힘들거나 매우 살기 힘들다고 말한 답변은 8.3%였다. 그런데 학

---

2) 김현섭 외(2022), "충북 학교급별 지역연계 교육과정 운영 모델 연구", 충북교육연구원

교급별 학생들의 의견을 세부적으로 분석해 보면 학교급이 올라갈수록 긍정적 반응이 감소하고, 부정적인 반응은 증가하는 모습이 나타났다. 초등학생들의 지역에 대한 긍정적인 만족도는 71.8%이지만, 중학생은 51.5%, 고등학생은 30.3%이다. 부정적 반응은 초등학생 3.7%, 중학생 6.5%, 고등학생 17.6%이다. 5점 척도로 환산하여 지역별로 분석해 보면 청주권 3.71 〉 남부권(옥천, 영동) 3.70 〉 중부권(진천, 증평) 3.54 〉 북부권(충주, 제천) 3.33이다.

		사례 수	우리 지역마을은 살아가기 매우 힘든 곳이다.		우리 지역마을은 살아가기 힘든 곳이다.		우리 지역마을은 살아가기 보통인 곳이다.		우리 지역마을은 살아가기 좋은 곳이다.		우리 지역마을은 살아가기 매우 좋은 곳이다.		계		평균
		명	명	%	명	%	명	%	명	%	명	%	명	%	
전체		2822	62	2.2	173	6.1	1119	39.7	1055	37.4	413	14.6	2822	100.0	3.56
지역	북부권	766	35	4.6	77	10.1	334	43.6	244	31.9	76	9.9	766	100.0	3.33
	중부권	694	15	2.2	53	7.6	278	40.1	238	34.3	110	15.9	694	100.0	3.54
	남부권	146	2	1.4	12	8.2	43	29.5	60	41.1	29	19.9	146	100.0	3.7.
	청주권	1216	10	0.8	31	2.5	464	38.2	513	42.2	198	16.3	1216	100.0	3.71
소속 학교	초등학교	748	5	0.7	23	3.1	183	24.5	346	46.3	191	25.5	748	100.0	3.93
	중학교	1428	20	1.4	73	5.1	600	42.0	546	38.2	189	13.2	1428	100.0	3.57
	고등학교	646	37	5.7	77	11.9	336	52.0	163	25.2	33	5.1	646	100.0	3.12

어른이 된 이후 지역 마을에서 계속 거주할 의사에 대해 물어본 결과, 계속 살겠다는 입장은 11.4%에 그쳤다. 그에 비해 판단 유보는 55.1%, 떠나고 싶다고 의사를 표현한 학생들은 33.4%로 나타났다. 특히, 떠나고 싶은 입장을 밝힌 학생들을 학교급별로 분석해 보면, 초등학생 18.7%, 중학생 32.1%, 고등학

생 53.4%로 고학년일수록 확연하게 늘어나고 있음을 알 수 있다. 지역별로 보면, 떠나고 싶은 학생들은 북부권 47.3% 〉 중부권 34% 〉 남부권 26% 〉 청주권 24.7%로 나타났다. 지역 인프라 구축 상황이 미래 거주 의사에 큰 영향을 미치고 있다는 것을 알 수 있다.

		사례 수	우리 지역마을을 떠나 더 살기 좋은 지역마을로 이주하여 살고 싶다.		우리 지역마을에서 터전을 잡고 계속하여 살고 싶다.		우리 지역마을에서 계속해서 살고 싶긴 하지만, 어른이 된 다음 그 상황에 따라 결정하고 싶다.		계	
		명	명	%	명	%	명	%	명	%
전체		2822	943	33.4	323	11.4	1556	55.1	2822	100.0
지역	북부권	766	362	47.3	61	8.0	343	44.8	766	100.0
	중부권	694	243	35.0	68	9.8	383	55.2	694	100.0
	남부권	146	38	26.0	22	15.1	86	58.9	146	100.0
	청주권	1216	300	24.7	172	14.1	744	61.2	1216	100.0
소속 학교	초등학교	748	140	18.7	138	18.4	470	62.8	748	100.0
	중학교	1428	458	32.1	160	11.2	810	56.7	1428	100.0
	고등학교	646	345	53.4	25	3.9	272	42.7	646	100.0

학생들에게 내가 태어난 고향에서 평생 머물러서 살라고 할 수는 없다. 보다 살기 좋은 공간으로 이주하는 것은 자연스럽고 당연한 일이라고 볼 수 있다. 다만 상당수의 학생이 성인이 된 후 수도권으로 거주하려고만 한다면 비수도권의 공동화 현상, 지방 소멸 현상이 가속화될 것이다. 그 결과 비수도권 지역만 힘든 것이 아니라 수도권 지역도 교통난, 주택난 등으로 더욱 힘들어지게 될 것이다. 즉, 수도권, 비수도권 모두 살기 힘든 환경이 될 수 있다는 것이다. 이러한

국토균형 발전 문제는 남북 분단 문제와 더불어 풀어가야 할 국가적 해결과제이기도 하다.

이러한 지역 균형 발전 문제를 해결하려면 일자리, 주택, 교육 문제를 우선적으로 해결해야 한다. 이 중에서 교육 문제는 지방에 소위 입시 명문고를 유치한다고 해서 쉽게 해결되는 문제가 아니다. 왜냐하면 전국 단위 내지 시도 단위 우수학생들을 모집하여 입시 명문고 유치에 성공했다고 해서 해당 지역이 발전하는 것은 아니기 때문이다. 다른 지역 학생들은 학교 기숙사에 머물다가 졸업 후 자기 지역으로 돌아가거나 수도권으로 갈 학생들이다. 우수학생들을 유치한다고 해서 막대한 장학금을 주면 결과적으로 지역 사람들이 출자한 장학금을 다른 지역 학생들에게 나누어 주는 셈이 되는 것뿐이다. 우리 지역 학생들에게 우선적으로 장학금을 주고, 우리 지역 학생들이 나중에라도 지역 사회에 돌아와 사회적 기여를 할 수 있도록 유도하는 것이 더 바람직하다고 볼 수 있을 것이다.

지역 교육과정이란?

지역 교육과정은 지역적 특성을 반영한 교육과정을 말한다. 일단 지역 교육과정을 이해하려면 이와 유사한 개념과 비교할 필요가 있다. 지역 수준 교육과정을 줄여서 지역교육과정이라고도 부르는데, 이는 시도교육청이 주관하는 교육과정을 말한다. 이는 국가수준 교육과정과 학교 수준 교육과정의 교량 역할을 하는 교육과정이다. 지역화 교육과정은 '국가 교육과정의 지역화'를 의미한다. 예컨대, 초등학교 3, 4학년 사회과 교육과정을 구현하는 데 있어서 보완하는 교육과정이다. 즉, 우리 고장을 이해하기 단원과 관련하여 이를 보완할 지역화 교재를 개발하여 병행 사용하는 것이다. 지역연계 교육과정은 지역 사회와 연계하여 지역적 특성을 반영한 교육과정을 말한다. 지역연계 교육과정은 교육과정 운영 주체와 관련하여 학교로 국한하지 않고 지역 사회와의 거버넌스 구축을 전제로 운영하는 교육과정을 의미한다. 그러므로 지역 교육과정 안에 지역 수준 교육과정, 지역화 교육과정, 지역연계 교육과정 등이 포함되어 있다고 할 수 있다.

2022 개정 교육과정과 지역 교육과정

2022 개정 교육과정 총론 주요 시안에서는 지역 교육과정을 예전보다 더 강조하고 있다. 학교 교육과정 자율권 확대에 따라 교과(군)별 및 창의적 체험활동의 20% 범위에서 시수 증감하도록 개선하였는데, 여기에서 교육과정 재구성 시 지역연계 교육과정으로 구현할 수 있도록 하였다. 학교 자율시간 확보를 통해 다양한 학교장 개설과목을 신설하고, 지역연계 특색 프로그램 등을 운영할 수 있도록 하였다. 초등학교에서 다양하고 특색 있는 지역과 연계한 교육과정 운영 및 학교 여건과 학생의 필요에 맞춘 선택과목을 신설하여 운영할 수 있다. 지역연계 선택 활동, 삶과 학습에 필요한 기초 소양, 학습 진단과 개별 보정교육, 진로 선택 활동 등을 교과목 및 창의적 체험활동으로 편성·운영이 가능하다. 중학교에서도 지역연계 및 특색교육과정 운영을 위한 시도교육청, 학교장 선택과목 개발을 통한 활성화를 추구하고 있다. 교과별 내용 요소 및 성취기준 등을 활용하여 지역과 연계한 단원을 구성하여 다양한 프로젝트 활동 수업이 가능하도록 하였다. 교과별로 지역연계 단원을 구성하고 모든 교과를 아우르는 주제 중심의 다양한 과목을 개발하고 운영할 수 있도록 하였다. 고등학교의 경우, 지역연계를 통한 교육과정 다양화를 추구하고 있다. 고교학점제와 관련하여 '지역 사회의 이해' 등 지역을 소재로 학교장 개설과목을 개설하여 운영할 수 있다. 학교 단위에서 과목 개설이 어려운 소인수 과목의 경우, 인근 고교와 함께 개설하는 온·오프라인 공동 교육과정이 운영될 수 있다. 학교와 마을이 협력하는 미래(혁신)교육지구, 직업교육 혁신지구, 지자체-대학 협력 기반 지

역 혁신 사업을 통해 다양한 교육 자원을 고교 교육에 활용할 수 있다. 학생 진로 적성과 연계하여 학교 밖 자원을 활용한 학습경험을 제공하고, 수업을 삶과 연계하도록 지원할 수 있다.

지역연계 교육과정 개발 전략

2021년 김포교육지원청과 함께 수업디자인연구소에서 '생태와 평화가 살아 있는 김포' 수업자료집을 개발하여, 2022년부터 김포 지역 관내 중고교에서 자유롭게 활용할 수 있도록 하였다. 교육과정 재구성 차원에서 활용하거나 학교 차원에서 학교장 개설과목을 위한 기초 자료로 사용할 수 있도록 하였다. 이러한 지역연계 교육과정과 교재를 개발 경험을 토대로 지역연계 교육과정 개발 전략을 정리하면 다음과 같다.

첫째, 우리 마을에 접근하는 데 있어서 연역적인 접근보다는 귀납적인 접근을 하는 것이 좋다. 예컨대, 처음부터 김포의 역사, 문화, 생태, 지리 등으로 구분하여 생태를 주제로 접근하는 것보다 김포라는 지역을 있는 그대로 이해하고 현장 답사부터 시작하는 것이 좋다. 집필진들이 집필 단계에 있어서 제일 처음으로 한 것은 지역에 대한 개괄적인 내용을 인터넷으로 간단하게 찾아보고 나서 김포 지역을 구석구석 현장 답사 활동을 진행했다. 집필진들이 가지고 있는 김포에 대한 생각과 경험, 관점 등을 유보한 채, 있는 그대로의 김포를 느끼기 위해 지역 답사를 했다. 현장 답사를 하면서 깨달은 것은 김포가 첨단 신도시부터 도농복합지역 중소 공장, 농어촌 시골 마을, 해병대 및 군사시설 등 다양한 색깔을 가지고 있는 지역이라는 것이었다. 서쪽에는 강화도, 북쪽에는 북한 개풍군과 개성, 동쪽에는 일산, 남쪽에는 서울이라는 지리적 특성이 있었고, 북한 접경 지역이었기에 다른 지역에 비해 생태환경이 잘 조성되어 있고 안보 및 군사시설이 발달한 것을 머리가 아닌 가슴으로 느낄 수 있었다. 이러한 지역적 특성을 발견하고 나서 지역연계 교육과정의 방향성을 생태와 평화라는 주제로 도출할 수 있었다.

둘째, 지역연계 교육과정을 개발할 때 합리적 교육과정 개발모델보다 숙의적 교육과정 개발모델에 근거하여 접근하면 좋다. 합리적 교육과정 개발모델은 목표 ⇒ 내용 ⇒ 방법 ⇒ 평가라는 하향식 접근 방식으로 교육과정 개발 접근을 하는 것이라면 숙의적 교육과정 개발모델은 교육과정 개발자들의 강령, 지식, 경험 등을 바탕으로 상향식으로 접근하여 개발하는 것이다. 예컨대, 교육과정 개발 시 국어과 교사가 김포를 다룬다면 김포의 문학을 다룰 수 있을 것이고, 사회과 교사라면 김포의 역사나 지역 현안을 다룰 수 있을 것이고, 과학과나 환경과 교사라면 김포의 생태를 다룰 수 있고, 미술과나 음악과 교사라면 김포의 예술을 다룰 수 있을 것이다. 교사의 지식과 경험을 바탕으로 마을에 접근하면 보다 풍성한 교육과정을 개발할 수 있을 것이다. 그래서 수업디자인연구소에서 김포 교육과정 개발 시 다양한 교과 교사들이 참여하면서 동시에 융합 수업 형태로 풀 수 있도록 접근하였다.

셋째, 지역적 특수성을 보편적인 주제로 연결하면 좋다. 학생이 평생 해당 지역에 거주하는 것은 아니다. 예컨대, 김포 학생이 학교에서 김포한강야생조류생태공원에 대하여 배운다면 의미 있겠지만 김포를 벗어나 이사를 간다면 해당 지식과 경험이 그 의미를 잃어버릴 수 있다. 그러므로 지역적 특수성에 국한하지 않고 이를 보편적인 주제로 연결하면 교육적 의미를 살릴 수 있다. 예컨대, 한강야생조류생태공원은 철새 도래지 주변에 김포시민들이 휴식할 수 있는 생태공원으로 설치한 것이다. 그러므로 김포한강야생조류생태공원의 생태공원적 특성만을 다루는 것이 아니라 '철새'에 대한 전반적인 내용을 생태 관점에서 다루는 것이다. 김포 학생이 다른 지역으로 이사 가도 '철새와 생태계'는 어느 지역으로 이동해도 중요한 주제이므로 의미 있는 배움이 될 수 있다는 것이다. 그래서 교육과정 개발 시 해당 지역의 랜드마크를 찾아 보편적인 주제로 연결하고자 하였다. 교육과정 개발 시 전호 습지는 습지 식물과 생명다양성, 김포 한강 신도시는 생태 도시, 아라뱃길은 지속 가능한 발전, 애기봉은 적극적 평화 등으로 연결하여 접근하였다.

넷째, 공동 교육과정 개발과 팀티칭 방법을 활용하여 집단지성에 근거하여 유연하게 교육과정을 운영할 수 있도록 하면 좋다. 교육과정 개발자와 실제로 수업을 하는 사람이 다르면 교육과정의 질이 떨어질 수밖에 없다. 예컨대, 김포 수업 자료를 개발할 때 역사과 교사가 김포의 역사 부분을 집필했는데, 실제 해당 수업을 체육과 교사가 담당해야 한다면 실제 수업이 원활하게 진행될 수 없을 것이다. 학교교과목 개발의 경우, 특정 교사가 전담하면 특정 교사의 역량에 따라 수업 만족도가 달라질 것이다. 유능한 교사가 해당 수업을 담당해도 해당 과목을 지속적으로 담당하기 힘들 수 있기에 지속 가능한 발전이 어려울 수 있다. 서울 창덕여중의 경우, 학교 특색 과목으로 '짝토론' 과목을 개설하여 운영하고 있는데, 학년별로 희망 교사 4명이 한 팀을 이루어 공동으로 교육과정을 개발하고 팀티칭 형태로 수업을 진행하고 있다. 공립학교 특성상 교사들이 바뀔 수밖에 없지만 짝토론 수업은 공동 교육과정 개발과 팀티칭 방식으로 진행되고 있기에 교육과정과 수업의 수준을 어느 정도 유지할 수 있었다.

다섯째, 학생들의 흥미 유발을 충분히 이루어질 수 있도록 해야 한다. 필자가 전북교육청 주관 중학교 교육과정 개발 연구를 하면서 교육 삼주체들 간의 교육과정 주제를 설문조사를 했는데, 교육 주체 간의 교육과정 요구가 다르다는 것을 알게 되었다[3]. 교사들은 학교교과목 개발이나 교육과정 재구성 주제로 '마을'을 1순위로 선택했지만 학부모들은 '공부(학습코칭)', 학생들은 '진로'를 1순위로 꼽았다. 학생들의 관심사 중 마을은 최하위였다. 마을이 중요한 주제라

---

3) 김현섭 외(2022), "전북 참학력 기반 중학교 혁신교육과정 개발 실행 연구", 전북교육청

학교, 미래교육을 디자인하다

고 해도 학생들은 우리 마을에 대한 관심이 매우 낮았다. 학생들이 우리 마을에 관심이 적은 것은 당연한 현상이다. 집과 학교를 오고 가면서 살고 있지만, 우리 마을에 대한 지식과 경험이 그리 많지 않기에 마을 자체에 대한 관심이 낮은 것이다. 그러기에 마을을 주제로 교육과정 개발을 하면 학생들의 참여도가 떨어질 수밖에 없다. 그러므로 학생들의 흥미 유발을 위해 다양한 접근을 시도해야 한다. 마을에 대한 역사, 문화, 지리, 현안 등을 어느 정도 알 수 있도록 마을과 관련한 기초 지식 이해가 필요하고, 문제 해결 수업, 프로젝트 수업, 협동학습, 매체 활용 수업, 보드게임 활용 수업, 현장체험학습 등 참여적 교수전략을 적극적으로 활용하여 수업을 진행할 수 있어야 한다. 그래서 연구소에서 김포 교육과정 개발 시 '김포에서 놀자'라는 보드게임을 새롭게 개발하였고, 프로젝트 수업이나 현장체험활동을 할 수 있는 활동지를 개발하여 제시하였다.

여섯째, 초중고 연계 교육과정을 구성하고, 학년별 특징을 고려하여 교육과정을 디자인하면 좋다. 우선 중고등학교라도 초등학교 3, 4학년 사회과 교육과정에서 지역 교육과정이 어떻게 구성되어 있는지 살펴볼 필요가 있다. 동일한 내용을 학년마다 반복하여 다룬다면 학생들의 흥미와 참여가 떨어질 것이다. 예컨대, 1학년에서는 우리 마을의 역사와 지리에 대하여 다룬다면, 2학년에서는 우리 마을의 문화와 생태, 3학년에서는 우리 마을의 발전 방향 탐색을 위한 사회 참여 프로젝트 수업 등으로 구성하여 운영하는 것이 필요하다. 동일 지역 내 학교급 간 교류를 통하여 초중고 교사들이 공동으로 지역 교육과정 개발 연수나 워크숍을 개최하면 좋을 것이다. 이 경우, 교육지원청이 적극적으로 나서서 지원하면 좋을 것이다.

일곱째, 처음부터 완벽한 교육과정을 만들려고 하기보다 수시 업데이트 방식으로 점진적으로 교육과정을 발전시킬 수 있도록 하는 것이 좋다. 지역연계 교육과정 개발은 이제 시작 단계이므로 처음부터 정교화되고 완성도가 높은 지역연계 교육과정을 기대하기 힘들다. 조금 부족해도 시행착오의 경험을 토대로 점진적으로 보완하는 것이 현실적인 접근이다. 지역연계 교육과정을 운영하고 나서 학교 차원에서 이를 성찰하고 피드백할 수 있는 체제로 발전시키는 것이 좋다. 그리고 교육지원청이 단위 학교에서 개발한 지역연계 교육과정 관련 자료를 인근 학교에도 공유할 수 있도록 지원하면 좋을 것이다.

여덟째, 프로젝트 기반 수업으로 연계하여 운영하면 좋다. 프로젝트 수업은 학생의 자기 주도성을 기반으로 과제 선택부터 준비, 발표 및 평가에 이르기까지 학생들이 참여할 수 있도록 접근하는 수업 접근이다. 프로젝트 수업은 어려운 문제나 질문이어야 하고, 지속적인 탐구가 가능한 주제이고, 실제 삶과 깊은 연관성이 있어야 한다. 학생 선택권을 최대한 인정하고, 성찰의 과정과 피드백이 지속적으로 이루어져야 하고, 가시적인 최종 산출물이 나올 수 있어야 한다. 다만 이러한 접근을 하는 경우, 성공적인 프로젝트 수업을 위한 전제 조건을 충족시킬 수 있어야 한다. 즉, 학생들이 해당 주제에 대한 기초적인 지식과 이해를 할 수 있어야 하고, 학습할 의지가 어느 정도 있어야 한다. 실제로 어떤 학교에서 마을 연계 교육과정을 프로젝트 수업을 진행했다가 실패한 경험이 있었다. 그 이유는 마을에 대한 기본 이해 없이 프로젝트 수업으로만 진행하다 보니 학생들의 참여도가 떨어졌고, 교사도 프로젝트 수업을 진행하는데 미숙함이 있었고, 교사 간 협력 체제가 잘 작동하지 않았기 때문이다. 프로젝트 주제와 취지가 좋다고 해서 프로젝트 수업이 좋은 것이 아니라 학생들의 의미 있는 학습과 배움의 만족을 경험할 수 있어야 의미 있는 프로젝트 수업이 될 수 있는 것이다.

지역연계 교육과정 운영의 사례

최근 일부 학교들을 중심으로 지역연계 교육과정 개발과 실천이 이루어지고

학교, 미래교육을 디자인하다

있는 상황이다. 학교급별 실천 사례들을 제시하면 다음과 같다.

청주 성화초등학교 운영 사례[4]

성화초등학교는 청주 시내에 있는 규모가 큰 학교이다. 학부모회가 활성화되어 있어서 학부모들이 교사들과 함께 마을 교육과정 활동에 적극적으로 참여하고 있다. 성화초는 '배움이 즐거운 학교', '나눔을 실천하는 학교', '민주적으로 함께 하는 학교', '몸과 마음이 성장하는 학교'를 추구한다. 4가지 교육목표에 맞추어 학년별로 교육과정을 재구성하고 있다. 초등학교 3, 4학년 사회과 수업과 관련하여 마을 교육과정을 강화하여 운영하고 있다. 4학년 마을 탐방 내용은 다음과 같다[5].

[4학년 마을(지역) 탐방 - 내가 사는 곳 지역감 기르기]

시기	활동 내용	연관 교과 및 지식개념
1학기	선거관리위원회 방문	사회 - 우리 지역의 공공기관 - 선거
	모내기 체험	과학 - 식물의 한살이 - 수생식물 관찰
	벼 관찰 및 원흥이 탐방	과학 - 식물의 한살이 - 수생식물 관찰
	시내버스 타고 학생교육문화원 가보기	사회 - 우리 지역의 공공기관
	성화동 주민센터 방문하기	사회 - 지방자치단체
2학기	법원 견학	사회 - 우리 지역의 공공기관
	벼 관찰 및 원흥이 탐방	과학 - 식물의 한살이-수생식물 관찰
	추수 체험	과학 - 식물의 한살이
	충북대학교 박물관 및 헌혈의 집	사회 - 우리 지역의 공공기관
	충북대학교 롯데시네마 영화관람	국어 - 매체 읽기
1, 2학기	구룡산 생태 체험	체육, 창체(동아리)

---

4) 김현섭 외(2022), "충북 학교급별 지역연계 교육과정 운영 모델 연구", 충북교육연구정보원
5) 충청북도교육청(2021), 충북행복자치미래학교 연구보고서

| 1학기 | 우리 동네 주변 지도 그리기 | 사회 |
| | 우리 지역의 인물 알아보기-옛 도지사 관사
숲속 전시관 시내버스 타고 가기 | 사회 - 우리 지역의 인물 |

6학년의 경우 '나눔을 실천하는 학교'를 주제로 생태환경 프로젝트 수업을 진행하고 있는데, 학교 인근의 구룡산 및 마을의 인프라를 적극적으로 활용한다.

[성화초 6학년 나눔이 있는 감성교육 중점활동]

시기		중점 활동 내용
공통		· 구룡산 및 장전공원과 함께하는 교과 및 계절과 연계한 생태 수업 · 꿈끼 발표회, 문화예술 동아리 등 문화, 예술 활동에 자율적으로 참여 · 학년 특색 및 학년 교육과정을 반영한 학습발표회 및 동아리 발표회 · 학년별 악기 연주, 연극 등 발달 단계에 맞는 문화예술수업
6학년	생태환경 프로젝트	지역과 전 지구적 맥락에서 학생의 삶과 연결하는 생태 프로젝트 운영 · 우리 동네에는 두꺼비가 산다. 플라스틱 방앗간 · 보이지 않는 오염물질 미세먼지, 플로깅하는 사람들

경기 신천중학교 운영 사례[6]

시흥시에 위치한 신천중학교에서는 학교자율과정으로 '청바지(청소년들이 바꿔가는 지역 문제 해결 프로젝트)'를 진행하였다. 2학년 학생들을 대상으로 교과융합형 모델에 의거하여 2학년 연계 자유학기 활동과 연계하여 50시간을 진행하였다.

---

6) 경기도교육청(2021), '학교자율과정 도움자료'

학교, 미래교육을 디자인하다

영역	주제	학습내용
교과 (국어+ 과학, 기술가정 3차시)	마을 탐방 (우리 동네 핫 플레이스 '삼미시장')	(see below)

· 마을 교사와 함께하는 마을 탐방
 – 1반당 2개조로 나뉘어 마을 시장(삼미시장)을 중심으로 마을 탐방
 – 지역의 문제점 발견 및 사진찍기

A코스	학교 앞 근린공원 집결→ 신천 천→ 삼미시장(상인회장 특강)→ 문화의 거리→ 신천역→ 연희아파트 담장벽화→ 학교 앞 근린공원 도착
B코스	학교 앞 근린공원 집결→ 연희아파트 담장벽화→ 신천도서관 → 문화의 거리→ 삼미시장(상인회장 특강)→ 신천 천→ 학교 앞 근린공원 도착

· 탐방 일정
(코스별 마을 강사 1분, 학교 인솔 교사 1분 지도, 학급당 2개 코스 운영)

구분 / 교시	학급	교과	학급	교과	학급	교과
1 (9:15~10:00)	수업	수업	수업	수업	수업	수업
2 (10:10~10:55)	2-3	국어	2-1	국어	2-2	국어
3 (11:05~11:50)	2-3	과학	2-1	과학	2-2	과학
4 (12:00~12:45)	2-3	기술가정	2-1	기술가정	2-2	기술가정
5 (13:35~14:20)			2-4	국어		
6 (14:30~15:15)			2-4	과학		
7 (15:25~16:10)			2-4	기술가정		

· 탐방 시 주의사항
 – 운동화(슬리퍼 신지 않기), 물(개인선택), 모자 준비, 우천 시 우의나 우산 준비
 – 탐방 전 안전 지도(조회시간 및 탐방 전 학급별 사전 지도)

· 포토스탠딩 – 삼미시장은 ~~ 곳이다. 왜냐하면 ~~~ 이기 때문이다.
· '삼미시장' 스토리– 내가 찍은 사진 중 한 장을 선택! 친구들에게 소개하기!
· '삼미시장' 이런 점은 아쉬워요~~!

창의적 체험활동 (8차시) 연계자 유학기 활동 (39차시)	프로젝트 안내	· 나의 이력 · 시흥 얼마나 알고 있니?	
	시흥의 특징과 문제점	· 시흥은 어떤 도시일까? · 시흥의 문제점 　- 교통 / 도시기능 / 환경 / 미세먼지 문제, 악취문제 · 내가 살고 있는 동네는 어떤 도시일까? 우리 동네에 살면서 가장 　불편한 점은?	
	'우리 동네' 문제점 찾아보기	· 내가 살고 있는 동네의 문제점 찾아보기 　- 교통 / 환경 / 도시기능 / 그 외 · 살기 좋은 도시의 조건 · 내가 생각하는 '살기 좋은 도시(동네)'는 어떤 도시(동네)일까?	
	살기 좋은 우리 동네	· 지역경제 살리는 지킴이 시흥화폐 '시루' 　- 시흥화폐 '시루'를 사용하면 어떤 점이 좋을까? 　- '삼미시장'에서 '시루'를 사용할 수 있는 사용처는? · 내가 살고 있는 동네가 살기 좋은 삶터가 되기 위해서는 어떤 노력이 　필요할까? 　- 우리 동네 모든 문제점을 정리한 후 해결하기 위한 방안 생각해보기	
교과 융합 및 연계자유 학기활동 (39차시)	학급별 문제 해결 프로젝트	· 마을 시장 연계 학생들이 찾은 문제점을 해결하기 위한 프로세스 진행 　창의적 체험활동 + 교과 융합+ 연계자유학기활동 연계 　- 마을 시장 매핑 활동-영어+국어 연계자유학기활동 　- 마을 시장 홍보 활동(홍보 랩 만들기)-음악 　- 마을 시장 사람들의 이야기 카드 뉴스 만들기-국어 　- 마을 시장 환경 개선 활동 　　목재 현판 만들기-기술가정(학교 안 체험교실 연계 운영) 　　플로깅을 적용한 마을 환경 정화 활동(체육) 　　정크아트 제작 및 기부, 손 세정제 제작 및 기부(통합교육과정)-과학	

기존 성취기준을 다음과 같이 재구조화하여 학교자율과정을 운영하였다.

교과	교육과정 성취기준 재구조화	운영 시기
국어	[9국03-05]자신의 삶과 경험을 바탕으로 하여 독자에게 감동이나 즐거움을 주는 글을 쓴다.	9월~10월
연계자유 학기주제 선택활동	[9국학교자율-01] 다양한 매체를 이용해 사용자의 편의를 제공하는 마을 시장 맵을 제작해 배포한다.	9월~12월
과학	[9과학교자율-02]식물과 버려진 폐품을 이용한 정크아트를 제작해 마을 환경개선 활동에 기여한다.	9월~10월
	[9과학교자율-03]친환경 세정제를 만들어 마을 시장에 기부하는 활동을 통해 시장 환경개선에 기여한다.	9월~10월

기술가정	[9기가05-06] 생활 속 문제를 찾아 아이디어를 구상하고 확산적□수렴적 사고 기법을 활용하여 창의적으로 해결한다.	9월~10월
음악	[9음01-03] 음악의 구성을 이해하여 주어진 조건에 따라 간단한 음악작품을 만든다.	9월~10월
체육	[9체04-02]스포츠 표현의 동작과 원리를 이해하고 심미적으로 표현한다.	9월~10월
영어	[9영02-07]주변의 위치나 장소에 대해 묻거나 답할 수 있다.	9월~10월

각 교과의 특성을 반영하여 수업을 진행하였다.

교과	교육과정 재구성을 통한 배움중심수업	성장중심 평가
국어	마을 시장 사람들의 이야기 카드 뉴스 만들기	논술 수행평가
연계자유 학기주제 선택활동	사용자의 편의를 제공하는 마을 시장 맵 제작하기	프로젝트 수행평가
과학	식물을 활용한 정크아트 제작 및 손 세정제 제작해 기부하기	프로젝트 수행평가
기술가정	마을 시장 내 상점 홍보 목재 현판 제작 및 기부하기	프로젝트 수행평가
음악	마을 시장 홍보 랩 만들기	작곡 수행평가
체육	플로깅을 적용한 마을 환경개선 활동	표현활동 수행평가
영어	사용자의 편의를 위한 삼미시장 매핑 활동	프로젝트 수행평가

[우리 동네에 살면서 불편한 점 찾기]

[삼미시장은 우리에게 어떤 의미가 있는가?]

학교, 미래교육을 디자인하다

충북 단양고등학교 운영 사례[7)]

　단양고등학교는 단양군 내 유일한 일반계 고등학교로서 2019년부터 고교학점제 연구학교를 운영하고 있다. 농촌 지역에 위치한 소규모 학교이지만 학생 맞춤형 교육과정 실현을 위해 다양한 노력을 기울이고 있는 학교이다. 단양고는 지역 사회에 위치한 소백산 국립공원과 연계해 진로 선택과목인 '생태와 환경'을 개설해 지역의 생태와 생물 자원, 환경 문제, 지속가능발전 방안 등을 담아 교육과정을 재구성해 지역에 대한 이해와 애향심을 키울 수 있는 과목으로 개설해 운영하고 있다. 또한 교과 지식 위주의 교육이 아니라 현장 체험학습을 병행하여 실제 동식물 장원의 모니터링, 탄소 중립 실천방안 모색 등을 통한 실습을 해 볼 수 있도록 하였다. 대면 수업과 온라인 쌍방향 수업은 단양고등학교에서 온라인 및 대면 수업으로 진행되고 있다. 또한 소백산 국립 공원에서 현장 체험학습을 병행하여, 지식 위주의 수업이 되기보다는 지역의 생태에 대한 실질적인 문제를 탐구할 수 있도록 하였다.

['생태와 환경' 지역연계 교육과정 주요 내용]

회차	차시 (시간)	주요내용
1	1,2	오리엔테이션, 국립공원의 이해
2	3,4	최초의 국립공원, 세계의 국립공원
3	5,6	생태계(Ecosystem)의 이해, 생태계 순환·변화·균형
4	7,8	생물다양성의 의미, 생물종 감소의 원인
5	9,10	지구환경의 이해, 자연환경과 인공환경
6	11,12	생물자원의 이해_식물자원분류, 생물자원의 이해_식물자원이해
7	13,14	생물자원의 이해_동물자원분류, 생물자원의 이해_동물자원이해
8	15~18	현장실습_식물자원 모니터링, 동물자원 모니터링

---

7) 김현섭 외(2022), "충북 학교급별 지역연계 교육과정 운영 모델 연구", 충북교육연구정보원

9	19,20	멸종위기종, 국내 복원사업 현황 분석으로 알아보는 복원의 의미
10	21~24	현장실습_중부복원기술센터 현장 답사
11	25,26	환경과 인간의 상호관계, 환경과 인간의 공생
12	27,28	지속가능발전의 개념 및 사례 분석, 기후 위기의 원인 및 영향
13	29,30	현장실습_원주기후변화대응교육연구센터
14	31,32	탄소중립의 개념 및 배경, 탄소중립 실천방안
15	33,34	기말 평가

또한, 지역 대학과 연계해 '빅데이터 분석, 마케팅과 광고, 지속가능발전 탐구, 창의적 디자인 사고와 비즈니스 모델, 전기·전자 기초' 교과를 개설해 운영하고 있다. 인근 지역의 세명대학교와 연계하여 해당 학과 정·부교수 또는 강사가 수업이 가능한 수업을 개설하고, 교사가 함께 협력하는 방식으로 과목을 학생의 희망을 받아 무학년으로 개설해 온라인 쌍방향 수업과 오프라인 대면 수업을 병행하여 2단위 34시간을 기준으로 운영하였다. 세명대가 제천 지역에 위치하고 있어 전세 버스를 임대하여 학생들이 이동할 수 있도록 하였다. 소규모 농촌 학교에 배치되지 않은 교과목을 대학과 연계해 개설할 수 있고, 대학의 실험, 실습이 가능한 교육 환경을 이용할 수 있다는 장점이 있다.

수업디자인연구소의 '생태와 평화가 살아있는 김포' 개발 사례

수업디자인연구소는 김포교육지원청과 함께 고교 지역연계 교육과정으로 '생태와 평화가 살아있는 김포'(2021)를 개발하고 이에 맞는 수업 자료집을 개발하였다. 해당 교육과정은 다음과 같다[8].

---

8) 김현섭 외(2021), "생태와 평화가 살아있는 김포" 고교 수업자료집

단원	단원명	핵심 질문	세부 질문	주요 내용	활동
1	김포, 그곳이 알고 싶다	우리가 살고 있는 김포는 어떤 곳일까?	· 김포에서 세계인이 주목하고 있는 곳이 있다면? · 김포는 어떤 곳일까? · 김포의 자랑거리는 무엇일까? · 김포를 상징하는 것을 협동화로 표현한다면?	김포의 지역 정보 김포의 자랑거리	퀴즈 게임 매체 활용 수업 협동화 그리기
2	조강, 바다가 시작되다	조강에 숨겨진 가치는?	· 조강에 배가 뜨지 못하는 이유는? · 조강이 어디일까? · 조강은 어떤 곳일까? · 다른 지역에 사는 친구에게 조강을 소개한다면?	조강 이름 유래 조강의 역사와 가치, 특징, 생태적 가치	조강 그리기 매체 활용 수업 모둠 하얀 거짓말 찾기 보드게임
3	한강 야생조류생태공원, 한강 생태계 품다	인간과 자연의 공존, 김포의 한강 야생조류생태공원에는 어떤 생물이 살고 있을까?	· 올해 본 재두루미가 작년에 본 그 재두루미 일까? · 한강 야생조류생태공원에는 어떤 새가 살고 있을까? · 한강 야생조류생태공원에는 어떤 식물이 살고 있을까? · 한강 야생조류생태공원의 의의는 무엇일까?	한강 하구에 사는 철새와 그 특징 철새를 중심으로 한 생태계	스티커 붙이기 실험 탐구 세밀화 그리기 퀴즈게임
4	전호습지, 물과 생명이 연결되다	전호습지는 왜 생명 다양성이 돋보일까?	· 구슬갓냉이, 낙지다리는 어떤 식물일까? · 전호습지에는 어떤 생물들이 살고 있을까? · 습지는 어떤 역할을 할까? · 습지와 습지에 살고 있는 생물들을 보호 하려면?	습지의 중요성 전호습지 수생식물과 물고기	보드게임 모둠토의 현장체험활동 (미니북)

5	김포 한강 신도시, 생태를 품다	김포 한강신도시 는 생태도시 일까?	· 내가 살고 싶은 도시와 그 이유는? · 생태도시란 무엇인가? · 김포 한강신도시에서 생태 중심 철학을 찾아본다면? · 김포 한강신도시를 더 좋은 생태도시로 만드는 상상을 해 본다면?	생태도시의 개념과 유형 김포 한강 신도시의 특징	과제분담학습 체크리스트 생태도시 공약 만들기 토의토론
6	김포의 지속가능한 발전을 위한 해법을 찾다	김포의 지속가능한 발전은 어떻 게 가능할 까?	· 아라뱃길은 환경과 경제의 두 마리 토끼를 다 잡을 수 있을까? · 지속가능발전이란? · 지속가능발전의 사례는 어떤 것이 있을 까? · 탄소중립의 개념과 나의 탄소발자국 은?	아라뱃길 분석 지속가능발전의 개념과 사례 탄소중립과 탄소 발자국	모둠별 조사 활동 토의수업 탄소발자국 계산
7	애기봉, 평화의 이야기가 시작되다	평화 통일이 된다면 김포는 어떻게 될 까?	· 애기봉은 왜 해병 출입을 통제하고 있을까? · 평화란 무엇일까? · 애기봉은 어떤 곳일까? · 일상의 평화를 위해 우리가 할 수 있는 것은 무엇일까?	애기봉의 이야기 소극적 평화와 적극적 평화 갈등 해결	매체 활용 수업 이야기 교수법 브레인스토밍 가상 크리스마 스트리 메세지
8	김포, 평화를 '잇다'	김포, 평화를 위한 노력은?	· 허물어 얻는 평화, 이어서 얻는 평화 는? · 김포, 평화를 위해 허물어야 할 곳과 이어야 할 곳은? · 평화도시 김포를 만들기 위해 노력해 야 할 것은?	독일 베를린 장벽과 88고속 도로 사례 비교 미래적 관점에 서 김포의 평화 상상하기	개별학습 문제해결 수업(PBL) 하나 가고 셋 남기 프로젝트 수업

학교, 미래교육을 디자인하다

다음은 교수학습지도안의 일부이다.

01.
김포, 그곳이 알고 싶다

• 교육과정 연계

교과목	핵심아이디어	성취기준
국어	2. 읽기	[12국02-01]읽기는 읽어 문제를 통해 세로 영향을 주고받으며 소통하는 사회적 성호 작용임을 이해하고 글을 읽는다.
한국지리	(4) 거주 공간의 변화와 지역 개발	[12한지04-01]우리나라 촌락의 최근 변화상을 파악하고, 도시의 발달 과정 및 도시체계의 특성을 탐구한다.
사회문화	(3) 현대의 사회 변동	[12사문03-04] 전 지구적 수준의 문제와 그 해결 방안을 탐색하고 세계시민으로서 지속가능한 사회를 위해 노력하는 태도를 가진다.
미술	2. 표현	[12미02-01]다양한 발상 방법을 활용하여 새로운 주제를 탐색할 수 있다.

• 수업의 주안점

이번 차시는 사각 단원으로 김포의 지명유래와 현황, 역사, 설화 등을 살펴보는 시간이다. 김포의 자랑거리를 선정하여 조사하고 발표하는 시간을 가지면서 학생들은 김포 시민으로서의 자부심과 김포를 사랑하는 마음을 가지게 될 것이다. 김포를 상징하는 것으로 협동화를 만들기와 김포시 엽서 만들기를 진행하여 특별한 도시로서의 '김포'의 의미를 생각하는 시간이 될 것이다.

• 핵심 질문

김포는 어떤 곳일까?

• 질문 분석표

	질문 내용	활 동
핵심 질문	우리가 살고 있는 김포는 어떤 곳일까?	
출발 질문	김포에서 세계인이 주목하고 있는 것이 있다면?	브레인스토밍
전개 질문	1. 김포는 어떤 곳일까? 2. 김포에서 유명한 것은 무엇일까? 3. 김포의 자랑거리는 무엇일까?	O, X 퀴즈 ·엄지 퀴즈 ·낱말 로치 낱말 퍼즐
도착 질문	1. 김포를 상징하는 것을 협동화로 표현한다면? 2. 김포를 한 문장으로 표현한다면?	·협동화 그리기 김포시 엽서 만들기

• 수업 전개도

세계인의 주목하는 것		김포의 미래와 역사		김포에서 유명한 것		김포의 자랑거리 조사		김포상징 협동화 만들기
브레인스토밍	→	O, X 스티커 퀴즈	→	엄지 엄지 퀴즈 낱말 로치	→	낱말 퍼즐 개인활동 전체활동	→	개인활동 모둠활동
[활동지 1-1, 1-2]		[활동지 2]		[활동지 3-1, 3-2, 4]		[활동지 5, 6]		[활동지 7, 8]

• 학습 목표

김포에 있는 유명한 것과 자랑거리들을 말할 수 있다.
우리가 살고 있는 김포를 소개할 수 있다.

• 핵심 역량 □ 자기관리 □ 지식정보처리 □ 창의적사고 □ 심미적 감성 ■ 의사소통 ■ 공동체

• 학습 준비물

활동지, 모둠칠판, 개인칠판, 보드마카, 풀, 색연필, 사인펜

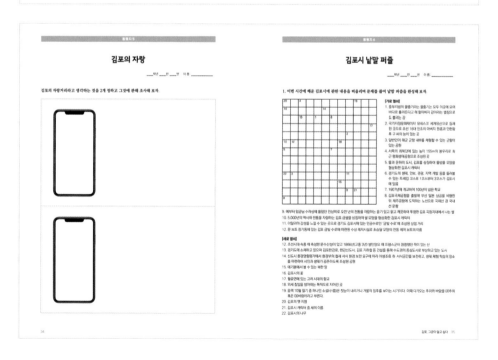

김포의 자랑

_____학년 _____반 _____번 이름: _____

김포의 자랑거리라고 생각하는 것을 2개 정하고 그것에 관해 조사해 보자.

김포시 낱말 퍼즐

_____학년 _____반 _____번 이름: _____

1. 이번 시간에 배운 김포시에 관한 내용을 바탕으로 문제를 읽고 낱말 퍼즐을 완성해 보자.

[가로 열쇠]
1. 동부지방의 물줄기는 물줄기는 모두 이곳에 모여 바다로 흘러든다고 해 할머리나 강머리로 불렸으므로도 불렸다는 강
2. 국가지정문화재이자 맑은으로 세계유산으로 등재된 김포의 조선 16대 인조와 그의 아버지 원종과 인헌왕후 구 씨의 능이 있는 곳
3. 일반인이의 해군 군함 내부를 체험할 수 있는 군함이 있는 공원
4. 서쪽의 최북단에 있는 높이 155m의 봉우리로 최근 평화생태공원으로 조성된 곳
5. 통 과 문화의 도시, 김포를 상징하며 활발을 모양을 형상화한 김포시 캐릭터
6. 경기도의 생태, 안보, 안보, 지역, 지역 개발 등 둘레를 수 있는 트레킹 코스로 1코스부터 3코스가 김포시에 있음
7. 180기대의 계급자에 100년이 1300을 넘은 학교
8. 김포국제공항을 출발해 부산 일본 상공을 비행한 뒤 제주공항에 도착하는 노선으로 국제선 겸 국내선 노선
9. 예부터 임금님 수라상에 올렸던 진상미로 오천 년의 전통을 자랑하는 은기 않고 같고 행정하여 투명한 김포 곡정지대에서니 나는 쌀
10. 5,000년의 역사와 전통을 자랑하는 김포 금쌀을 생장하며 모양을 형상화한 김포시 캐릭터
11. 이렇에 자랑이 날을 수 있는 곳으로 경기도 김포시에 탄생이 인승수로만 금빛 수로에 조성된 상징 거리
12. 문 보전 청거리에 있는 김포 금빛 수로에 따른 수상에 따른 조송 형상 모양에 전통 해자 보트의 이름

[세로 열쇠]
12. 조선시대 축종 쪽 축성한 문수산성이 않고 1866년(고종 3)년 병인양요 때 프랑스군의 침략했던 적이 있는 산
13. 경기도에 소재하고 있으며 김포문화관, 현강이도시, 김포 자유동 등 건설을 통해 수도권의 중심도시로 부상하고 있는 도시
14. 신도시 환경영향평가에서 환경부의 철과 서식 환경 보전 요구에 따라 마생조류 위 서식공간을 보전하고, 생태 체험 학습의 장소로 마련하여 시민과 생태가 공존하도록 조성된 공원
15. 여기명에 볼 수 있는 제방 많원
16. 김포시로 볼 수 있는 제방 많원
17. 월곶면에 있는 고려 시대의 향교
18. 외세 침입을 방어하는 목적으로 지켜진 곳
19. 음력 10월 될기 후 하나의 소쌈이 둘이면 첫눈이 내리거나 겨울의 징후를 보는 시기이다 이때 다가오는 추위의 바람을 00추위로 추위의 00바람이라고 부른다.
20. 김포의 명 시점
21. 김포시 캐릭터 중 새의 이름
22. 김포시보호나무

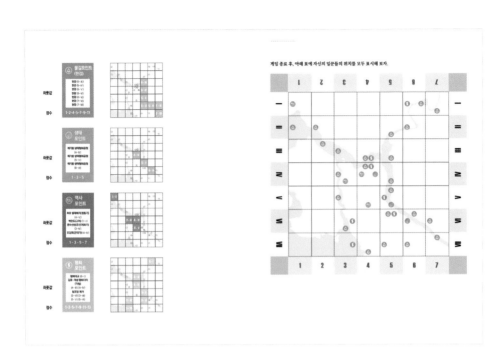

김포 양곡고등학교에서 이를 기반으로 김포시지속가능발전협의회와 연계하여 학교자율과정(2022)으로 운영하였다[9].

---

9) 경기도교육청(2022), "고등학교 학교자율과정 실천하기"

학교, 미래교육을 디자인하다

[1학년: 생태와 평화가 살아있는 김포]

- 목적 : 지역에 대한 자부심과 소속감, 애향심을 가질 수 있도록 하며 지역적 특수성
  을 넘어 미래사회의 핵심가치인 생태와 평화에 대해 진지하게 고민하고 실천
  할 수 있도록 함.
- 대상: 1학년 6개 반
- 운영 방법
  - 2022학년도 1학기 30시간으로 운영
  - 김포교육지원청 제작 '생태와 평화가 살아있는 김포' 교재를 활용하여 우리 지역
    (김포)의 역사적, 지리적, 환경적 특징을 분석해 보고, '생태'와 '평화'를 주제로 프
    로젝트 융합 수업 형태로 운영
  - 김포시 지속 가능한 발전 협의회 마을공동체 보조 강사와 교사 1명을 코티칭으로
    배정하여 토의토론 수업, 과제 분담 학습, 문제 해결 수업 등 다양한 참여형 수업으
    로 운영
  - 교재 단원 구성 및 수업 차시 (단원별 3차시 운영)

지역 교육과정 발전을 위한 7가지 제언

지역 교육과정을 발전적으로 운영하기 위한 몇 가지 제언하면 다음과 같다. [10]

첫째, 지역 교육과정의 필요성을 교사, 학생, 학부모, 교육청, 지역 사회가 모두가 인식할 필요가 있다. 오랫동안 중앙집권형 교육체제 및 문화가 지속되어 왔기에 지금까지의 지역 교육과정 담론은 주로 '국가교육과정의 지역화' 수준

---

10) 김현섭 외(2022), "충북 학교급별 지역연계 교육과정 운영 모델 연구", 충북교육연구원

에 머물러 있었다. 이제는 이러한 하향식 접근에서 벗어나 지역이 중심이 되어 교육과정 문제에 접근하는 상향적 접근이 필요하다. 숙의적 교육과정 개발모델을 기반으로 지역 교육과정에 대한 연구와 실천이 우리 지역 살리기를 위한 현실적인 대안이라는 것을 인식해야 한다. 미래적 관점에서 애향심(愛鄕心)을 재해석하고, 강조해야 한다.

둘째, 지역 교육과정 문제는 비수도권 지역만의 문제가 아니라 수도권 지역에서도 매우 중요한 문제라는 것이다. 인구 감소에 따른 학생 수 감소 현상은 비수도권만의 현상이 아니라 수도권도 동일하다. 10년 뒤 초등학생 수 감소는 전국 평균 54%이지만 서울은 49.8%이다.(국가통계포털, 2022) 불특정 다수가 살고 있는 대도시가 적은 인구수의 읍면동 지역보다 지역 현안들이 더 많이 산적해 있다. 살기 좋은 지역 마을을 만들기 위한 노력은 수도권 지역도 동일하게 중요한 문제이다.

셋째, 지역연계 교육과정 운영 주체와 방식은 가급적 학교주도 마을 협력모델로 추진하는 것이 좋다. 지역연계 교육과정 운영 방식은 학교주도 마을 협력모델, 주민 주도 학교 협력모델, 학교-마을 공동 기획모델 등이 있다. 이 중에서 학교주도 마을 협력모델이 더 좋은 이유는 교육과정에 대한 전문성을 교사가 가지고 있고, 학교 교육과정을 구현하는 주체가 교사이기 때문이다. 그리고 학교 주도형으로 진행되어야 지역연계 교육과정을 보다 폭넓게 이해하고 체계적으로 접근할 수 있기 때문이다. 주민 주도 학교 협력모델은 마을 주민의 참여가 높은 장점이 있지만, 교사들의 교육과정 운영에 있어서 소외되기 쉽고, 지역교육 활동가의 개인적인 성향과 배경에 따라 특정 주제로 치우칠 가능성이 있다. 학교-마을 공동 기획모델은 이상적이긴 하지만 교사와 지역교육 활동가가 의견이 충돌되는 경우, 조정하기 힘든 문제점을 가지고 있다. 그래서 학교가 주도하여 지역연계 교육과정의 기본 방향을 정하고 지역교육 활동가들의 협력과 참여를 유도하는 방식으로 진행하는 것이 좋다. 예컨대, 교사들이 학교 교육과정 디자인 워크숍을 통해 중핵 교육과정을 디자인하고, 이를 기반으로 지역교육 활동가들이 함께하는 지역연계 교육과정 개발 워크숍으로 진행하면 좋을 것이다.

넷째, 학교에서 지역 교육과정을 구현하고자 할 때 학교의 특수성을 고려하여 다양하고 점진적인 모델이 제시될 필요가 있다. 대개 지역 교육과정은 대도시의 큰 학교보다 지역 사회가 활성화되어 있는 농산어촌의 작은 학교가 더 활성화되어 있는 경우가 많고, 입시에 많은 영향을 받는 중고등학교보다는 입시에 대한 영향이 적은 초등학교인 경우가 많다. 그리고 일반 학교보다는 혁신학교에서 지역 교육과정 실천에 적극적인 편이다. 그러므로 학교 상황과 특성에 따라 지역 교육과정을 적용하는 데 있어서 낮은 수준(창체나 학교 행사 차원에서 부분적으로 적용하기)부터 점차 높은 수준(교육과정 재구성, 학교 특색 과목 개발)으로 나아갈 수 있도록 유도하면 좋을 것이다. 교육과정 재구성도 짜깁기 수준으로 시작하여 점차 물리적 통합수업 방식에서 화학적 융합 수업 방식으로 진화하고, 공동 수업 디자인 방식을 넘어 공동 교육과정 개발 방식으로 발전할 수 있어야 할 것이다.

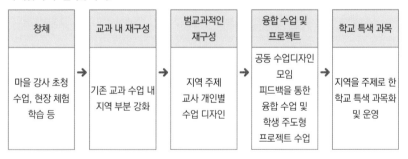

다섯째, 초중고 학교급 간 특성을 반영한 지역 교육과정 모델을 운영해야 한다. 초등학교에서는 내가 살고 있는 작은 지역인 '마을'을 중심으로 일상적인 삶과 연결하여 접근하는 것이 필요하다. 학생들이 우리 마을의 특성을 이해하고 마을의 대표적인 공간들을 탐방하고 다양한 체험과 경험을 통하여 우리 마을을 사랑할 수 있도록 접근하는 것이 필요하다. 그래서 지역연계 수업 시 매체 활용 수업이나 현장체험활동을 상대적으로 강조할 수 있을 것이다. 중학교는 학생 발달 단계 특성상 추상적인 사고를 할 수 있으므로 '마을'에서 '지역'으로 공간적인 영역을 좀 더 넓혀서 접근할 수 있다. 그리고 우리 지역 사회의 역사, 문화, 지리 등 좀 더 심화해서 이해하고 지역 사회 문제를 비판적으로 이해하고 자기 주도적으로 지역 사회 문제 해결을 위해 접근하는 것이 좋다. 그래서 지역연계 수업 시 지역 사회 해결 프로젝트 수업이나 문제 중심 수업(PBL) 등을 활용하면 좋을 것이다. 지역 내 고등학교 소개 및 고교 교육과정 이해 등을 다루는 진로연계 학기 수업을 지역연계 교육과정으로 접근하는 것도 좋을 것이다. 고등학교는 교과 내용과 지역 문제를 연계하여 좀 더 심화된 내용을 다루고, 지역 사회 문제를 비판적으로 이해하고 대안을 마련하는 방향으로 접근하면 좋을 것이다. 미래지향적 가치와 주제들을 연계하여 지역적 특수성의 한계를 극복하면 좋을 것이다. 지역 교육과정 관련 수업 시 사회 쟁점 토론 수업이나 프로젝트 기반 수업으로 접근하고, 지역 사회와 생태전환교육, 지역 사회와 세계시민교육 등 지역적 특수성과 보편적 주제를 연결하여 접근하는 것이 좋을 것이다. 또한 지역연계 교육과정 관련 참여 활동이 학생생활종합기록부에도 기재되어 학생 입시에도 실질적인 도움이 되면 좋을 것이다. 이를 통해 지역연계 교육과정 관련 활동이 공부를 안 시키는 행위로 오해하는 학부모들의 불안을 해결할 수 있어야 한다. 지역 교육과정이 가지는 지역적 특수성의 한계를 학습코칭이나 진로 등의 보편적 주제 접근으로 연결하여 접근하는 노력이 필요할 것이다.

여섯째, 교사의 교육과정 디자인 역량을 강화할 필요가 있다. 초등학교 교사는 여러 교과목을 가르치고 있기에 융합 수업에 대한 접근이 상대적으로 잘 이루어지지만, 중등학교 교사들은 자기 전공과목을 중심으로 가르치고 있기에

학교, 미래교육을 디자인하다

자기 교과의 영역을 넘어서는 지역 교육과정 디자인이나 융합 수업 등을 부담스럽게 여기는 부분이 있다. 그러므로 학교의 중핵 교육과정 안에 지역 교육과정이 포함되어야 교사들이 지역 교육과정에 대한 관심을 더욱 가지게 될 수 있을 것이다. 교사의 학교 교육과정 디자인 역량을 기르기 위한 연수와 워크숍, 컨설팅 등이 학교 안에서 정기적으로 진행될 필요가 있다. 특히 전문적 학습공동체나 학년 협의회에서 지역 교육과정을 다루는 것이 필요하다.

일곱째, 지역 교육과정의 활성화를 위한 제도적 지원 체제가 마련되고 관련 예산이 확보되어야 한다. 시도교육청 차원에서 관련 종합지침 및 매뉴얼 제공, 관련 연수 실시, 컨설팅 지원 등이 있으면 좋을 것이다. 교육지원청 차원에서 지역 교육과정 활동을 위해 초등학교 사회과 지역화 교재 개발이나 지역 교육과정 관련 프로젝트 및 융합 수업 교재 개발을 주도할 수 있다. 학교와 지역 사회를 연결할 수 있도록 도움을 주거나 행정적인 번거로움을 줄일 수 있는 방안을 제공하면 좋을 것이다. 공립학교 교사의 경우, 교사들이 자기 학교가 속한 지역에 거주하지 않은 경우도 있다. 교육지원청 차원에서 자기 학교에 속한 지역에 거주하는 교사들에게 유리한 인센티브를 제공하거나 최신식 관사 제공 등을 통해 안정적으로 거주할 수 있는 여건을 마련하는 노력도 필요할 것이다. 또한 지역 교육과정을 운영할 수 있는 예산이 필요하다. 마을 강사를 위한 인건비, 교육비, 체험 활동비, 관련 시설 보완, 지역연계 교육과정 개발비 및 학교 교과서 제작 등은 예산이 있어야 가능한 것들이다. 이를 위해 교육청 차원에서의 예산 지원도 필요하지만, 지자체에서도 관심을 가지고 예산 지원을 할 수 있어야 한다. 민관학의 협력 체제를 구축하여 우리 지역 사회를 지속 가능한 발전 구조로 만들기 위한 노력을 해야 할 것이다.

7장. 학교, 다문화사회를 준비하다

다문화 학생들의 고민거리

2021년 교육부에서 파악한 다문화 학생 수는 160,056명으로 전년 대비 8.6% 증가하였다. 다문화 학생 유형은 다음과 같이 구분할 수 있다.

유형		설명
국제결혼 가정	국내 출생 자녀	· 한국인과 결혼이민자 사이에서 태어나 한국에서 성장한 경우 · 한국어 구사에 어려움은 없으나 학습에 필요한 문장이나 어휘를 이해하는 곤란을 겪는 경우 존재 · 사춘기에 진입하면서 다문화에 대한 고정 관념에 불편함을 느끼며, 실리 정서 지원 요구
	중도 입국 자녀	· 결혼 이민자가 한국인과 재혼한 이후에 본국에서 데려온 경우, 한국인과 결혼이민자 사이에 태어났으나 결혼이민자 본국에서 성장하다가 입국한 경우 등 · 새로운 가족과 한국 문화에 적응하기 위한 스트레스가 발생하며, 정체성 혼란이나 무기력 등을 경험하는 경우 존재 · 한국어 능력이 부족하여 공교육 진입과 적응에 어려움 발생
외국인 가정	외국인 가정 자녀	· 외국인 사이에서 태어난 경우(조선족, 중앙아시아 고려인, 시리아 난민 등 포함) · 정주 여건이 불안정하여 학업을 지속하기 어려운 경우 존재

학교, 미래교육을 디자인하다

다문화 학생 수 증가와 현실적인 적응 문제가 발생하면서 다문화 교육과 상호문화이해교육에 대한 사회적 관심이 점차 높아지고 있는 추세이다. 다문화 교육이란 '평등교육을 목표로 교육과정 개혁을 통하여 주류 집단과 소수 집단의 모든 사람이 다문화적 능력을 배양하여 사회정의 실현에 참여할 수 있도록 하는 교육'이다.(베넷, 2011) 상호문화이해교육이란 '문화 간의 대화와 만남을 강조하며, 나와 다른 사람과의 사이에서 발견할 수 있는 보편성을 통해 관계를 확장시켜나가는 교육을 지향한다.(이영민, 이연주, 2017) 즉, 상호문화교육은 '자신의 문화에 기반을 두면서 동시에 그 문화를 비판적으로 성찰하며 다른 문화에 대하여 열려있는 태도를 가지게 하는 교육이고, 타자와의 만남을 전제로 한 교육'이다.(이경수, 2019) 미국을 중심으로 사용하는 용어가 '다문화 교육'이라면, '상호문화이해교육'은 주로 유럽을 중심으로 용어 사용이 이루어지고 있다[1].

수업디자인연구소에서 안산교육지원청과 함께 고교 상호문화이해교육 수업자료집을 개발했다. 이를 통해 필자는 안산 지역 다문화 학생들을 직접 만나 인터뷰하면서 다문화 학생들의 현실적인 고민거리를 3가지로 정리할 수 있었다.

첫째, 한국어 미숙에 따른 어려움이다. 다문화 학생들이 힘들어하는 과목은 수학과 과학보다는 국어와 역사 등이었다. 한국어가 능숙하지 못한 상황에서 상대적으로 어려운 단어들을 많이 사용하는 문과 계열 과목 수업을 힘들어했다. 왜냐하면 한국어로 일상적인 소통은 가능해도, 전문적인 용어나 학문적인 용어를 사용하는 것이 익숙하지 않기 때문이었다. 자국에 있을 때는 어느 정도 성적이 나왔어도, 한국어 미숙에 따라 원래 자기 능력과 학업 수준만큼 성적이 나오지 않아서 힘들어했다.

---

1) 장인실 외(2022), "다문화교육", 학지사

둘째, 자국 문화와 한국 문화 차이에서 오는 문화적 갈등 문제이다. 예컨대, 언어 미숙으로 인하여 같은 언어 문화권 학생들끼리 어울리는 경우가 많아지다 보니, 한국 학생들과 또래 그룹 간 오해나 갈등을 경험하는 경우가 생긴다. 중국 교포 학생들은 중화사상의 영향으로 인하여 중국에 대한 애정과 소속감이 강하다. 동남아 학생들은 상대적으로 성적 개방 문화를 경험했기에 자기의 성적 표현이 상대방에게 부담이 된다는 것을 모르는 경우도 있었다. 이슬람 문화권 학생들은 돼지고기를 먹지 않고, 일부다처제에 익숙하기에 한국 학생들 입장에서는 이해하기 쉽지 않을 수 있다. 탈북 학생들은 갈등 시 주먹 다툼도 일어날 수 있다고 보지만, 한국 학생들은 그렇게 생각하지 않는다.

셋째, 진로진학 문제로 고민하는 경우가 많았다. 진로진학 정보를 자국어로 알아보기 힘든 경우가 있었고, 다문화 학생 입장에 맞는 개별 맞춤형 진로진학 지도를 받은 경험이 부족하였다. 다문화 학생이나 외국인 학생 전형 등을 통하여 상급 학교를 진학하는 것은 한국 학생들보다 유리하기는 하지만, 언어 미숙, 문화적 차이 등으로 인하여 중도 탈락하는 경우가 많고, 학교 졸업 이후 자기가 원하는 직종으로 취직하기 힘든 경우가 많았다.

안산 상호 문화 교육 교육과정과 수업자료집 개발 사례

'다양한 문화가 더불어 사는 안산'은 이러한 다문화 학생들의 고민거리를 바탕으로 고교학점제와 연계하여 개발하게 되었다[2]. 다문화 학생만을 대상으로 접근하지 않고, 한국 학생들을 포함한 이주배경 학생들을 대상으로 자료 개발을 하게 되었다[3].

---

2) 김현섭 외(2022), "다양한 문화가 더불어 사는 안산", 안산교육지원청
3) 다문화 학생은 내국인 학생이 아닌 학생들을 일컫는 말이지만 이주배경 학생은 내국인 학생까지 포함한 개념이다. 다문화 교육은 다문화 학생을 위한 교육이라면, 이주배경 학생을 위한 상호문화이해교육은 내국인 학생에 보다 초점을 두어 진행하는 교육이다.

학교, 미래교육을 디자인하다

[안산 상호문화이해교육 교육과정]

단원	단원명	핵심 질문	세부 질문	주요 내용	활동
1	그 사람의 신발을 신고 걸어봐	우리는 서로 다르지만 같은 부분을 찾아볼까?	우리 삶 속의 구체적인 차별 경험을 찾아볼까?	차별의 경험	모둠 활동
			나와 친구들의 공통점과 차이점은 무엇일까?	공통점과 차이점 발견 하기	짝 활동
			내 친구의 장점은 무엇일까?	장점 찾아주기	장점 게임 액션 러닝
			다문화 친구가 겪은 차별, 어떻게 해결할 수 있을까?	차별 사례 해결하기	
			서로 다른 우리가 차별하는 세상을 어떻게 바꾸어 볼 수 있을까?	편견, 차별 개선을 위한 콘텐츠 제작하기	스토리보드 제작
2	상호 문화 도시 안산	우리가 사는 안산은 어떤 도시일까?	내가 생각하는 안산의 이미지는?	내가 생각하는 안산의 이미지	짝 활동
			안산이라는 도시는 언제 생겼을까?	안산시의 형성과정	문답법
			지금 안산 시민들은 어디서 왔을까?	안산으로 이주한 사람들	매체 활용 수업
			국경을 건너 우리 안산에 온 사람들은 누구일까?	국경을 넘어 안산을 찾은 사람들 지금의 안산 문제 찾기	모둠 활동 정책 제안서 만들기
			우리가 살고 싶은 안산은?		

3	한국 역사 속의 다문화	한국 문화는 단일 문화 일까?	한국 사람들은 모두 단군 할아버지 후손일까? 한국은 다른 나라와 어떻게 교류했을까? 한국 사람들의 생활 속에 있는 다른 나라의 문화는 무엇이 있을까?	한민족의 특성 백제에 융합된 한중일 문화 고려에 들어온 귀화인 조선에 귀화한 이방인 우리 생활 속에 들어있는 다른 나라의 문화	개별학습 문화유산 카드 만들기 만화 그리기 릴레이 가상 일기 쓰기 모둠 활동
4	디아스포라(세계로 퍼져나간 한국인)	한국 사람들이 세계로 나간 이유는?	외국에 나가면 모두 애국자가 된다는데, 왜 그럴까? 왜 한국 사람들은 다른 나라로 떠났을까? 국외로 떠난 우리 동포들은 지금 어떻게 살고 있을까?	애국의 이유 중국 이주민 러시아 이주민 미국 이주민 일본 및 멕시코 이주민 재외 동포의 삶	모둠 활동 사진 신부 가상 인터뷰 활동 인포그래픽 만들기 보고서, 위인전, 나라 소개하기
5	너와 나 사이의 언어	우리는 어떤 언어를 사용 해야 할까?	칭챙총을 보았을 때 어떤 생각이 들까? 문화의 빙산 모델을 채워본다면? '우리'라는 표현의 의미를 다시 생각해 본다면? 이주 배경이 다른 우리가 서로에게 불편함을 준 경험이 있다면? 다른 나라 언어로 된 자판에 '사랑'을 써본다면? 혐오 표현에 어떻게 대항하면 좋을까?	인종 차별 사례 보이는 문화와 보이지 않는 문화 구분하기 차이와 차별로 만드는 표현 문제 해결하기 이질 언어 맛보기 혐오 표현에 대항하기	개별학습 짝 활동 빙산 모델 완성 하기 개별 활동 해결 방법 찾기 휴대폰 자판 치기 역할 게임 모둠 활동 매체 활용 수업 그림책 읽기 대항 표현 시뮬레 이션

학교, 미래교육을 디자인하다

| 6 | 나에게 온, '우리의 이야기' | 어떤 이야기 속에서 우리는 살아 왔을까? | 기억나는 옛날이야기가 있다면?

같은 이야기일까?
다른 이야기일까?
세계 여러 나라에서 행운 혹은 불행을 상징하는 이야기에는 어떤 것들이 있을까?
가위바위보는 전 세계인이 함께 할 수 있는 게임인가?
세계의 아름다운 말을 찾아본다면?

세계 속담을 활용하여 패러디해 본다면? | 옛날이야기

세계 여러 나라와 한국의 옛날이야기 비교 분석

세계의 동물 울음소리

가위바위보 게임

세계의 아름다운 말들

세계의 속담 | 빙고 게임

옛이야기 비교 하기

세계의 동물 소리 판 완성하기

행운 불행 상징 이야기 찾기

가위바위보의 다른 표현 찾기

세계의 아름다운 말과 어울리는 그림 그리기

속담 패러디 및 활용 |
| 7 | 세계 사람 들은 무엇을 먹고 어떻게 놀까? | 세계 사람들이 좋아하는 음식과 놀이는 무엇 일까? | 오늘 당신이 먹은 음식은?

한국 전통 음식 속 외래 요소는 무엇인가?

짜장면은 한국 음식일까?

한국 명절이 다른 나라에도 있을까?

다른 나라 아이들도 술래잡기와 말타기를 할까?

안산의 명소와 축제를 알릴 수 있는 방법은? | 음식 속에 숨겨져 있는 이야기
음식 속에서 찾는 다문화 이야기

한국 명절과 다른 나라의 명절
놀면서 자라는 세계의 아이들
안산 관광 명소와 축제 홍보 | 모둠 활동

문답법

문답법

관광명소 및 축제 홍보를 위한 카드 뉴스 제작하기 |

8	세계 속 세계시민으로 살아가기	세계시민으로서 어떤 태도를 갖추어야 할까?	코로나19 이후 세상은 어떻게 달라졌을까?	코로나 19와 세계시민	짝 활동
			최근 세계적으로 확산한 '혐오' 문제를 어떻게 생각해야 할까?	혐오 문제	모둠 활동
			세계시민으로 혐오의 시대를 넘어 평화의 시대로 가는 방법은 무엇일까?	평화의 개념	모둠 활동
			난민 문제를 토론해 본다면?	난민 문제	CEDA 토론
			세계시민으로 성장하고 있는 우리가 가져야 할 태도는 무엇일까?	세계시민이 가져야 할 태도	포토 스탠딩
					명예 서약서

다음의 교수학습지도안의 일부이다.

02. 상호문화도시 안산

교육과정 연계

교과목	영역(단원)	성취기준
국어	문학의 이해	[10국02-03] 삶의 문제에 대한 해결 방안이나 필자의 생각에 대한 대안을 찾으며 읽는다.
통합사회	인간과 공동체	[10통사07-04] 다문화 사회에서 나타날 수 있는 갈등을 해결하기 위한 방안을 모색하고, 문화적 다양성을 존중하는 태도를 갖는다.
생활과 윤리	인간과 공동체	[12생윤05-03] 문화의 다양성을 존중해야 하는 이유를 다문화 이론의 관점에서 설명하고, 오늘날 갈등을 극복하기 위한 방안을 제시할 수 있다.
사회문제 탐구	문화와 윤리	[12사탐06-01] 자신의 일상생활에서 경험하는 사회문제 중 하나를 탐구 대상으로 선정하고, 선정 기유에 대해 설명한다. [12사탐06-0?] 선정한 사회문제를 바라보는 다양한 관점을 파악하고, 토의를 통해 해결 방안을 도출한다.

질문 분석표

	질문 내용	활동
핵심 질문	우리가 사는 안산은 어떤 도시일까?	
출발 질문	내가 생각하는 안산의 이미지는?	책 활동
전개 질문	안산이라는 도시는 언제 만들어졌을까? 지금 안산의 사람들은 어디서 왔을까? 국경을 건너 우리 안산에 온 사람들은 누구일까?	개별 활동 문답법 패널토론 수업
도착 질문	우리가 살고 싶은 안산은?	정책제안서 만들기

학습 목표

- 우리가 사는 지역인 안산시의 설립 과정을 설명할 수 있다.
- 안산시 주민의 구성을 통해 안산의 특성을 제시할 수 있다.
- 안산시를 살고 싶은 도시로 만들기 위한 방안을 말할 수 있다.

수업의 주안점

우리가 살고 있는 안산시를 이해하기 위한 활동으로 구성하였다. '내가 생각하는 안산의 이미지' 활동을 통해 안산을 표현하는 그림과 사진 등을 통해 찾아보고 이를 친구들에게 설명하는 활동을 하면서 우리가 살고 있는 안산에 대한 긍정적인 인식과 부정적인 인식을 함께 공유하는 계기가 될 것이다. 또한 '안산시의 형성 과정', '안산으로 이주한 사람들'에 대해 상호흐름으로서 안산에 대해 역사와 인물 차원에서 이해하는 시간을 갖고자 하였다. 마지막으로 '내가 살고 싶은 안산' 활동을 통해 우리가 살고 있는 안산이 함께 살아가는 상호문화도시로 배움해야 할 다양한 문제들을 우리 시각으로 찾아보고 이를 해결하기 위한 방안을 제시하는 시간도 갖도록 하였다. 내가 살고 있는 지역의 문제에 관심을 갖고 이를 해결하기 위하여 노력하는 것이 민주시민의 기초적인 소양이기 때문이다. 이번 수업을 통해 우리가 살고 있는 안산을 이해하고 사랑하는 마음을 갖고 나와 다른 지역이 되도록 적극적으로 참여하는 안산 시민으로 성장하는 계기가 되기를 바란다.

핵심 질문

우리가 사는 안산은 어떤 도시일까?

교수 학습 활동

출발 질문 내가 생각하는 안산의 이미지는?

[활동지 1]을 나누어준다. 활동 자에 제시된 다양한 안산의 사진 중 안산을 대표하는 이미지 2개를 선정하고 그 사진과 관련한 정보를 찾는다.

짝과 이야기를 나눈다. 짝 이야기를 귀 기울여 듣는다. 짝과 함께 안산을 대표하는 이미지 를 2개 선정하고 그 이유를 확인한다.

안산을 대표하는 이미지 사진을 들고 선정한 이유를 받 전체 학생을 대상으로 설명한다.

- 교사는 학생들의 이미지에 대한 이해를 돕기 위해 활동지를 통해 제시된 안산의 이미지를 교실의 프로젝트 TV를 통해 제대로 이미지를 확대하여 보여준다. 혹은 수업 대상 학급의 '목성'에 이미지를 만들어서 학생들이 개인 휴대폰 혹은 태블릿 PC로 확인할 수 있도록 한다. 현재 자신의 생각하는 이미지를 2개 선택하고 그와 관련한 정보를 모은 다음, 학과 이야기를 나누며 짝이 선택한 이미지와 자신이 선택한 이미지 중에서 2 있으로고 그 선정 이유를 함께 작성하는 활동이 순차적으로 이루어지도록 지도한다.
- 교사는 학생들의 선정한 안산의 대표 이미지와 관련해 활동을 돕기 위해 제시하는 정 자료를 첨부한 정보로 전달한다.(실어 영상, 문제 영상 등) 이 게시물로 긴발 정보를 이 동하는 경우 휴대폰을 사용하는 활동 시간 동화를 제시하고 활동 시간 이후를 게 동을 사용하지 않도록 안내한다. 학생들의 휴대폰을 수업과 관련한 활동 이외에 게임 이나 SNS 등 다른 용도로 사용하지 않도록 당부하고 지도한다.
- 교사는 학생들의 발표를 토대로 학생들이 생각하는 안산에 대한 생각을 정리하여 칠 판에 보여준다.

전개 질문 1. 안산이라는 도시는 언제 생겼을까? - 안산시의 형성과정 파악하기

[활동지 2-1]에 제시문을 읽고 안산조성의 조성 과정을 정리한다.

[활동지 2-2]에 제시문을 읽고 안산시 활동지 속 질문에 대한 자신의 생각을 작성한다.

- 시작 전 학생들이 핵심 위를 모두 정리하도록 안내한다.
- 읽기 자료를 읽으며 궁금한 점은 손을 들어 교사에게 질문할 수 있도록 안내한다.
- 순물 든 학생에게 필요한 해답을 제시하고, 학급 전체에 전달할 내용이 있다면 전체 학 생들의 주의를 집중시켜 전달한다.

---

2. 지금 안산의 시민들은 어디서 왔을까? - 안산의 인구 구성 이해하기

활동지 3의 읽기 자료를 꼼꼼하게 읽는다.
활동지 속 질문에 대한 자신의 생각을 작성한다.

- 시작 전 학생들이 핵심 위를 모두 정리하도록 안내한다.
- 읽기 자료를 읽으며 궁금한 점은 손을 들어 교사에게 질문할 수 있도록 안내한다.
- 순물 든 학생에게 필요한 해답을 제시하고, 학급 전체에 전달할 내용이 있다면 전체 학생들의 주의를 집중시켜 전달한다.

3. 국경을 건너 우리 안산에 온 사람들은 누구일까? - 안산 외국 이주민의 역사 알아보기
활동

활동지 4의 읽기 자료를 꼼꼼하게 읽는다.
활동지 속 질문에 대한 자신의 생각을 작성한다.

- 시작 전 학생들이 핵심 위를 모두 정리하도록 안내한다.
- 읽기 자료를 읽으며 궁금한 점은 손을 들어 교사에게 질문할 수 있도록 안내한다.
- 순물 든 학생에게 필요한 해답을 제시하고, 학급 전체에 전달할 내용이 있다면 전체 학생들의 주의를 집중시켜 전달한다.

도착 질문 우리가 살고 싶은 안산은? - 안산의 문제점을 찾고 해결 방안을 제시하기

활동 : 모둠 토론 활동

모둠별로 아랍마사리, 전체 책임(- 기록이(모의 내용 기록, 발표) - 심갈이(모둠 활동 지원 및 도움) - 지킴이(활동 시간, 분위를 조로롯, 준수된 등 관리)를 정한다.
심갈이가 전지 1장과 포스트잇을 교자에게 받아서 포스트잇을 모둠원들에게 나누어 준다.
- 이끔이를 중심으로 청소년들이 행복하게 살 수 있는 안산을 위해 시급하게 해결해야 하는 문제를 모둠원들이 포스트잇에 적도록한다.
- 기록이는 전지를 받으로 젊은 부 윗부분에 「 우리 안산의 문제점은?」이라야 적는다.
- 이끔이는 모둠원이 자신이 쓰든 포스트잇을 전히에 붙이도록 하고 각 모둠원이 제시한 문 제에 대해 서로, 이야기를 나누고 가장 시급한 문제 혹은 안산시와 청소년들의 팀으로 해결 할 수 있는 문제를 선정한다.

활동지 4-1

국경을 넘어 안산에 온 사람들은 누구일까?

_____학년 _____반 _____번 이름 _____

그들이 구축한 증가하는 외국인주민 수.
2020년에 처음으로 감소

22020년 2월 안산시는 국내 최초이며 아시아에서 두 번째로 유럽평의회(CoE) 주관 상호문화도 시(ICC: Intercultural city)로 정식인정을나다. 상호문화도시는 다양한 문화의 국적을 가진 이 주민과 선주민이 문화의 차이를 인정하고 존중 하며 상호교류하는 도시를 말해요.

2020년 현재 외국인 주민 수는 215만 명으로 전체 인구수의 4.1%를 차지하고 있어요. 안산시 의 외국인 주민은 2022년 7월 현재 약 9만 4천 여 명으로 안산시 전체 인구의 약 12%에 해당합 니다. 이는 안산시 전체에서 외국인 주민이 차지하 는 비중이 4.1%인 많은 외국인 주민이 살고 있

는 도시라는 것을 알 수 있습니다.

안산에 본격적으로 외국인 이주민이 증가하게 된 것은 1990년대 초반부터였어요. 1993년 반월공단의 중소기제에서 우리나라 노동자에 비해 임금이 낮고 회사에서 퇴직시키기도 쉬운 외국인 이주 노동자를 선택하게 된 것입니다. 1997년 IMF 외환위기 이후로 본격적으로 출산하고 시작한 외국인 이주 노동자의 유입으로 안산은 106 개 나라의 사람들이 모여사는 작은 '세계마을'이 된 것입니다.

안내에서는 전국 최초로 외국인 주민을 위한 행정을 펼쳐내는. '외국인주민지원본부' 을 실치해서 내국인과 같은 수준의 행정서비스를 제공하고 있어요. 또한 최초로 외국인주민 인권 증진에 관한 조례를 제정하고, 외국인 주민이 가장 밀집해있는 원곡동을 '다문화특구'로 지정해서 행정과 의료서비스는 물론 금융, 음식까지 편리하게 제공하고 있습니다.

1. 다음 빈 칸을 채우면서 위의 이야기를 정리해 봅시다.

안산에 이주노동자가 많은 이유는?	
안산시가 외국인 주민을 위하여 제공하는 제도는?	

40

활동지 4-4

편견을 낳는 인식에 대해 인식하기

_____학년 _____반 _____번 이름 _____

O 다음은 가장 인터넷 커뮤니티에 작성된 글과 이에 대한 댓글입니다. 글을 읽고 모둠활동을 해봅시다.

작성자 제가 직접 겪고는 진 조선족에 대한 생각입니다. 저는 조선족(이라) 단어 사용 시초들로 쓰는 시람과 만약 단을 동생이 살았습니다. 그래서 누구보다 잘 안다고 생각합니다. 이들은 한국민을 이용하기 위해 치울에는 친절한 매를 다 한다고 사귀고 정이 들 무렵에서 나이를 바꿔서여 이런 사람들이 많이 대합니다.

이들은 엄포가 굳다면 상상도 못해서 다니지 때문에 버려운 시점이 생겼을때 안산이 원수들을 받는게 돌어가거나 위험합니다. 조선족에게는 배우신을 갖고 무조건 등을 버려주니다. 도저럽이 엄청 없어요. 저는 엄마 및 이상 생활을 하려서 누구보다 잘 아는데 조선족을 취어 사람들의 맛을 안 접어있니다. 한국에서 취직 할라도나 지지에요. 안전 제도 그렇나니다.

댓글1 작성자님께 좋은 조선족을 만나 못 좋은 사람들이 많은나 보고요. 실제로, 제가 나 좋은 여러분을 통해 경험하는 조선족에서 배가 많은 분이 많다다. 믿을 수 있은 거라 아지막 세가 제는 조선족보다 나쁜사람들 은 이보를 제기 받는 조선족 엇을 만나 것같고 있어 나도 다 그 것같고 못 좋은 사람들이 많이 보았고요. 것같이 어려부다 워워 인종 잘 못해아같요. 좋은 사람 엇이 많아 니우도 있으나

작성자 댓글 안산사 등 못한 외국인 강력 범회 1 위가 중국인과 조선족인 것은 잘 아시조요? 그냥 안산시민이나 시종 사빌에서 알아보세요. 누구 얻어 있다.

댓글 및 여번을 따라서 사람이 생각 상당니에 작성자 본문과 생각게 이 게을 쓰게더고. 누스을 보 사가 생각했던 잘 못한 조선족시처 조선족을 치도하고 못 좋은 관우 손좋은 사람만 접한 것이 아닌 것같아 어려웠 같고요 언제 해외 지금이 만드 모드는대요 조선족에 대한 일, 상상이나 나쁘게 모든 것같아 안이나 판단하지 말래요 그렇다 되어보니

작성자 댓글 우리 안산이야말 조선족을 건너 인지나게 생각해번 수 있겠어요 못 좋은 다른 인지나게 생각나니다.

1. 작성자의 주장과 이에 대한 댓글의 반론을 정리해 봅시다.

작성자가 조선족을 부정적으로 본 내용과 근거	

함열여중의 '다문화(다양한 문제 해결을 위한 화합)' 프로젝트

함열여중은 익산 산업단지 인근에 위치한 작은 학교이다. 그러다 보니 함열여중 재학생 중 다문화 학생 비중이 30%가 넘는다. 전북교육청 주관 중학교 교육과정 개발 연구에 참여하면서 상호문화이해교육 차원에서 진로교육과 결합하여 '다양한 문제 해결을 위한 화합(다문화)'을 개발하여 실천하였다. 희망 교사들을 중심으로 자기 교과의 특성을 반영하여 교육과정을 디자인하였다. 다음은 해당 교육과정이다.

['다양한 문제 해결을 위한 화합'(다문화) 교육과정]

단원명	핵심 질문	세부 질문	주요 내용	수업 활동
갈등	왜 다문화 감수성이 우리에게 필요할까요?	-출발 Q: 다른 나라 친구들과 만났을 때 어떤 점을 느꼈는가? 최근 우리나라에서 다문화 인구가 증가하는 이유는 무엇이라고 생각하는가? -전개 Q: 서로 다르다와 틀리다의 차이가 무엇인가? 다문화 감수성이란? -도착 Q: 다른 문화 친구들과 가까워지려면 어떤 노력을 기울여야 할까?	문화적 충돌과 문명 전쟁 사례 문화적 이해가 없는 문화재 파괴의 사례 다문화 인권 소외의 사례 다문화 인구 증가 양상 파악	-역할극 : 다른 나라 친구와의 첫 만남 그리고 그들의 대화, 느낀 점 토론 -강의식 수업 : 다문화 인권 소외 사례 및 성찰 -토의식 수업 : 다른 문화 친구들과 가까워지려면 어떠한 노력을 기울일 수 있을까?

학교, 미래교육을 디자인하다

문화적 이해1 (거주와 풍토)	다른 나라 친구들은 어떻게 살까?	–출발 Q : 나라를 대표하는 랜드마크는 무엇이 있는가? –전개 Q : 각 나라의 대표적인 건축물과 그 특징(기후 관련)은 무엇인가? (베트남 집이 창이 넓고 벽이 얇은 이유는 무엇일까?) –도착 Q : 각 건축물이 나라별로 차이를 나타내는 이유는 무엇인가?	1. 랜드마크 2. 대표 건축물과 그 특징(기후 관련성) 3. 건축의 특성과 차이 비교 4. 건축의 문화적 특성 *읽기 자료(심화 1page) : 건축디자인 및 건축사(세계) 소개 및 유명 인물 소개	1. 네모로직 풀기 (랜드마크 맞추기) 2. 타지아 퀴즈게임(랜드마크-나라 찾기) 3. 건축물 설계 하기(그 나라의 기후와 문화적 특성을 반영한 건축물 설계)
문화적 이해2 (언어)	다른 나라 친구들은 어떻게 소통할까?	–출발 Q : 각 나라의 인사말은 무엇인가? –전개 Q : 각 나라의 엄마들은 어떤 동화를 들려줄까? –도착 Q : 동화 속에 담겨있는 문화적 특성은 무엇이 있을까?	1. 각 나라의 인사말 2. 나라의 전래동화 3. 동화 구연 4. 동화 속 담겨있는 문화적 특성 소개 *읽기 자료(심화 1page) : 언어 관련 진로 소개(동화 작가, 소설가 JK롤링, 번역가)	영어 교과 1. 나라말 소개 자료 2. 전래동화 스토리텔링 자료 3. 이야기를 그림으로 표현, 영어로 표현 4. 발표 수업 : 동화 구연 5. 다른 문화를 표현
문화적 이해3 (음식문화)	다른 나라 친구들은 무엇을 먹으며 살까요?	–출발 Q : 각 나라를 대표하는 음식은 무엇이 있는가? –전개 Q : 각 나라의 음식의 특징과 문화적 특성은 무엇인가? –도착 Q : 우리나라 음식과 차이를 비교한다면? 숨겨진 맛있는 음식?	1. 각 나라의 대표 음식 2. 각 나라의 음식의 특징과 주요 재료 3. 재료와 문화의 연계성 4. 우리나라 식문화와 다른 나라의 식문화 비교 *읽기 자료(심화 1page): 조리 고등학교 진로 소개	1. 대표 음식 조사 2. 대표 음식과 문화의 연계 자료 3. 음식 홍보 포스터 만들기 4. 캠페인 활동 5. 음식 선호도 조사 통계

문화적 이해4 (교섭의 역사)	다른 나라 친구들은 우리나라를 어떻게 생각하고 있을까?	-출발 Q : 동남아시아 사람은 우리나라 사람을 어떻게 바라볼까?(반한, 혐한) -전개 Q : 문화 간 갈등을 보여주는 역사적 사례는 무엇인가? 우리나라와 동남아시아 역사의 관계는 어떠한가? -도착 Q : 현재 우리는 어떠한 문화적 접촉과 갈등이 있는가?	1. 동남아시아와 우리나라의 교류 역사 사례 2. 우리나라와 타 국가의 역사적 갈등 3. 현재 화합하며 살아가는 세계 지구촌 *읽기 자료(심화 1page) : 외교관 진로 소개 (간디)	1. 동남아시아에서 활약하는 우리나라 사람은? 2. 역사 속의 동남아시아 지역과의 교류는? 3. 과거 우리나라 사람들이 해외로 나가 일을 했을까요? 4. 연예인, 스포츠 선수 중 한국인과 한민족은?

군서미래국제학교의 교육과정

군서미래국제학교는 경기미래학교 모델 중 하나로서 시흥시에 위치한 초중고 통합학교이다. 이주배경 학생들을 위한 미래학교로서 중국, 러시아, 동남아, 내국인 학생들이 함께 공부하고 있다. 각종학교로서 학교 교육과정의 50%는 기본 교육과정으로, 나머지 50%는 특색교육과정으로 운영하고 있다.

군서	미래	국제	학교
풍부한 문화적 자본 지역기반 교육과정	융합교육, 뉴테크교육 무학년 학점제 삶의 힘을 키우는 맞춤형 학생 선택 교육	세계시민성을 기르기 위한 언어·문화특화교육	초·중·고 통합 학교 자유로운 교육과정 공립 대안학교

군서미래국제학교가 추구하는 가치와 역량은 다음과 같다[4].

군서미래학교는 '도전'으로 시작하여 공동체 안에서 '책임감'과 타인의 향한 '이타성'을 발휘할 수 있도록 하며 '세계 시민성'을 추구한다. '자기 주도성'과 '의사소통 역량'을 기반으로 '창의력'과 '협업 능력'을 활용하여 문제 해결력을 기르는 데 초점을 둔다. 학교 핵심 역량을 기르기 위한 초중고 12년 성장 과정을 체계화하였다.

자기주도성	의사소통역량	창의력	협업능력	문제해결력
[1-4학년] 자기이해 놀이체험 중심 자기표현 활동	**너와 나의 Dialogue** 언어와 문화에 대한 흥미 읽고 친숙한 대화	**[1-4학년] 발산적 사고** 다양한 아이디어 생성	**[1-4학년]** 학교에서 구성원과 협업하기	**[1-3학년] 일상문제** 관찰과 체험으로 발견
[5-8학년] 자기탐색 진로탐색 프로젝트 성장마인드셋	**우리의 Opinion** 주제에 대한 자신의 의견 표현	**[5-7학년] 독창적 사고** 새로운 시각의 아이디어	**[5-8학년]** 지역사회로 나아가 협업하기	**[4-6학년] 일상문제** 디자인씽킹으로 발견
[9-12학년]주도적 실행 진로기반, 더 나은 세상 만들기 프로젝트	**세계를 향한 Debate** 자신의 의견을 근거와 함께 논리적으로 표현	**[8-10학년] 시스템적 사고** 아이디어 디자인 **[11-12학년] 가치 창조** 아이디어 가치화	**[9-12학년]** 세계로 확장하여 협업하기	**[7-9학년] 체인지메이커1** 마을,지역 사회 정책제안 **[10-12학년] 체인지메이커2** 국가, 세계 정책제안

4) 군서미래학교(2022), "2022학년도 군서미래학교 교육과정 운영 계획"

초등학교(1~6학년)의 교육과정은 다음과 같다.

과목		1학년	2학년	3학년	4학년	5학년	6학년
기본 교과	국어	112	112	102	102	102	102
	사회	28	28	64	64	64	64
	수학	96	96	96	96	96	96
	과학	20	20	58	58	58	58
국제 언어 교과	한국어	학생 선택형 수업 운영					
	영어	64	64	96	96	96	96
	중국어	96	96	96	96	96	96
	제3외국어 (러시아어, 베트남어)				32	32	32
군서 교과	Hrpa(이그라)	128	128	64	64	64	64
	Gunseo-design (군서디자인)	128	128	128	128	128	128
	艺体(이티)	128	128	128	96	96	96
학년별 연간 수업시수		800	800	832	832	832	832

1학년

	월	화	수	목	금
1교시	기본 교과	기본 교과	기본 교과	기본 교과	영어
2교시	이티 (제)	기본 교과	이티 (뮤)	이티 (뮤)	중국어
3교시	중국어	수학	한 중	영어	수학
4교시	이그라	이티 (제)	중국어	이그라(중) 놀아중국어	이그라
5교시	이그라	군서 디자인	자기주도 학습	군서 디자인	군서 디자인

2학년

	월	화	수	목	금
1교시	기본 교과	영어	영어	이티 (뮤)	수학
2교시	수학	이티 (뮤)	이티 (제)	이그라	중국어
3교시	중국어	기본 교과	기본 교과	기본 교과	기본 교과
4교시	이티 (제)	이그라	중국어	수학	이그라
5교시	이그라	군서 디자인	자기주도 학습	군서 디자인	군서 디자인

3학년

	월	화	수	목	금
1교시	중국어	이티 (뮤)	이티 (제)	이티 (제)	이티 (제)
2교시	이그라 (예)	중국어	중국어	기본 교과	영어
3교시	수학	수학	영어	기본 교과	수학
4교시	영어	기본 교과	기본 교과	기본 교과	기본 교과
5교시	기본 교과	군서 디자인	자기주도 학습	이그라(중) 놀아중국어	군서 디자인
6교시					군서 디자인

4학년

	월	화	수	목	금
1교시	중국어	이티 (제)	이티 (뮤)	수학	수학
2교시	영어	영어	중국어	이티 (제)	이그라 (제)
3교시	이그라 (예)	영어	기본 교과	러시아	영어-역사 융합수업
4교시	기본 교과	기본 교과	기본 교과	기본 교과	영어
5교시	수학	군서 디자인	자기주도 학습	기본 교과	군서 디자인
6교시					군서 디자인

학교, 미래교육을 디자인하다

	5학년						6학년				
	월	화	수	목	금		월	화	수	목	금
1교시	이그라(제)	기본교과				1교시	러시아	기본교과			
2교시	기본교과					2교시	기본교과				
3교시	영어	이티(뮤)	러시아	이티(제)	이티(제)	3교시	이티(제)	이그라(제)	이티(제)	이티(뮤)	영어
4교시	중국어	중국어	영어	이그라(예)	중국어	4교시	중국어	중국어	이그라(예)	영어	중국어
5교시	영어-역사융합수업	군서디자인	자기주도학습	영어	군서디자인	5교시	영어	군서디자인	자기주도학습	영어-역사융합수업	군서디자인
6교시					군서디자인	6교시					군서디자인

중학교(7~9학년)의 교육과정은 다음과 같다.

구분	교과(군)	과목		기준시간	운영시간	7학년 1	7학년 2	8학년 3	8학년 4	9학년 5	9학년 6	비고
필수 교과 (20개)	국어	국어		221	256	32	32	32	32	64	64	★8-9학년은 선택과목에서 과학, 수학, 체육을 선택할 수 있음.(학기당 34시간, 총136시간)
	사회 (역사포함)	사회		255	128	32	32	32	32			
		역사			128			32	32	32	32	
	수학	수학		68	64	32	32					
	과학/기가/정보	과학		204	64	32	32					
		기술			64			32	32			
		정보			64	32	32					
	영어	영어		204	192	32	32	32	32	32	32	
	외국어 및 한국어	생활중국어/중국어회화/실용중국어	[택3]	204	64	32	32					
		생활러시아어/러시아어회화/실용러시아어			64			32	32			
		한국어/한국어(중급)/한국어(고급)			64					32	32	
	체육	체육		68	64	32	32					
	예술	음악		68	64	32	32					
		미술		68	64	32	32					
필수 교과 이수 시간 소계(ⓐ)				1,360	1,344	320	320	192	192	160	160	

선택 교과 **(63개 교과)**	국어(3)	창의적미디어읽기/재미있는시사토론/ 우리시대고전읽기	중학년 (택2 8~32)	896	1,024	64	64	160 ~192	160 ~192	224 ~256	224 ~256	학기별 선택과목 수(최소~ 최대) 1S:2 2S:2 3S:5~6 4S:5~6 5S:7~8 6S:7~8 (S:학기)
	수학(6)	기초 수 리터러시/유희수학/ 수학으로세상이해하기/빅데이터로 세상 이해하기/코딩수학, 수학으로 만드는 3D 입체모형/수학										
	영어(3)	영어리딩/기초영어회화/ 자신감을 키우는 영어 발표										
	과학(4)	시흥과학실험/과학자따라잡기/ 그린에너지/과학										
	기술·가정 (1)	미래와첨단기술										
	정보(4)	앱과코딩/소프트웨어와생활/ 컴퓨팅과 융합/인공지능과 피지컬컴퓨팅의 기초										
	체육(14)	태그럭비 기초/태그럭비 심화/태그럭비 고급/7인제 럭비 기초/7인제 럭비 심화/7인제 럭비 고급/7인제 럭비 전문/12인제 럭비 기초/12인제 럭비 심화/12인제 럭비 고급/12인제 럭비 전문/ 체육실기/스포츠경기실습/체육										
	예술(음악) (7)	음악치유/러시아음악/중국음악/1인1악기/ 뮤지컬이해/합창/음악										
	예술(미술) (5)	예술과 문화/창작과공작/회화 표현기법/미술										
	교양(16)	세상의문제를해결하는체인지메이커/풀앗이 여행/시흥디자인/공연실습/위기대처/학교자 치빗게임이야기창작/지역교육봉사/청소년인 성함양과리더십계발/진로체험과포트폴리오/ 창업/스마트팜/중국문화권국가이해/중국사 회문화심층탐구/러시아문화권국가이해/러시 아사회문화심층탐구										
선택 교과 이수시간 소계**(b)**				896	1,024	64	64	160 ~192	160 ~192	224 ~256	224 ~256	

학교, 미래교육을 디자인하다

중학교 과정에서도 다양한 선택과목들을 설치하였다.

구분	교과군	교과	운영시간	수강 가능 시기					
				1	2	3	4	5	6
필수 선택	제2외국어 및 한국어 (9)	생활중국어	64	○		○		○	
		중국어회화	64			○		○	
		실용중국어	64			○		○	
		생활러시아어	64	○		○		○	
		러시아어회화	64			○		○	
		실용러시아어	64			○		○	
		한국어	64	○		○		○	
		한국어(중급)	64			○		○	
		한국어(고급)	64			○		○	
선택 교과	국어 (3)	창의적미디어읽기	32	○	○	○	○	○	○
		재미있는시사토론	32	○	○	○	○	○	○
		우리시대고전읽기	32			○	○	○	○
	수학 (6)	기초수리터러시	32			○	○	○	○
		유희수학	32			○	○	○	○
		수학으로세상이해하기	32			○	○	○	○
		빅데이터로세상이해하기	32			○	○	○	○
		코딩수학,수학으로만드는3D입체모형	32			○	○	○	○
		수학	32			○	○	○	○
	영어 (3)	영어리딩	32			○	○	○	○
		기초영어회화	32	○	○	○	○		
		자신감을키우는영어발표	32						○
	과학 (4)	시흥과학실험	32	○	○	○	○		
		과학자따라잡기	32		○		○		
		그린에너지	32			○			○
		과학	32			○	○	○	○
	기술(1)	미래와첨단기술	32	○	○	○	○		
	정보 (4)	앱과코딩	32			○	○	○	○
		소프트웨어와생활	32			○	○	○	○
		컴퓨팅과융합	32			○	○	○	○
		인공지능과피지컬컴퓨팅의기초	32			○	○	○	○
	체육 (3)	체육실기	32			○	○	○	○
		스포츠경기실습	32					○	○
		체육	32			○	○	○	○
	음악 (7)	음악치유	32			○	○	○	○
		러시아음악	32		○		○		
		중국음악	32		○		○		
		1인1악기	32			○	○	○	○
		뮤지컬이해	32			○	○	○	○
		합창	32		○		○		
		음악	32			○	○	○	○
	미술 (5)	예술과문화	32	○		○		○	
		창작과공작	32	○	○	○	○	○	○
		회화	32	○	○	○	○	○	○
		표현기법	32	○		○		○	
		미술	32			○	○	○	○
	교양 (15)	세상의문제를해결하는체인지메이커	32	○					○
		품앗이여행	32	○		○			○
		시흥디자인	32	○		○			○
		공연실습	32	○		○			○
		위기대처	32	○	○	○	○	○	○
		학교자치빅게임	32	○					○
		이야기창작	32	○		○			○
		지역교육봉사	32	○			○		○
		청소년인성과리더십개발	32	○					○
		진로체험과포트폴리오	32	○					○
		창업	32	○		○			○
		스마트팜	32	○		○			○
		중국문화권과국가이해	32	○		○			○
		중국사회문화심층탐구	32		○		○		○
		러시아문화권과국가이해	32	○		○			○
		러시아사회문화심층탐구	32		○		○		○

고등학교 과정(10~12학년)은 프로젝트 기반 수업, 1년 4학기제, 인턴십 프로그램, 학생 개설과목, 무학년제 등의 특징을 가지고 있다.

기초 교과 성격의 '군서 교과군'으로 자기 이해, 신체 건강, 독서·수학·과학 문해력 관련 과목들이 있다. 미래 가치와 역량과 관련한 교과 성격의 '미래 교과군'에는 지속가능발전 관련 과목, 창의성 관련 예술 과목, 새로운 기술 관련 과목, 전문가와 함께 하는 전문가 과정(미디어랩, 데이터랩, 창업랩), 미래 주제 탐구 프로젝트 등이 있다. 세계화 관련 '국제 교과군'은 다언어 과목, 국제 이해 관련 과목, 국제 프로젝트 등이 있다. 프로젝트 기반 무학년제 학점제 교육과정을 운영하고, 학생이 3개년 진로 로드맵 교육과정을 만들고 학생이 원하는 교과목을 만들어 교육과정 운영에 직접 참여할 수 있도록 하였다.

고교 교육과정 편제표는 다음과 같다.

1 Unit는 45분을 기준으로 하여 8회를 이수하는 수업량

✳ 1회마다 초과 수업, 위 교육과정 편제표는 학사 운영 상황 변경 될 수 있음

8장. 학교, 역량으로 공부와 진로를 연결하다

핵심 역량과 기초소양

최근 기초 학력 저하 현상이 나타나면서 학력에 대한 관심이 높아지고 있다. 미래교육에서 강조하는 역량도 지식을 기반으로 키울 수 있다. 왜냐하면 아는 것(지식)을 삶 속에서 실천(경험)함으로써 할 수 있게(역량) 되기 때문이다.

> **지식+경험=역량**

그러므로 역량 관점에서 학력 문제를 바라볼 수 있어야 한다. 핵심 역량 (key competence)은 특정한 전문분야에서만 요구되는 역량이 아니라 평생에 걸쳐 함양해야 하는 포괄적이며 필수적인 역량을 의미한다. OECD 데세코 (DeSeCo) 프로젝트(2003)의 3대 범주 9대 핵심 역량이 2015 교육과정에 영향을 미쳤다면, 'OECD 교육 2030' 프로젝트(2015)의 미래 핵심 역량으로서 '변혁적 역량(transformative competencies)'과 학생의 자기 주도성(학생의 행위 주체성)이 2022 교육과정에 영향을 미쳤다고 볼 수 있다. 변혁적 역량은 학습자가 주체가 되어 새로운 가치를 창출하고, 긴장과 딜레마를 조정할 줄 알며, 자신이 설정한 목적에 책임의식을 갖고 보다 나은 세계로 나아갈 수 있는 소양을 의미한다. 데세코의 역량교육이 국가 내에서 사회에서 '성공'할 수 있는 유능한 인재를 양성하는 것이라면, 교육 2030의 역량교육은 보다 넓은 시각으로 지구촌의 문제를 인지하고 '인본주의적(holistic)' 관점에서 인류적 태도와 가치를 추구하여 개인과 사회의 '행복한 삶(Well-being)'을 목적으로 한다. 이는 건강, 시민 참여, 사회적 관계, 교육, 안보, 삶의 만족 및 환경을 포함한 모든 것들에 대한 공평한 접근을 의미하며, 포용적 성장의 개념을 뒷받침한다[1].

2022 교육과정에서는 자기관리, 지식정보 처리, 창의적 사고, 심미적 감성, 협력적 소통 역량, 공동체 역량을 핵심 역량으로 제시하고 있다. 2015 교육과정의 의사소통 역량이 협력적 소통 역량으로 바뀌었다.

교과교육과정 개발도 역량 함양 교과 교육과정을 지향한다. 역량 함양 교과 교육과정 개발을 위해 '깊이 있는 학습'과 '교과 간 연계와 통합', '삶과 연계한 학습', '학습 과정에 대한 성찰'을 강조한다. 소수의 핵심 아이디어를 중심으로 학습 내용을 엄선하고, 교과 내 영역 간 내용 연계성을 강화하고자 한다. 교과 고유의 사고와 탐구를 명료화하여 깊이 있는 학습을 지원한다. 교과 목표, 내용 체계, 성취기준, 교수 학습, 평가의 일관성을 강화하고, 학생의 의미 있는 학습경험을 위한 교육과정 자율화의 토대를 마련하고자 한다. 교과교육

1) 설연경(2020), "'변혁적 역량기반(Transformative Competencies)' 미래지향적 교육설계방안', 교양 교육 연구

학교, 미래교육을 디자인하다

과정 설계의 원리를 다음과 같이 제시하고 있다.

- 각 교과의 본질과 얼개를 드러내는 핵심 아이디어를 선정하기
- 학생이 궁극적으로 이해하고 알아야 할 것, 교과의 사고 및 탐구 과정, 교과 활동을 통해서 기를 수 있는 고유한 가치 및 태도를 선정하고 조직하기
- 성취기준은 영역별 학습의 결과로 진술하고 내용 체계를 구성하는 요소별이 아닌, 세 가지 차원의 요소를 통합한 학생의 수행을 보여주는 문장으로 진술하기

교과 역량은 교과교육을 통해 학생들이 갖추기를 기대하는 능력이며, 교수 학습 과정에서 지식 이해, 과정 기능, 가치 태도 세 요소 간의 통합적 작동을 통한 학생의 수행으로 나타난다.

여러 교과를 학습하는 데 기반이 되는 언어, 수리, 디지털 소양 등을 기초 소양으로 강조하고, 총론과 교과에 반영하고자 하였다.

기초	개념
언어 소양	언어를 중심으로 다양한 기호, 양식, 매체 등을 활용한 텍스트를 대상, 목적, 맥락에 맞게 이해하고, 생산 · 공유, 사용하여 문제를 해결하고 공동체 구성원과 소통하고 참여하는 능력
수리 소양	다양한 상황에서 수리적 정보와 표현 및 사고 방법을 이해, 해석, 사용하여 문제 해결, 추론, 의사소통하는 능력
디지털 소양	디지털 지식과 기술에 대한 이해와 윤리의식을 바탕으로, 정보를 수집 · 분석하고 비판적으로 이해 · 평가하여 새로운 정보와 지식을 생산 · 활용하는 능력

3대 소양 중 가장 기초가 되는 것은 언어 소양이다. 언어 소양이 뒷받침되지 않으면 국어과 성적에만 영향을 미치는 것이 아니라 전체 교과목에 영향을 미치기 때문이다.

독서교육 기반 교육과정

언어 소양을 세우기 위해 교실에서 실천하기 위한 전략이 독서교육과 학습 코칭이다. 체계적인 독서교육이 초등학교 시기부터 진행되어야 언어 소양을 기를 수 있다.

독서란 말 그대로 해석하자면 '책 읽기'를 의미한다. 하지만 독서는 단순한 책 읽기에 그치지 않는다. 책 읽기 정도라면 독서라는 말보다 독해가 더 어울리는 단어이다. 물론 독서와 독해를 뚜렷하게 구분 짓기는 어렵지만 독해가 읽기의 기본 능력을 기르기 위한 기초학습 성격을 가진다면 독서란 읽기 능력의 종합적 숙달을 지향하는 응용학습이다.

독서란 글에 제시된 정보와 자신이 배경지식을 결합하여 의미를 재구성하는 역동적인 과정이다. 독서는 단순한 독해 수준을 넘어 독자가 자신의 경험을 바탕으로 글을 분석, 종합, 추론, 판단하고 의미를 재구성하는 주체적이고 적극적인 고등 사고 과정이다. 그러므로 독서는 정보 처리 과정뿐 아니라 문제 해결 과정이다. 독서는 독자와 작가가 만나는 과정으로서 독서 자료, 독서의 배경지식 등이 복합적으로 상호 작용하는 의미 구성 과정이며, 능동적, 전략, 역동적, 창조적 사고 과정이라 할 수 있다[2]. 즉, 독서는 책 읽기를 통하여 자신의 삶 속에서 내면화하고 통합하도록 하는 것이며 적극적으로 사고할 수 있도록 하는 것이다.

통합적 독서교육이란 언어 기능과 문학 영역의 통합뿐 아니라 여러 과목 간의 통합을 일컫는 것으로 범교과적 성격을 띤다[3].

독서는 내용 면에서 문학뿐 아니라 사회, 역사, 과학, 예술, 철학 등 다양한 읽을 자료를 대상으로 한다는 점에서 범교과적으로 통합한다. 그 이해 및 표

---

2) 형지영(2001), "통합적 독서교육", 인간과 자연사
3) 형지영, 위의 책

학교, 미래교육을 디자인하다

현은 언어를 기반으로 하며 각 언어 기능 즉, 읽기, 쓰기, 말하기, 듣기는 서로 독립적으로 분리될 수 있는 것이 아니라 상호 연관되어 함께 이루어지는 것이므로 독서 활동은 이를 통합한다. 독서는 인간을 바르게 이해하고, 보다 나은 삶을 위한 것이며 결코 생활과 분리될 수 없다는 점에서 우리의 실제 삶과 관련짓고 그 속에서 의미를 찾는 삶과의 통합 교육을 기반으로 한다.

보산초등학교 독서기반 교육과정의 운영 사례(자기 발견과 평화, 박선아)

주제 및 창의 지성 인문고전 교재	과목 및 차시	단원	학습 목표 및 성취기준	개념
참 괜찮은 나 / 너도 하늘말라리야 7월 1일 ~ 7월 25일	도덕	1. 나를 찾아서 (3)	자긍심의 의미와 중요성을 알고 자신을 사랑하고 존중하는 마음 기르기	· 자신에 대해 생각해 보고 참된 자긍심의 의미 파악하기 · 자긍심을 가져야 하는 이유를 알고 자신을 긍정하고 인정하기 MBTI 검사, 가치 경매 활동, 장점 키우고 단점 고치려 노력하기, 자신의 환경 받아들이기 · '나' 시를 읽고 스스로를 자랑스럽게 여기는 마음 갖기
	국어	8. 함께 하는 마음 (8)	공식적 비공식적 상황에서 상대방을 배려하는 적절한 인사말 하기	· 상대방을 배려하는 말하기가 필요한 까닭 알기 (1) · 상대방을 배려하여 말하는 방법 알아보기 (1) · 상대방을 배려하는 말하기 (2) · 웃음을 주는 글의 효과 알기 (1) · 글을 읽고 웃음을 주는 까닭 설명하고, 읽어 보기 (1) · 저속한 웃음이나, 남을 깎아내리는 웃음이 아닌 다 같이 즐거운웃음생각해 보고 실습해 보기 (2)
		너도 하늘 말라리아야 (13)	책을 읽고 가족의 소중함을 알고 주인공의 삶을 통해 위로를 얻고 살아갈 수 있는 힘을 얻는다.	· 책 읽으며 미르, 소희, 바우와 공감하기 (6) · 너도 하늘말나리야 글쓰기 (1) · 나의 환경 받아들이기 (2) · 주어진 상황에서 잘 살 수 있는 방법 찾아보기 (2) · 비폭력 대화 나누기 (2)

참 괜찮은 나 / 너도 하늘 말라리야 7월 1일 ~ 7월 25일	사회	2. 우리 경제의 성장과 과제 (12)	경제 성장의 과정에서 정부, 기업가, 근로자의 역할을 이해하고, 우리 경제가 국제 거래를 통해 다른 나라 경제와 상호 의존하고 경쟁하고 있음을 이해하고, 국제 경쟁력 확보 방안을 모색해 본다.	· 우리 경제의 성장 과정 (2) · 경제 위기의 극복과 성장 (4) · 세계 속의 우리 경제 (4) · 단원 정리하기 (2) · 사회 전 단원 정리 (2)
	미술	7. 우리들의 일상(6)	생활 속 모습에서 찾은 주제를 재미있고 다양하게 표현하기	· 우리들의 생활 모습 발견하기 (2) · 재미있는 학교생활 표현하기 (4) 수채화로 캔버스에 표현하기
	실과	6. 생활 속의 전기·전자 (6)	전기 전자용품의 사용과 관리를 할 수 있고, 간단한 전자 회로를 꾸밀 수 있다.	· 전기 전자용품의 종류 알기 (1) · 전기 전자용품의 관리 방법 이해(1) · 전기 전자용품의 발명 과정 이해 (2) · 전지 전자 용품의 부속 이해 (1) · 전자 회로 꾸미기 (1)
	수학	8. 연비와 비례 배분 (16)	연비를 이해하고, 두 비의 관계를 연비로 나타낼 수 있다. 연비의 성질을 알고, 비례배분을 할 수 있다.	· 연비를 알아보고, 두 비의 관계 연비로 나타내기 (3) · 연비의 성질을 알고, 비례배분을 알고, 해보기 (3) · 단원평가 및 탐구 활동 (1) · 1학기 수학 복습 (9)

소명중고등학교 10학년 인문학 교육과정의 운영 사례 (인간, 공동체)

기간	핵심질문	세부 내용	필독서	교수학습활동
3월	공부를 어떻게 할 것인가?	· 수업 오리엔테이션 · 관계 세우기 활동 · 프로젝트 수업 안내 및 발제자 정하기 · 논리학의 기초 · 질문 만들기	어떻게 질문해야 할까?(워런 버거)	모둠 세우기 활동 프로젝트팀 구성 논리 예제 풀기 및 퀴즈
4월	토론을 어떻게 할 것인가?	· 토론의 기초 · 토론의 실제	소통을 꿈꾸는 토론학교(김범묵 외)	토론 활동(CEDA)
5월	우리 역사를 어떻게 바라볼 것인가?	· 역사의 의미 · 역사관의 유형 · 한국사를 바라보는 관점들	우리 역사 5 천 년을 어떻게 바라볼 것인가? (이만열) 뜻으로 바라본 한국 역사(함석헌)	독서 및 개인 발제 마인드맵 코넬노트 정리 토의토론 퀴즈 프로젝트 발표
6~7월	국가란 무엇인가?	· 국가의 정의, 역할과 기능 · 국가를 바라보는 다양한 관점들	국가(플라톤) 국가란 무엇인가 (유시민)	독서 및 개인 발제 마인드맵 코넬노트 정리 토의토론, 퀴즈 프로젝트 발표
8~9월	마음이란?	· 심리학의 주요 이론 · 심리학의 10가지 실험 · 인간 행동의 동기	스키너의 심리상자 열기 (로렌 슬레이터)	매체 활용 개인 발제 프로젝트 준비
10월	인간의 본성은 선한가? 악한가?	· 인간 본성에 대한 다양한 관점 · 동양 사상가들의 인간 본성에 대한 이해	동양철학 에세이 (김교빈)	독서 및 개인 발제 마인드맵 코넬노트 정리 토의토론, 퀴즈 프로젝트 발표
11~12월	진정한 행복이란?	· 로고스와 도 · 행복론 · 행복한 삶과 행복한 공부	도덕경(노자) 니코마코스 윤리학 (아리스토텔레스)	독서 및 개인 발제 마인드맵 코넬노트 정리 토의토론, 퀴즈 프로젝트 발표

학습코칭

코칭

학습코칭에 대하여 잘 이해하려면 먼저 코칭의 개념부터 살펴보아야 한다. 코칭(Coaching)이란 코치와 피코칭자가 파트너로서 피코칭자의 문제 해결을 위해 스스로 목표를 설정하고 효과적으로 달성하고 성장할 수 있도록 지원하는 과정을 말한다. 게리 콜린스는 '한 개인이나 그룹을 현재 있는 지점에서 그들이 바라는 더 유능하고 만족스러운 지점까지 나아가도록 인도하는 기술이자 행위'라고 본다[4]. 갈웨이는 '성과를 극대화하기 위해 묶여 있는 개인의 잠재력을 풀어주는 것'이라고 정의했고, 스즈키 요시유키는 '상대의 자발적인 행동을 촉진시키기 위한 의사소통 기술'이라고 하였다[5].

원래 코칭이라는 용어는 스포츠에서 사용하는 용어인 '코치(Coach)'에서 유래한다. 운동 경기의 정신이나 기술을 선수들에게 지도하고 훈련시키는 것이었다. 최근 코칭 이론은 체육 분야를 넘어 경영학, 교육학, 자기관리 분야 등 다양한 영역에서 확대되어 사용되면서 경영코칭, 연애코칭, 인생코칭, 진로코칭, 진학코칭, 수업코칭, 학습코칭 등 다양한 파생 용어로 발전하였다. 그런데 코칭과 유사한 컨설팅, 상담, 멘토링과 비교를 하면 코칭의 개념이 좀 더 명확해진다. 컨설팅에서는 컨설턴트가 의뢰자에게 문제 해결 방안을 제시하지만, 코칭에서는 피코칭자가 스스로 자기 문제의 원인을 발견하고 문제 해결 방안을 찾을 수 있도록 유도한다. 상담은 내담자의 마음 상처를 치유하는 데 초점을 둔다면, 코칭은 피코칭자의 다양한 삶의 문제를 대상으로 피코칭자가 원하는 목표를 달성하고 해결 방안을 찾는 데 중점을 둔다. 상담은 정서적인 접근을 강조하지만 코칭은 문제 해결에 보다 초점을 둔다. 멘토링은 해당

---

4) 게리 콜린스, 양형주 외 역(2014), "코칭바이블", IVP
5) 김영수(2009), "성공하는 당신은 지금, 코칭합니다", 교보문고

학교, 미래교육을 디자인하다

분야의 전문가가 멘토로서 멘티에게 조언을 하지만, 코칭은 해당 분야의 전문가가 아니더라도 할 수 있고, 수평적 관계에서 질문과 경청의 방법으로 접근할 수 있다.

코칭의 기본 전제는 누구나 성장하기를 원하고 발전 가능성이 내재되어 있다는 것에서 출발한다[6]. 이러한 기본 전제가 성립되지 않은 상태에서의 코칭은 별 효과를 기대하기 힘들다. 피코칭자의 내면 상처가 깊고, 성장 의지가 없으며, 현재 상태에 만족하여 새로운 변화의 필요성을 느끼지 못하면 아무리 유능한 코치라도 코칭의 효과를 충분히 거두기 힘들다.

학습코칭이란?

학습코칭이란 '학생들의 학습을 촉진할 수 있도록 도와주는 전략과 방법'을 말한다. 학습코치가 학생에게 학습 문제를 해결하거나 학습 목표에 도달할 수 있도록 학생 스스로 학습 목표를 설정하고 효과적으로 학습을 할 수 있도록 지원하는 모든 행위이다. 학습코칭에서는 '공부를 왜 해야 하는가?', '무엇을 공부해야 하는가?', '어떻게 공부해야 하는가?' 등의 질문에 대하여 여러 가지 학습 대안들을 제시한다.

그러므로 학습코칭의 영역은 다음과 같이 다양하다[7].

---

6) 박유찬(2012), "코칭, 마음을 열다", 별다섯
7) 김선자 외(2020), 별별학습코칭, 함께교육

학습코칭에 있어서 기본 철학은 다음과 같다[8].

· 학생은 독특하고 개별적인 방식으로 학습한다.

· 학생은 학습을 통해 스스로 의미를 구성해야 한다.

· 학생은 공감과 존중의 관계 속에서 잠재력을 개발할 수 있다.

· 학생은 자신이 필요한 모든 학습 자원을 지니고 있다.

· 학습코치와 학생과의 관계는 수평적 동반자 관계이다.

학습코칭과 기존 전통적 학습지도 방법과의 차이점

학습코칭은 기존 전통적인 학습지도 방법과 구별되는 차이점이 있다. 먼저 공부하는 목적이 다르다. 전통적인 학습지도 방법에서는 공부를 '입신양명(立身揚名)'의 관점에서 사회적 성공을 위한 도구로 이해한다. 그에 비해 학습코칭에서는 공부를 통해 사회적으로 기여하는 자아실현의 도구로서 이해한다. 전통적인 학습지도 방법에서는 미래의 성공을 위해 현실의 어느 정도 희생을 감수하는 것을 강조한다. 그래서 학생들의 특성과 의지에 상관없이 타율

---

8) 제크 턴불, 이영만 역(2014), 교사를 위한 학습코칭

학교, 미래교육을 디자인하다

적인 훈육 방식으로 지도한다. 하지만 학습코칭에서는 자기 주도성에 기반을 두고 스스로 공부할 수 있는 태도와 습관을 기르는데 초점을 둔다. 그래서 보상과 처벌이라는 외재적 동기 유발보다는 격려와 자기 선택권을 강조하는 내재적 동기 유발을 강조한다. 기존 전통적 학습지도 방법적으로는 일부 우등생의 학습 성공 경험을 바탕으로 개발된 표준화된 학습방법을 강조한다면 학습코칭에서는 학습심리학에 기반으로 다양한 학습유형을 고려한 개인 맞춤형 학습방법을 강조한다.

기존 전통적 학습지도 방법	학습코칭
공부를 사회적 성공 도구로 이해함	공부를 사회적 기여와 자아실현의 도구로 이해함
타율적 훈육 강조	자기 주도적 학습 강조
외적 동기유발 강조 보상과 처벌	내적 동기유발 강조 격려와 자기 선택권 부여
획일적인 학습방법 강조	학습유형에 따른 학습방법 강조
우등생의 학습경험 바탕	학습심리학 바탕

역량과 학습코칭

기존 전통적 학습지도 방법에서는 지식정보 처리 역량에 초점을 두어 접근한다면, 학습코칭에서는 지식정보처리 역량뿐 아니라 자기관리 역량, 창의적 사고역량 등을 강조한다. 예컨대, 암기법은 지식정보처리 역량에 속하지만, 시간 관리와 학습 플래너, 교우 관계 관리, 시험 준비는 자기관리 역량에 해당한다. 노트 필기법은 지식정보처리 역량뿐 아니라 창의적 사고역량을 기를 수 있는 좋은 방법이 된다. OECD의 교육 2030이나 2022 교육과정에서도 미래 핵심 역량으로서 '학생의 자기 주도성'을 강조하고 있는데, 학습코칭은 자기 주도적 학습을 강조한다는 점에서 미래 핵심 역량을 기르기 위한 좋은 도구가 된다.

전주 덕일중 학습코칭('나는 나비') 교육과정 개발 사례

수업디자인연구소에서 전북교육청과 함께 학교교과목 개발 연구를 통해 전주 덕일중 선생님들이 개발한 학습코칭 기반 학교 교육과정 개발 사례이다[9].

단원명	핵심질문	세부 내용	주요 내용	수업 활동
나를 알자	나는 어떤 사람일까?	1. 나는 무엇을 좋아하는 사람인가? 2. 나는 무엇을 잘하는 사람일까?	1. 자기를 알기 위한 다양한 검사하기 2. 나를 이해하기 (장점, 단점) 3. 목표 세우기 (단기, 장기)	1. 다양한 검사하기 (도형 심리, 학습유형 검사 등) 2. 동화책을 이용한 자기 탐색 활동
읽기	자료가 의미하는 것은 무엇인가?	1. 주어진 글에서 의미하는 것은 무엇일까? 2. 주어진 그림이 의미하는 것은 무엇일까? 3. 주어진 그래프와 표를 의미하는 것은 무엇인가?	1. 다양한 글을 읽고 2. 그림 읽기 (도해력) 3. 그래프, 표 해석하기	1. 글 읽고 관련 내용 파악하기(분석하고 요약하기) – 청소년 성장소설의 일부를 읽고 자신 성찰하기 – 동화책 읽기 2. 지도 읽기 3. 그래프와 표 해석하기 (수치 관련 자료 해석하기)
쓰기	내 생각을 표현하는 다양한 방법은 무엇이 있을까?	1. 글로 표현할 수 있는가? 2. 그림으로 표현할 수 있는가? 3. 그래프로 나타낼 수 있는가?	1. 다양한 방법으로 표현하기 2. 자료 변환하기 3. 학습 도구 사용하기(자, 각도기, 등)	1. 릴레이 글쓰기 2. 자기가 좋아하는 분야에 관한 내용 표현하기
사회성	다른 친구와 함께 성장하려면 어떻게 해야 할까?	1. 친구와 함께 성장하려면 어떻게 해야 할까? 2. 의미 있는 협동학습을 하는 방법은 무엇이 있을까?	1. 공감과 경청 연습하기 2. 협동학습을 위한 전략	1. 관계 세우기를 위한 다양한 활동 (게임) 2. 협동학습 전략을 게임으로 경험하기

9) 김현섭 외(2022), "중학교 참학력 기반 혁신교육과정 실행 연구", 전북교육청

학교, 미래교육을 디자인하다

말하기와 듣기	잘 듣고 말하기 위해서는 어떻게 해야 할까?	1. 잘 듣기 위해서는 어떻게 해야 할까? 2. 내 의견을 명확하게 표현하려면 어떻게 해야 할까?	1. 의사소통 방법 2. 근거를 제시하여 논리적으로 표현하기	1. 경청할 수 있는 게임 – 스피드 게임, 고요 속의 외침, 입 모양 보고 맞추기 등 2. 뉴스 제작하기(동영상 제작)
학습 전략	학습 능력을 키우기 위해서는 어떻게 해야 할까?	1. 나에게 적합한 학습 전략은 무엇일까? 2. 자기학습 계획을 세우는 방법은?	1. 중학생에게 필요한 학습 전략 2. 지필 평가를 위한 학습 전략 3. 나에게 맞는 학습 플래너 작성 방법	1. 다양한 학습 전략 알아보기 2. 나에게 필요한 전략 탐색하기 3. 학습 플래너 쓰기 (자기학습 계획표 작성하기)
나의 미래	나는 어떤 사람이 되고 싶은가?	1. 미래에는 어떤 직업이 있을까? 2. 미래의 나는 어떤 모습일까?	1. 미래에 사라질 직업, 생겨날 직업 탐색하기 2. 나의 장점에 맞는 직업 탐색하기	1. 동사형 꿈 찾기 2. roll model 탐색하기 ※ 꿈 발표회(교육과정 최종 산출물)

학생 성장을 위한 에듀코칭

학습코칭을 잘하려면 '왜 공부해야 하는가?'라는 핵심질문에 답할 수 있어야 한다. 이는 진로진학 문제와 연계된 질문이기도 하다. 학생들은 공부하는 사람이기에 학습코칭이 필요하지만, 동시에 미래를 살아갈 존재이고 미래를 준비해야 하기에 진로코칭과 진학코칭이 필요하다. 또한 내면이 무너지고, 친구와의 관계가 제대로 유지되지 않으면 자기관리가 되지 않아 학습에 몰입하기 힘들게 된다. 그러므로 학생들의 성장을 위해서는 학습코칭, 진로코칭, 진학코칭, 자기관리코칭 등이 융합되어 학생의 전인적 성장과 발달을 추구할 수 있어야 한다.

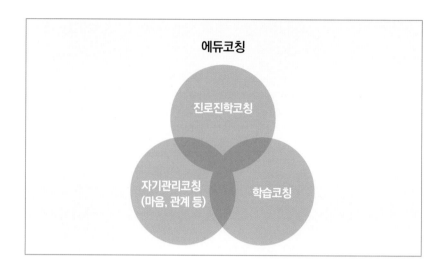

2022 교육과정의 진로연계 교육 활동

2022 교육과정에서 강조하는 진로연계 교육도 학습코칭, 진로코칭, 진학코칭, 성품코칭 등의 융합적인 접근을 해야 한다. 진로연계 교육이란 상급 학교로 진학하기 전(초6, 중3, 고3), 2학기 중 일부 기간을 활용하여 학교급별 연계 및 진로교육을 강화하는 교육을 말한다. 진로연계 교육 활동은 교과 및 창의적 체험활동 시간을 활용하여 운영할 수 있다. 교과 시간에는 학생의 역량 개발과 자기 주도적 학습능력 향상에 중점을 두고, 교과별 학습 경로, 학습법, 진로 및 이수 경로 등의 내용으로 단원 구성을 할 수 있다. '교과연계 진로교육'을 활성화하여 학습과 진로에 대한 동기를 부여하고, 능동적이고 자기 주도적으로 학습 과정에 참여하도록 교과 교육과정을 재구조화할 수 있다. 상급 학교급 학년군으로 전환 시 기초학력을 보장할 수 있도록 학생 개개인의 수준을 진단하고, 이에 따른 개별화된 학습 지원을 할 수 있다. 교과 외 활동으로는 교과 이수 경로와 연계하여 학습자의 진로와 적성을 고려한 다양한 체험활동 중심의 진로 탐색 설계 활동을 운영할 수 있다.

초등학교의 경우, 1학년 입학 초기 안정적 적응을 위한 활동을 하고, 6학년 2학기는 중학교 생활 준비 등을 위해 교과 및 창의적 체험활동, 학교 자율시간 등을 활용하여 진로연계 교육 활동을 운영할 수 있다.

중학교의 경우, 3학년에 중학생의 안정적인 학교급 전환 및 고교 생활 준비 등을 위한 교과 학습과 진로연계 교육과정을 운영할 수 있다. 중학교 단계 기초학력 보장을 위한 교과 수업 및 고등학교 교육과정 이해, 과목 선택 연습, 희망 진로 구체화 등 학업 설계 준비 과정으로 운영할 수 있다. 특히 고교학점제 대비 활동을 중3 학생들을 대상으로 진행하면 좋을 것이다.

고등학교의 경우, 수능 이후 대학 생활 안내, 사회 진출 준비 활동 등을 진행할 수 있도록 할 수 있다. 현재 고3 학생들은 수능 이후 출석하는 학생들이 현저하게 줄어드는 현상이 있는데, 이러한 문제 해결을 위해 고3 학생들에게 실질적인 도움이 될 수 있는 다양한 활동을 진행하면 좋을 것이다.

중3 진로연계 교육 활동

고등학교 학점제를 준비해야 하는 중학교 3학년 진로연계 교육 활동에 대하여 좀 더 관심을 가질 필요가 있다. 왜냐하면 일단 중학교 3학년이 진로진학 문제가 가장 민감한 시기이고, 기초 공통과목이 많은 중학교 교육과정과 달리 고등학교 교육과정은 진로진학과 흥미 등에 따라 선택하는 과목들이 많은 특성이 있기 때문이다.

중3 진로연계 교육의 취지와 배경에 맞게 고등학교 교육과정(학점제)에 대한 이해가 중점적으로 다룰 필요가 있다. 중학교에만 근무한 교사들은 고교학점제에 대한 이해가 상대적으로 높지 않기에 고교학점제에 대한 관심을 가지고 학생들에게 고교 교육과정의 일반적인 특징과 학교별 교육과정에 대하여 안내할 수 있으면 좋을 것이다. 성공적으로 고교학점제를 운영하려면 학생들의 특성과 진로 방향에 따라 과목 선택을 할 수 있도록 진로 학업 설계 지원을 해야 한다. 그러므로 중학생 특성에 맞는 실질적인 진로탐색 활동이 잘 이루어질 수 있도록 해야 한다. 진로탐색 활동은 자기이해로부터 시작하기에 '나는 누구인가?'라는 질문으로부터 시작되어야 한다. 그리고 중학교에 비해 고등학교가 교육과정상 지식 분량이 많으므로 학생들이 효과적으로 학습할 수 있도록 학습코칭 활동이 필요하다. 이를 정리하여 순서를 제시한다면, 자기이해 ⇒ 진로탐색 ⇒ 고교 교육과정(학점제)의 이해 ⇒ 학습코칭 등으로 접근하면 좋을 것이다.

다음은 광명교육지원청과 수업디자인연구소에서 개발한 중3 진로연계 교육(꿈오름)을 위한 교육과정이다.

영역	단원	단원명	핵심질문	세부 질문	주요 내용	교수학습활동
자기이해	1	나를 들여다 보기	나는 누구인가?	· 기억 속의 나는 어떤 모습인가? · 현재의 나는 어떤 모습인가? · 가장 바람직한 나의 모습은 무엇인가?	관계 세우기 기억 속의 나 현재의 나(욕구, 성격) 바람직한 나(자존감)	이 사람을 찾아라 하얀 거짓말 닮은 기억 찾기 욕구 및 성격 검사 활동 협동학습
	2	나를 만들어 가기	나는 무엇을 원하는가?	· 나의 주된 관심사는 무엇인가? · 내가 좋아하는 일, 잘하는 일, 하고 싶은 일, 해야 하는 일은 무엇인가? · 내가 생각하는 가치 있는 일은 무엇인가? · 나의 미래는 어떤 방향으로, 어떤 준비를 해야 할 것인가?	나의 관심사 분석 내가 좋아하는 일, 잘하는 일, 하고 싶은 일, 해야 하는 일 삶에 가치 부여하기 인생 브랜드	두뇌 분석 활동 초능력 게임 버킷 리스트 협동학습 PBL 토론 5만 원 가치 찾기 나의 감정 살펴보기 인생 브랜드명 찾기 및 코칭 활동
진로 및 직업 탐색	3	해오름 꿈·직업백서	우리의 꿈을 펼칠 수 있는 직업을 찾아 본다면?	· '직'과 '업'은 같을까? 다를까? · 우리는 앞으로 몇 개의 직업을 가지게 될까? · 해오름 꿈·직업 백서를 만들어본다면? · 해오름 꿈·직업 전람회를 개최한다면?	'직'과 '업' 내가 가질 수 있는 직업들과 개수 꿈·직업 백서 우리 반의 꿈과 역량, 광명의 특성, 미래사회의 특성에 따른 직업	꿈·직업 백서 만들기
	4	내 꿈의 예고편	나는 어떤 직업을 가지게 될까?	· 어떤 직업을 가지고 싶은가? 어떤 기준으로 직업을 선택해야 할까? · 나에게 어울리는 직업을 찾아볼까? · 내가 원하는 직업을 만들어볼까? · 내 꿈의 예고편을 만들어본다면?	직업을 선택하는 기준 직업 탐색 창직 활동 꿈 예고편	문답법 나에게 어울리는 직업 정리하기 내가 원하는 직업 만들기 활동 커리어 프롤로그 만들기

| 고교교육과정 | 5 | 고등학교 입학 준비 | 고등학교 입학을 위해 필요한 것은 무엇일까? | · 나의 진로 경로를 알아볼까?
· 어떤 유형의 고등학교가 있을까?
· 우리 지역에 있는 고등학교를 알아볼까?
· 고등학교에 입학하면 어떤 생활을 할까? | 관심 분야의 진로 경로 알아보기

고등학교 유형과 특징 이해하기

지역의 고등학교 알아보기
고등학교 생활 알아보기 | 진로 경로 카드 만들기 &
전시장 관람
진학 고민 나누기
모둠 마인드맵
고등학교 선택 기준 Best 3
고등학교 비교표
우리 모둠 최고의 Best 문장 |
| | 6 | 내 꿈을 향한 도약! | 내 꿈의 보석 상자가 들려주는 스토리텔링을 해볼까? | · 고교학점제! 도대체 너는 누구냐?
· 학교생활기록부에는 어떤 내용이 있을까?
· 고등학교교과목에 대해 알아볼까?
· 과목 선택을 현명하게 하려면?
· 내 꿈의 보석 상자를 만들고 이야기를 나누어 볼까? | 고교학점제 이해하기
학교생활기록부 이해하기
고등학교교과목 이해하기
학과(계열)별 선택과목 이해하기
나에게 추천할 과목과 활동 계획하기 | 고교학점제 OX 퀴즈
학교생활기록부 질의응답
모둠별 OX 퀴즈 대항
학년별 시간표 탐색
선택과목 카드 만들기 & 게임
내 꿈의 보석 상자 만들기&전시장 관람 |

학습코칭	7	행복과 공부	왜 공부를 해야 할까?	· 두발자전거를 스스로 탈 수 있게 되었을 때의 감정은? · 왜 공부를 해야 할까? · 공부를 하면서 행복할 수 있을까? · 행복한 삶을 위해 나는 어떤 공부를 해야 할까? · 다른 사람들은 어떻게 노력했을까? · 행복한 삶을 위한 미니 책을 만든다면?	행복한 순간 공부를 하는 이유와 공부 철학 행복과 공부 다른 사람들의 노력	비주얼 씽킹 문장 만들기 질문 게시판 이미지 찾기 조언하기 손안의 책 만들기
	8	딱 맞는 공부법	나에게 맞는 공부 방법은 무엇일까?	· 내 가방과 필통에는 어떤 물건이 들어있을까? · 공부를 할 때 어떤 전략이 있을까? · 다른 친구들은 어떻게 공부하고 있을까? · 나에게 맞는 공부 방법은 무엇일까? · 나에게 맞는 방식대로 공부 계획을 세워 실천해 본다면?	학습 장애물 점검 공부 전략의 이해 다른 친구들의 공부 방법 욕구 유형별 공부 스타일 공부 계획 세우기	분류하기 비주얼 씽킹 전시장 관람 욕구별 학습유형 점검 활동 노트 필기 실습 공부 계획 세우기

중학교에서 진로연계 교육 활동을 준비할 때 최대한 자기 지역의 특수성을 반영하여 고교 연계 수업을 운영하면 좋을 것이다. 예컨대, 인천이라면 인천 지역 고교와 학교별 교육과정의 특징, 인천지역 공동 교육과정 등을 소개하면 좋을 것이다. 이때, 해당 지역 고등학교들과 연계하여 학교 홍보 담당교사들이나 졸업생들이 자기 학교 교육과정을 직접 소개할 수 있는 시간을 진로연계 수업을 통해 가지면 좋을 것이다[10].

---

10) 김현섭 외(2022), "인천형 중3 진로연계학기 수업자료집", 인천시교육청

그리고 진로연계 교육과정과 수업은 기본적으로 융합 수업 형태로 접근하면 좋을 것이다. 교사의 전공 교과와 상관없이 범교과적으로 접근할 수 있으면 좋다. 융합 수업은 특성상 깊이 있는 전문적인 내용보다는 보편적이고 공통적인 내용을 중심으로 진행하는 것이 좋다.

학교에서 내실 있는 진로연계 교육 운영을 위한 교사 연수와 교육과정 개발 워크숍이 진행되면 좋을 것이다. 중3 담임 교사들을 대상으로 고교학점제, 진로탐색, 학습코칭 연수를 진행하고, 중학교 3학년 담당교사들을 중심으로 학년 중심 교육과정 차원에서 학교 교육과정 개발 워크숍을 진행하면 좋을 것이다. 이를 통해 중학교 교사들의 교육과정 디자인 역량을 자연스럽게 신장시킬 수 있을 것이다.

또한, 학생들이 흥미를 가지고 진로연계 학기 활동에 참여할 수 있도록 다양한 참여적 교수전략에 기반한 수업 기법을 적극적으로 활용하면 좋을 것이다. 협동학습, 문제 중심(PBL) 수업, 보드게임 활용 수업, 매체 활용 수업, 현장체험활동 등으로 진행하면 좋다. 특히 학생 관심사에 기반을 두어 프로젝트 수업으로 구성하여 진행하는 것도 좋은 대안이 될 수 있을 것이다[11].

직업욕구 보드게임 개발

---

11) 광명교육지원청의 진로연계 교육(꿈오름) 자료집 개발 시 직업 욕구 카드 게임 등을 개발했다.

학교, 미래교육을 디자인하다

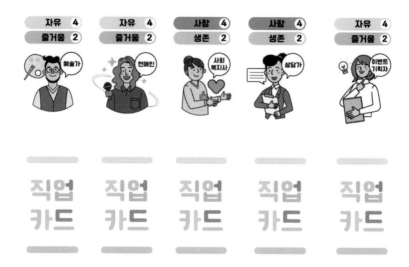

직업에 필요한 욕구와 연결하기

고교학점제를 위한 진로 학업 설계 지도 체제 구축

진로+학습+진학 코칭 체제

일반계 고등학교의 경우, 대개 대학 진학에 초점을 두어 교육과정을 운영한다. 그래서 진학지도가 매우 중요하다. 1학년의 경우, 진로코칭을 통해 자기 진로 문제에 대한 탐색과 고민을 통해 어느 정도 방향을 잡는 것이 중요하다. 2학년의 경우, 본격적으로 자기 진로 방향에 맞게 체계적인 학습이 필요한 시기이다. 다양한 선택과목들을 자기 진로와 특성, 흥미에 맞게 잘 선택하여 공부해야 한다. 3학년의 경우, 구체적으로 대학 진학을 위한 준비와 노력이 필요하다. 그래서 고교 교육과정은 진로, 진학, 학습이 잘 결합되어 체계적으로 진로 중심 교육과정으로 운영될 수 있어야 한다.

> **1학년(진로코칭) ⇒ 2학년(학습코칭) ⇒ 3학년(진학코칭)**

고교학점제

조만간 고등학교 교육과정은 학점제 방식으로 전면 확대될 예정이다. 고교학점제란 대학의 학점제(credit system)를 고교에 도입해 학생이 원하는 과목을 선택하여 교실을 다니며 수업을 듣고, 누적된 학점이 일정한 기준에 도달하면 졸업을 인정받는 제도이다. 고교학점제에서는 다양한 선택과목들을 개설하여 개인 맞춤형 교육과정을 운영할 수 있어야 하고, 학생들의 학습을 관리할 수 있는 성취평가제가 뒷받침되어야 한다. 학교 공간 및 시설은 교과교실제로 운영할 수 있어야 하고, 시간 운영은 블록타임제를 실시하면 좋다. 무학년제로 운영하고 소인수 과목 개설도 가능해야 학생들의 과목 선택권들을 최대한 보장할 수 있다.

고교학점제의 장점들은 다음과 같다.
· 학생의 특성과 진로에 맞는 맞춤형 교육과정 구성
· 학습 수준을 고려한 기초 및 심화 과목 수강 가능, 중하위권 학생 유리
· 학생들의 과목 선택권 강화 및 이로 인한 학생들의 수업 만족도 상승
· 창의적이고 유연한 교육과정 및 학사 운영 가능
· 절대평가 안착 및 수시 입학 지도 시 유리 등

물론 고교학점제 운영 시 발생하는 문제들도 있다.
· 소인수 작은 학교 불리
· 공강 발생 시 학생 생활 지도 관리 문제
· 학교 시설 및 공간 여유 필요
· 복잡한 시간표 및 학사 관리의 복잡성
· 예산 문제

학교, 미래교육을 디자인하다

- 1교사 다교과 지도 체제 운영
- 정시 수능 제도와의 문제 등

진로 학업 설계 운영 사례[12]

고교학점제를 성공적으로 운영하기 위해서는 진로 학업 설계가 체계적으로 이루어져야 한다. 학생들이 자기 진로에 따라 그에 맞는 과목을 선택하고, 공부에 몰입할 수 있도록 교사가 학생들의 종합적 관리를 해야 한다는 것이다.

이우고등학교의 경우, 멘토교사제를 운영하고 있다. 과목 선택권이 많아지는 2, 3학년에서 멘토링반을 구성하여 운영하고 있으며 학년별 4개 학급에서 6개 학급으로 전환하여 운영하고 있다. 행정적으로는 복수담임 제도를 활용하고 있다. 학급 편성은 학생의 성향, 진로 희망, 학생 및 교사와의 관계 등을 참조하여 반을 편성하고 있다. 2~3학년 통합 교무실을 마련하여 2~3학년 교사들이 긴밀하게 소통하고 협업할 수 있도록 하고 있다. 고 2~3 담임교사의 역할을 확대하여 정보 공지, 생활지도, 정서 지원 등 담임교사의 기존 역할을 수행할 뿐 아니라 진로 탐색 및 설계 과정의 동반자이자 코치 역할, 교과 선택 어드바이저, 새로운 배움터 탐색 및 준비에 관한 코치를 할 수 있도록 하였다. 담임교사의 진로 및 학업 설계 코칭 역량 신장을 위해 2, 3학년 멘토 교사들과 진로상담부장이 연구 모임을 가지고 진로, 진학 코칭 역량을 함양하고 있다. 진로 플랫폼 및 네트워크(학교, 마을, 졸업생, 기업, 외부 전문가 등)를 확대 구축하여 학생들과의 연결을 주선하고 있다.

별무리고등학교의 어드바이저 제도는 학생 소외를 방지하고 학생의 개별적 필요와 문제를 중심에 두고 학생을 돕는 제도로서 "한 번에 한 아이씩", "학생에게 더 가까이", "사제(師弟) 동행"을 구현하는 제도이다. 어드바이저는 학

---

12) 김현섭 외(2022), "제천 지역 교육생태계 및 학교 간 상생발전을 위한 고교 교육과정 개발", 충북교육청

생의 개별적 필요에 민감하게 반응하며, 학생의 영적 성장뿐 아니라 배움 및 성장을 위한 좋은 안내자이며 협력자이다. 학생을 가르치는 교사로서 접근하는 것이 아니라 조언하는 선생으로서 지도한다. 약 10명 내외의 학생들을 한 명의 어드바이저가 담당하여 학급 담임의 역할 및 학생 개개인의 진로, 생활, 학습 전반에 대한 상담 및 코칭 활동을 진행한다. 어드바이저 교사는 매주 소속된 모든 어드바이저 학생과의 1:1 만남 시간을 가지고 있는데 이 시간을 어드바이저 미팅이라고 한다. 어드바이저 미팅 시에는 학생이 준비한 질문 또는 상담 주제를 가지고 교사가 조언하는 형태로 진행되고 학습과정에 대한 점검 및 코칭 활동도 함께 진행하게 된다. 이 시간을 통해서 교사는 학생과의 깊은 내포가 형성되고 학생은 자신의 모습을 성찰하고 성장하는 데 도움이 되고 있다. 수강신청에 있어서 어드바이저는 수강신청 과정에 관여하여 학생에게 적절한 조언을 하고 학생은 이를 토대로 수업을 선택한다. 수강신청 마감의 최종 승인은 어드바이저 교사가 한다. 교사들은 학년별 어드바이저 교사 모임을 통해 개별화될 수 있는 학생 지도를 공동체적으로 접근하고 동료 교사들의 조언을 얻을 수 있다.

강원고등학교는 소위 '멘토링 시스템 동아리 학급제'라는 독특한 학급 제도를 운영하고 있다. 동아리 학급이란 진로와 관심사별로 무학년 학급을 구성한 것으로 여기에 멘토링 활동을 강화한 것이다. 즉, 생활 지도 및 상담 중심의 기존 학급 개념과 진로탐색 동아리 개념을 결합한 것이다. 멘토링 시스템 동아리 학급제를 통해 3개 학년 학생들이 함께 학급 활동에 참여함으로써 자연스러운 진로탐색 활동이 이루어질 수 있도록 하였다. 동아리 학급은 기본적으로 학년별로 6~8명을 모아서 3개 학년의 20~24명의 학생이 한 학급으로 구성된다. 이를 통해 '모든 교사의 담임교사화, 고3 담임화'가 이루어진다. 학생들이 담임교사를 선택할 수 있도록 하고, 교사도 학생들을 선택할 수 있도록

학교, 미래교육을 디자인하다

하였다. 교사가 멘토링 학급 계획서를 작성하여 이를 공지하면 학생들이 이를 토대로 멘토링 학급을 선택할 기회를 가지는 것이다. 담임교사가 교과 탐구 활동으로 특색 수업을 하고 진로상담 활동, 봉사활동 등을 한다.

[강원고 멘토링 중심 교육 체제]

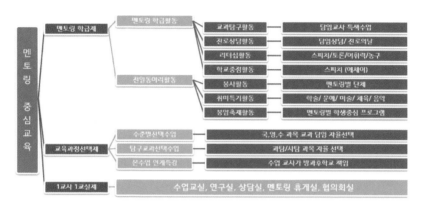

이러한 동아리 학급제는 성공적인 학생 선택형 교육과정 운영을 뒷받침할 수 있는 생활지도 및 상담, 진로코칭 역할을 수행할 수 있는 공간이 된다.

9장. 학교, 융합 수업과
프로젝트 수업을 도전하다

융합과 통합의 의미

융합과 통합은 '이질적인 성격을 가진 것들이 하나로 합한 것'이다. 그런데 통합이 원래의 특성을 가진 상태에서 새로운 정체성을 가졌다면, 융합은 원래 특성이 사라지고 전혀 다른 새로운 것이 창조된 상태이다[1]. 즉, 통합은 물리적 결합이라면, 융합은 화학적 결합이라고 할 수 있다. 그래서 통합보다 한 단계 높은 수준이 융합이다. 융합을 위한 방법론이 통섭이라고 할 수 있다. 대부분의 삶의 문제들은 학문의 경계를 뛰어넘는다. 학문 각각의 분야는 어떤 문제를 풀기 위해 여러 지식과 방법을 모아놓았던 것에서 시작했다. 그런데 이런 다양한 분야들은 앞에 놓인 문제에 따라 각 분야끼리 헤쳐모여를 반복해야 한다[2]. 그러므로 융합은 일상과 가장 가까운 형태라고 할 수 있다.

---

1) 이영만(2001), "통합교육과정", 학지사
2) 최재천(2007), "지식의 통섭", 이음

융합 수업

융합 수업이란 교과 및 학문 간 경계를 넘어 주제 자체를 융합적으로 접근하는 수업이다. 융합 수업은 교과 교육과정에서 벗어난 주제를 다양하게 다룬다. 지식 습득보다는 문제 해결력과 융합적 사고력을 키워주는 게 궁극적 목표이기 때문이다[3].

융합 수업의 키워드는 연결, 소통, 전체와 본질에 대한 직관이다.

융합 수업이 필요한 교육적인 이유들을 정리하면 다음과 같다[4].

· 지식의 폭발을 대비함

· 사회적 요구와 맥락을 고려함

· 두뇌는 개별적인 정보를 서로 연결시켜 처리하려고 함

· 지정의의 통합된 학습경험을 제공함

· 창의융합인재 양성을 위한 좋은 접근임

학교 및 교실 차원에서 융합 수업이 필요한 이유들도 있다.

· 다른 교과 교육과정이나 교과서 내용상 중첩되는 부분을 줄일 수 있음

· 주제 중심 접근이 가능하고 창의적 사고역량을 기를 수 있음

· 학생들에게 미래 핵심 역량을 기를 수 있고 심화 학습에 좋음

· 학생 입장에서 수행평가의 부담을 줄일 수 있음

· 교사의 전문적 학습공동체 활동의 활성화를 기대할 수 있음

---

3) 한주희, '교과는 다르지만 '하나의 주제'로 공동 수업 철학적 질문 던지며 융합적 사고력 높인다', 행복한 교육 2014.12월호
4) 이영만(2001), 위의 책

교사 개인 차원에서는 융합 수업이 쉽지 않다. 특히 중등 교사의 경우, 자기 담당 교과를 넘어서 수업하기가 쉽지 않다. 그러기에 학교 교육과정 차원에서 다른 교과 교사 간의 협업을 통해 집단지성을 발휘하면 효과적인 융합 수업을 진행할 수 있다.

융합 수업의 주제는 일상생활과 밀접한 주제, 여러 가지 영역을 아우를 수 있는 주제로 정하면 좋다. 예컨대, 생태, 마을, 질병(코로나), 적정기술 등이 좋다. 융합 수업을 잘 운영하기 위해서는 몇 가지 사항을 잘 고려해 보면 좋다.

• 적절한 난이도를 설정하여 접근하기

주제가 심도 있는 전문적인 주제로 선정하면 융합 수업이 실패하기 쉽다. 융합 과목의 대표적인 사례는 초등학교 1~2학년 교과의 즐거운 생활, 슬기로운 생활 등과 고등학교 과학과 진로 선택과목으로 개설된 융합과학 등이 있다. 그런데 초등 1~2학년 교과는 지속적으로 잘 운영되고 있지만, 고교 융합과학은 내용이 어렵다 보니 일부 교사들도 담당하기 꺼리는 경우도 있었다. 융합 수업의 주제가 전문성이 높은 주제로 선택하면 여러 교과 교사들이 참여하기 쉽지 않기 때문에 다소 광범위한 주제로 접근하는 것이 좋다.

•융합 수업을 위한 융합 수업은 피하기

융합 수업 자체가 목적이 될 수는 없다. 융합 수업이 부실하게 진행되면 오히려 학생의 배움에 방해가 될 수 있다. 연구와 고민 없이 대충 융합 수업을 시도하면 역효과가 나타날 수 있다. 학년별로 잘못 짜깁기 방식으로 진행하면 좋지 않다. 의미 있는 융합 수업이 진행되기 위해서는 집단지성 안에서 교사 간 상호 피드백이 잘 이루어져야 한다.

학교, 미래교육을 디자인하다

• 일상적인 삶과 관련한 주제를 선정하기

학생들이 흥미를 느낄 수 있고, 교과 차원이나 사회적인 요구 차원에서 의미 있는 주제를 선택하면 좋다. 예컨대, 코로나19 기간에 전염병이나 팬데믹 현상을 주제로 선정할 수 있고, 마을이나 생태를 융합하여 교과 융합 수업을 진행할 수 있을 것이다.

• 처음에는 교과 차원보다는 친한 교사들끼리 함께 준비하기

학년 차원에서 해당 교사들이 모두 함께 융합 수업을 준비하여 진행하는 것이 가장 좋겠지만, 처음부터 쉽지 않다면 2~3명의 친한 교사들끼리 융합 수업을 시도해 보는 것이 좋을 것이다. 주제에 맞추어 해당 교과 담당교사끼리 융합 수업을 시도하는 것이 좋겠지만, 그렇지 않더라도 이질적인 교과 담당교사들이 융합 수업을 시도하면 창의적인 융합 수업을 디자인할 수 있다.

• 중점 교과를 정하여 융합 수업을 준비하기

뮤지컬 수업을 진행하는 경우, 음악과가 중점 교과 역할을 담당하여 음악과 교사가 전반적인 융합 수업의 진행을 하면 좋을 것이다. 주제가 코로나19라면 보건교사나 과학과 교사가 중점 교과가 될 수 있을 것이다. 융합 수업을 진행하는 데 있어서 디렉터(학년부장이나 중점 교과 교사 등)가 없으면, 융합 수업의 효율성이 떨어질 수 있고, 주제를 교사마다 각기 다르게 접근할 때 통일된 메시지가 나오지 않아 학생들에게 혼란을 줄 수 있다.

• 전문적 학습공동체 차원에서 공동 수업디자인하기

정교한 융합 수업을 하려면 해당 주제에 대한 집단 연구와 토의 과정이 필요하다. 각자 수업 지도안을 작성하되, 상호 피드백을 통해 서로 아이디어를 공유하는 과정을 가지면 좋다. 전주 덕일중의 경우, 해당 학년 교사들이 자발적으로 모여 함께 책을 읽고 토론하고, 공동으로 연수과정에 참여하고, 이를 바탕으로 공동 수업 디자인을 하고 실천하였다.

• 성취기준의 재구조화와 그에 맞는 평가 방안 개발하기

기존 성취기준은 교과 교육과정의 학습 목표에 맞추어 개발되었다. 그래서 융합 수업을 시도할 때 기존 성취기준과 맞지 않을 수 있다. 이러한 경우, 해당 주제와 관련한 성취기준들을 찾고, 이를 재구조화하여 접근하는 노력이 필요하다. 프로젝트 수업으로 진행되었다면 프로젝트 수업에 맞는 수행평가 채점기준표(루브릭)을 제작하여 활용할 수 있어야 한다.

• 교과 내 재구성 ⇒ 통합(혼합) 수업(짜깁기형) ⇒ 융합 수업 순서로 단계적으로 진행하기

처음부터 융합 수업으로 수업을 디자인하는 것은 그리 쉽지 않다. 기존 교과 안에서 교과 내 재구성으로 시작하여 물리적 결합 형태인 통합수업으로 발전시켜나가면 좋다. 처음 시도할 때는 짜깁기 형태라도 좋겠지만 그 다음에 시도할 때는 상호 피드백 활동을 적극적으로 실시할 필요가 있다. 융합 수업은 시행착오 과정을 통해 정교화될 수 있도록 노력해야 한다.

융합 수업 운영 사례

특성화 고교인 대구 영남공고에서는 융합 수업 주제로 '김광석'을 주제로 진행하였다. 김광석을 주제로 삼은 이유는 대구에 김광석 다시 그리기 길 대구시 중구 대봉동 방천 시장은 가수 김광석의 출생지이다. 전통시장 살리기+관광사업에 골몰하던 대구시와 당시 문화거리를 구상하던 젊은 문화예술인들의 참여에 힘입어 2010년부터 관광지화하여 김광석 벽화, 김광석 거리, 김광석 좌상을 비롯하여 김광석과 관련된 것들을 많이 조성하였다. 2010년 11월 20일 공개되었으며, 약 350m의 길에 시인 정훈교의 시 10편을 비롯하여, 김광석의 삶과 노래를 주제로 한 다양한 벽화와 작품들이 들어서 많은 사람들이 찾는 명소가 되어 도시재생의 모범 사례로 언급되기도 한다.(나무위키)

이 있는데, 영남공고가 김광석 거리 인근에 위치해 있기 때문이다. '김광석'을 주제로 4가지 실천 과제로 접근하였다.

· 김광석을 만나고 세상을 바라보라
· 김광석을 읽고 쓰고 말하라
· 김광석을 듣고 부르고 연주하라
· 김광석을 그리고 꾸미고 만들어라

국어, 사회, 영어과가 함께하여 김광석 조사하기, 김광석 노래 감상하기, 김광석 관련 토론하기, 김광석 관련 글쓰기 활동을 융합 수업으로 진행하였다. 음악과, 미술과, 국어과 등이 융합 수업으로 음악 이론 익히기, 오르곤 만들기, 김광석 노래 부르기, 김광석 노래 연주하기, 김광석 노래 공연하기 등을 하였다. 미술과와 전문교과가 중점이 되어 김광석 거리 벽화 감상하기, 김광석 관련 디자인하기, 김광석 굿즈(상품) 생산하기, 전시회 진행하기 등을 진행하였다. 특히 특성화 고교 특성상 각 전문교과 및 학과[5]의 특성을 살려서 다양한 상품을 직접 만들어 판매까지 진행하였다. 예컨대, 김광석을 테마로 한 가방, 필통, 텀블러 등을 제작하였다.

---

5) 바이오화공과, 텍스타일디자인과, 전기정보과, 전자기계과, 자동화기계과 등이 있다.

	주제	교과	실천내용	핵심포인트
실천과제 1	김광석을 만나고 세상을 바라보라		• 김광석 관련 도서 탐독 • 김광석 관련 토론하기 • 김광석 다시 그리기 길 견학 및 체험 활동	
실천과제 2	김광석을 읽고 쓰고 말하라	국어 사회 영어	• 김광석 노래 가사 감상하기 • 김광석 노래 영어로 번역하기 • 토론하기 • 보고서 작성하기 • 가사 재창작하기 • 김광석 노래 소개글 쓰기 • 뮤직비디오 만들기	문학 감상 문학 창작 토의토론학습 미디어교육 민주시민교육
실천과제 3	김광석을 듣고 부르고 연주하라	음악 전문 미술 국어	• 음악 이론 익히기 • 오르골 만들기 • 김광석 노래 부리기 • 김광석 노래 연주하기 • 김광석 노래 공연하기	가창 연주 작사 시창 발표회
실천과제 4	김광석을 그리고 꾸미고 만들어라	미술 전문	• 김광석 거리 벽화 감상하기 • 김광석 관련 디자인하기 • 김광석 관련 굿즈 제작하기 • 김광석 관련 전시하기	메이커교육 체인지메이커 기업가정신 교육 전시회

프로젝트 기반 수업(Project-based Learning)

학교에서 학생의 자기 주도성을 극대화할 수 있는 교육과정과 교수학습전략으로 프로젝트 기반 수업을 활용하는 것이 좋다. 프로젝트 수업이란 학생이 자기 주도적으로 학습 주제를 탐구하고 표현하는 활동을 말한다. 교사가 중심이 되어 주제를 선정하고 과제를 부여하며 발표를 시키고, 평가하는 기존의 발표 수업과는 달리, 프로젝트 학습은 그 모든 학습 과정을 학생이 자기 주도적으로 추진한다. 과제 발표 수업은 결과 중심, 전통적 지식 중심 수업이라면 프로젝트 수업은 과정 중심, 학생 중심, 생활 중심 수업이라고 할 수 있다.

학교, 미래교육을 디자인하다

[과제(Task) 발표 수업 vs 프로젝트(Project) 수업]

기존 과제 발표 수업	프로젝트 수업
결과 중심 수업 교사 중심 수업 동일한 결과물 산출 혼자서도 수행할 수 있음 실제 삶과의 연관성이 낮음	과정 중심 수업 학생 중심 수업 학생이나 팀마다 다른 결과물 산출 과제 수행 시 협업 강조 (협력 프로젝트 수업) 실제 삶과의 연관성이 높음

프로젝트 수업은 구체적이고 실제적인 삶의 문제를 다루며, 학생들은 자율적인 학습자, 자기 주도적 존재로 인식된다. 교사는 학생들이 과제를 잘 수행할 수 있도록 돕는 안내자, 촉진자 역할을 수행한다. 프로젝트 과제를 성공적으로 수행하기 위해서는 교사와 학생 간에 활발한 사회적 상호작용이 이루어져야 하며, 구체적인 교육 활동이 제시되어야 한다.

프로젝트 수업은 교실에서 다양하게 변형되어 적용되고 있다. 프로젝트 수업의 핵심 요소는 어려운 문제나 질문, 지속적인 탐구, 실제성, 학생 선택권, 결과물, 성찰, 피드백이다[6].

[프로젝트 설계의 핵심 7요소]

프로젝트 수업은 연구 주제 자체가 어려운 문제나 질문으로 구성되어야 한다. 너무 쉬운 주제나 질문을 정하면 비교적 장기간 프로젝트 수업을 진행하

---

6) 존 라머 외, 최선경 외 역(2017), "프로젝트 수업 어떻게 할 것인가?", 지식프레임

기에 적합하지 않다. 지속적인 탐구 활동을 통해 깊이 있는 깨달음과 실천을 유도할 수 있도록 구성하는 것이 필요하다. 주제 선정 시 일상생활과 밀접한 주제로 접근해야 이론과 실천의 분리를 극복할 수 있다. 과제 선택부터 발표 및 평가에 이르기까지 프로젝트 활동 전 과정에 있어서 학생들에게 선택권을 부여해야 자기 주도성을 경험할 수 있고, 내적 동기 유발을 유지해 가는 데 있어서 도움이 된다. 프로젝트 수업의 결과물이 구체적인 산출물로 도출되어야 한다. 교과나 주제의 특성에 따라 연구 보고서 및 프레젠테이션, 신문 만들기, 영상 작품 및 예술 작품 만들기, 실험 등 다양한 형태의 산출물이 나올 수 있다. 교사와 학생들 간의 활발한 피드백이 이루어져야 높은 수준의 산출물이 나올 수 있고, 성찰 활동을 통해서 프로젝트 수업이 내실 있게 진행될 수 있다.

프로젝트 수업의 유형은 참여자 단위에 따라 개인이 수행하는 개별 프로젝트 수업과 모둠, 학급, 학교 등 단체 단위로 수행하는 협동 프로젝트 수업이 있다.

개별 프로젝트 수업은 대개 다음의 절차로 진행된다.

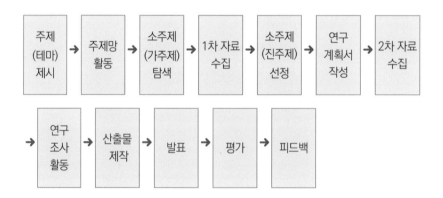

팀 프로젝트 수업은 대개 다음의 절차로 진행된다.

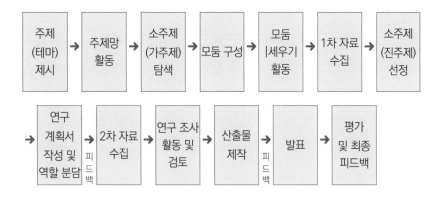

프로젝트 수업 운영 사례

소담초의 독학 프로젝트 활동

세종 소담초에서 운영하고 있는 독학 프로젝트 활동은 학습코칭과 프로젝트를 결합한 프로그램이다. 코로나 기간 동안 학생들의 자기 주도적 학습 습관 형성에 대한 고민을 가지고 도입한 학생주도프로젝트 수업이다.

먼저 교사가 학생들에게 독학의 정의, 독학해야 하는 까닭, 독학의 장점, 독학의 성공을 위해 혹은 독학이 더 가치 있으려면 어떻게 해야 하는지 이야기했다. 또한, 독학으로 어떤 주제를 공부하고 싶은지, 그리고 어떻게 공부하고 싶은지를 탐색하도록 지도했다. 다음 단계에서는 자신만의 독학 주제를 어떤 목표로 어떻게 공부하고 싶은지 구체적으로 표현하도록 지도했다. 그리고 만다라트 기법을 활용하여 자신만의 독학 주제를 구체화했다. 독학에 필요한 마음가짐, 구체적으로 필요하거나 해야 할 일을 표현하도록 지도했다. 만다라트를 완성한 후에는 월별, 주별로 해야 할 일을 구체적으로 표현하도록 지도했다. 4단계에서는 월별, 주차별 계획을 바탕으로 매일 독학 목표를 세우고 어떻게 독학할 것인지 계획하도록 지도했다. 또한 독학이 끝난 후에는 자기

평가를 통해 하루의 독학을 반성해 보는 시간을 갖도록 지도했다. 프로젝트 시작 전에 정보, 데이터나 지식을 시각적으로 표현한 인포그래픽 기법을 활용하여 자신의 독학을 소개하고, 친구들의 독학을 이해하는 시간을 가졌다. 프로젝트가 시작된 이후에는 온라인 플랫폼인 띵커벨이나 패들렛을 활용하여 실시간으로 자신의 독학을 공유하고, 친구들의 독학을 살펴볼 수 있는 가상 공간을 마련했다. 그리고 정기적으로 프레젠테이션을 통해 자신의 독학 진행 상황을 공유하면서 친구들의 질의응답을 받으며 독학을 매개로 상호작용하는 독학 발표회, 독학 원데이 클래스, 독학 공연단 등 학생들은 자신의 독학 주제에 가장 잘 어울리는 공유 방식을 하나 이상 택하여 본인의 독학을 친구들에게 선보였다. 프로젝트 마무리를 할 때 한 학기 동안 프로젝트를 함께 한 학생들의 독학을 한 공간으로 모아 독학 갤러리를 개최했다. 평면이나 입체로 된 산출물을 전시하는 학생, 자신의 독학 사진이나 영상을 QR코드에 담아 전시하는 학생 등 독학 갤러리는 다양한 형태의 독학을 하나로 아우를 수 있는 하나의 장이 되었다[7].

회현중의 환경 프로젝트 수업

군산 회현중학교에서 3학년 학생들을 대상으로 진행된 환경 프로젝트 수업 내용이다[8].

---

7) 우승호(2021), '독학 2.0을 꿈꾸다', 세종혁신한마당 자료집
8) 김현섭 외(2021), "참학력 기반 중학교 혁신교육과정 개발 연구", 전북교육청

단계	과목	내용	비고
이해 탐색	국어	문제 해결하며 글쓰기 • 환경 문제를 다른 노래 찾아 소개글 쓰기	동기 부여
	도덕	물질주의적 소비 생활의 문제점과 심각성 알기 • 나의 소비 생활 평가 • 환경친화적 실천방안 제시해 보기 • 환경 트렌드의 변화 알아보기	
	사회	전 지구적 차원에서 발생하는 기후 변화 원인 찾고 이를 해결하기 위한 전 국가적, 국가적 노력 찾아보기 (예. 교토의정서 등)	2학년 학술자료 참고
	기가	환경을 생각한 건축물(도시계획) • 건축과 환경 문제 • 환경을 보호하기 위한 건축물 아이디어	
		신재생에너지 • 발전소 이해하기 • 에너지 발생 원리 알기 • 연결되는 환경 문제 조사하기	에너지 자립 도시 건설
탐구 수행	사회	생활 속 환경 이슈 등 찾아보고 정책 제안을 위한 아이디어 제시	
	국어	동일한 화제, 다양한 관점 • 서로 다른 입장의 환경 관련 글을 읽고 • 논박하며 토론하기(모둠에서 토론) → 이를 통해 제안서의 주제 찾기	
	기가	생산기술 제조기술(철강, 목재, 플라스틱 등) • 생산과정에서 발생하는 환경 문제(다양한 재료 생산) • 생산 후 제품에서 유발되는 환경 문제 • 이를 해결하기 위해 하고 있는 노력들	에너지 자립 도시 건설
	과학	에너지 전환과 보존 – 발전기 제작 전기와 자기 – 전기 회로 설계	에너지 자립 도시 건설
	미술	건축/ 도시 디자인	에너지 자립 도시 건설

산출	음악	국어 시간에 소개글 쓴 음악으로 뮤직비디오 제작 및 발표	
	기가	에너지 자립 도시 건설(모형)	에너지 자립 도시 건설
	국어	보고서 쓰기 (쓰기 윤리 지키기, 타당한 근거 들기) 모둠별로 정한 주제를 조사 · 정책 제안서 쓰기	
	창체	정책 마켓 열기 • 관련 기관, 학부모, 관련 인사들 초청하여 부스 형태로 운영 • 뮤직비디오 상영 • 3년간 활동한 내용 소개하기(영상, 구글 사이트 안내 등)	
		관련 기관에 정책 제안하기 • 정책을 제안하여 답변받기 • 답변받은 기관의 관계자 초청하여 강연 듣기	

별무리고등학교의 프로젝트 기반 수업과 학생개설 과목

별무리고교에서는 프로젝트로 배우는 문화가 형성되어 있다. 프로젝트 수업을 통해 학생들은 다양한 주제를 탐구할 수 있는데 이를 통해 실제 자신이 관심이 있는 주제나 진로에 대해서 경험할 수 있게 되고 실제 삶에 적용하면서 실제적 배움을 경험하게 된다. 교과 학습을 통해 배운 내용을 적용하면서 깊이 있게 탐구하게 된다.

별무리고교에서는 가치 융합 프로젝트, 교과 프로젝트, 동아리 프로젝트 등

다문화 가정을 위한 '책 드림' 프로젝트

프로젝트 발표회

학교, 미래교육을 디자인하다

으로 나눌 수 있다. 가치 융합 프로젝트는 별무리학교가 추구하는 가치 기반 프로젝트 수업으로 프로젝트 문제해결을 위해 다양한 교과지식 및 경험을 융합하고 학생과 교사 뿐 아니라 지역사회 및 학부모 등과 함께 수행하는 장기 프로젝트이다. 교과 프로젝트는 개별교과에서 선정한 교과관련 주제를 가지고 수행하는 단기 프로젝트(예: 영어 프로젝트, 과학 프로젝트)이다. 동아리 프로젝트는 학생들이 동아리 내에서 스스로 기획하고 수행하는 프로젝트(예: 국제 개발 동아리 프로젝트, IT 동아리 프로젝트)이다.

학교 안에 프로젝트 심의위원회가 있어서 2인 이상이 참여하는 프로젝트가 학교 예산이 필요한 경우 프로젝트 예산 지원 적절성을 심의한 후 예산지원을 받을 수 있다. 프로젝트 심의는 매 학기(쿼터)별로 실시할 수 있고, 프로젝트 심의위원회에 학생들이 상정한 안건을 심의한 후 예산 지원 여부를 결정한다. 프로젝트 심의위원장은 교감으로 하고 심의위원으로 지원실, 연구소, 그리고 담당 교사가 참여한다. 마지막 학기(4쿼터)에 프로젝트 발표대회를 개최하여 학교 구성원들 모두가 1년 동안 진행되었던 프로젝트 산출물을 공유할 수 있는 시간을 가진다.

또한 프로젝트 기반 수업(Project Based Learning) 형태로 학생 개설 과목들을 많이 개설하여 운영하고 있다. 그래서 전교 학생수가 약 120명 정도의 작은 시골학교이지만, 현재 학기당 300개가 넘는 과목을 개설하여 학생들이 자기가 원하는 과목을 선택할 수 있도록 하였다.

10장. 학교 자율시간을
어떻게 구성할까?

2022 교육과정과 학교 교육과정 자율권 확대

이번 2022 교육과정의 주요 특징 중의 하나가 단위학교 교육과정 편성·운영의 자율권을 보다 확대한 것이다. 지역 특성에 맞는 다양한 수업 혁신이 학교 현장에서 이루어질 수 있도록 단위학교 교육과정 편성·운영의 자율권이 확대하였다. 국가 교육과정, 지역 교육과정, 학교 교육과정 간 주체별 역할을 명확하게 제시하고 학교 교육과정 자율권 확대 지원 방안을 모색하도록 하였다. 학교는 전국 공통의 국가 교육과정과 지역의 특수성이 반영된 지역 교육과정을 기준으로 하되, 학생, 학부모, 교사, 지역 주민 등 교육공동체 구성원들의 요구를 반영하여 개발·운영할 수 있는 교육과정 자율권을 지닌다.

학교 교육과정 자율성을 확대하기 위해 시수 증감 기준을 개선하였다. 교과(군)뿐만 아니라 창의적 체험활동까지 시수 증감 범위가 확대되어 초·중등학교 '교과(군)별 및 창의적 체험활동의 20% 범위' 내에서 시수 증감이 가능하다. 초·중학교에서 자율적으로 다양한 선택과목을 개발·운영할 수 있도록 총론 편성·운영 지침을 개선하여 운영 근거를 마련하였다.

[학교 자율시간 확보 및 운영 방안]

현행	개선안
· 교과(군)별 증감 범위 활용 · 연간 34주를 기준으로 한 수업 시수 운영 · 중학교는 학교장 개설 선택과목 개발·운영 가능(초등학교는 선택과목이 없음) · 학교 특색 및 지역과 연계한 과목 및 활동 운영 시간 확보 어려움	· 교과(군) 및 창의적 체험활동 증감 범위 활용 · 한 학기 17주 기준 수업시수를 탄력적으로 운영할 수 있도록 수업량 유연화 활용 → 한 학기 17주 수업 16회(수업)+1회(자율운영) * 매 학년별 최대 68시간 확보 가능 · 초등학교, 중학교 선택과목 개발·운영 가능

국가 교육과정	· 학교 자율시간 도입을 위한 교육과정 운영 근거를 총론에 마련 · (교과) 한 학기 17주 기준 수업시수를 16회로 개발하고 1회 분량은 자율운영할 수 있도록 내용요소와 성취기준 등을 유연하게 개발
지역 교육과정	· 지역과 학교의 교육 여건 등에 적합한 기준과 내용 개발, 지역 특색을 살린 선택과목 및 체험활동 개발·운영(시도교육청 개발 가능) 예) 지역 생태환경, 인공지능으로 알아보는 우리 고장, 지역과 민주시민, 역사체험 등
학교 교육과정	· 지역과 연계한 다양한 교육과정 및 프로젝트 활동 편성·운영, 학교 자율적으로 지역 연계 선택과목 개발 활용, 교과 교육과정(지역 연계 단원 구성 성취기준 등)에 대한 교사의 교육과정 편성 운영 자율권 확대

수업량 유연화를 활용하여 한 학기 17주 기준 수업시수를 탄력적으로 운영함으로써, 학교 자율시간을 매 학년 최대 68시간까지 확보할 수 있다. 확보된 학교 자율시간에는 초등학교, 중학교 선택과목 개발, 다양한 학교장 개설 과목 신설, 지역연계 특색 프로그램, 교과 교육과정 재구성 등이 운영될 수 있다. 국가 교육과정 차원에서는 총론에서 학교 자율시간 도입을 위한 교육과정 운영 근거를 마련하여, 한 학기 17주 기준(16회 수업 및 1회 자율 운영)으로

교과 내용 요소와 성취기준 등을 유연하게 개발할 수 있도록 하였다. 지역 교육과정 차원에서는 지역과 학교의 교육여건 등에 적합한 기준과 내용을 개발하고 지역 특색을 살린 선택과목 및 체험활동을 개발 운영할 수 있도록 하였다(시도교육청 개발 가능). 학교 교육과정 차원에서는 지역과 연계한 다양한 교육과정 및 프로젝트 활동을 편성·운영하고, 학교 자율적으로 지역연계 선택과목을 개발·활용할 수 있으며, 지역연계 단원을 구성하여 교과 교육과정을 운영할 수 있다.

초·중학교 및 중·고등학교 통합 운영학교에서 학교급을 연계하여 특색 있는 교육과정을 편성 운영할 수 있도록 기준을 마련하였다. 예컨대, 예체능 교과 수업 교류, 창의적 체험활동 연계 등을 통해 학교급 교육과정을 연계할 수 있고, 진로 설계 및 생활 적응 등을 위한 자율 편성의 근거를 마련하였다.

초·중등학교 학년군 제시 방식 개선을 모색하였다. 교과별 특성 및 학습 내용의 위계성 등을 고려하여 학년군 또는 학년별로 내용과 성취기준을 제시하는 등 다양한 방안을 제시하였다.

초등학교에서는 다양하고 특색 있는 지역과 연계한 교육과정 운영 및 학교 여건과 학생의 필요에 맞춘 선택과목(활동) 신설·운영된다. 지역연계 선택활동, 삶과 학습에 필요한 기초 소양, 학습 진단과 개발 보정 교육, 진로 선택활동 등을 교과목 및 창의적 체험활동으로 편성·운영할 수 있다.

중학교에서는 지역연계 및 특색교육과정 운영을 위한 시도교육청·학교장 개설 과목(활동) 개발이 활성화될 수 있다. 교과별 내용 요소 및 성취기준 등을 활용하여 지역과 연계한 단원을 구성하여 다양한 프로젝트 활동 수업을 운영할 수 있다. 예컨대, 교과별로 지역연계 단원 구성 및 인공지능, 지속 가능한 미래 등 모든 교과를 아우르는 주제 중심의 다양한 과목을 개발·운영할 수 있다. 또한, 소규모 학교나 농산어촌 학교, 통합 운영학교와 같이 선택과목

학교, 미래교육을 디자인하다

운영이 어려운 경우 공동 교육과정 운영 방안을 모색할 할 수 있다.

경기도의 학교자율과정과 충북 자율탐구과정

2022 교육과정의 학교 자율시간은 경기도교육청의 학교자율과정, 충북교육청의 자율탐구과정, 전북교육청의 학교교과목 개발 정책의 흐름을 잘 반영한 것이라고 할 수 있다. 이러한 교육정책들은 학교 차원에서 교육과정을 재구성하거나 학교 특색 과목을 개설하여 운영할 수 있도록 지원하는 정책이라고 할 수 있다.

경기도 학교자율과정

경기도교육청은 2012년 경기도 교육과정 개발 고시 이래로 학교와 교사의 교육과정 자율권 확대를 지향해 왔다. '학교자율과정'은 학교가 교육과정 자율화를 구체적으로 구현하는 대표적인 방법이자 학생의 주체적인 삶과 배움을 지향하는 교육과정이다. 경기도교육청(2021)은 〈경기도 초·중·고등학교 교육과정 총론〉에서 학교자율과정의 의미를 다음과 같이 설명하고 있다.

학교는 학생의 학습 선택권을 확대하고 학습경험의 질과 폭을 심화하기 위해 자율적이고 창의적인 교육과정을 개발, 운영하도록 힘쓴다. 학교의 교육 주체들이 교육 비전과 가치를 공동으로 창조하고 공유하며, 마을과 연계한 교육과정, 교과 융합과정, 학생이 주도하는 주제별 프로젝트 등을 '학교자율과정'으로 편성·운영함으로써 학교 교육과정의 자율화를 구체적으로 구현한다.(경기도교육청, 2021)

학교자율과정은 학교 현장의 교육과정 편성·운영 자율권 확대 요구를 반영하는 한편, 국가 교육과정을 유연하게 해석하여 학교 교육과정의 자율권을 확대하기 위한 것이다. 학교자율과정을 편성·운영함으로써 융·복합적이고 창의적인 교육과정을 제공할 수 있으며, 교사 교육과정을 구현할 수 있는 자율 교육과정 운영시간을 확보할 수 있다. 또한, 교육공동체 협의를 토대로 지역별, 학교별 특색을 반영하는 교육과정 다양화를 모색할 수 있다.(경기도교육청, 2022)

학교자율과정은 학생의 배움을 촉진하는 교과융합활동, 마을과 연계한 교육 활동, 학생주도주제별 프로젝트 활동 등으로 다양하게 편성·운영될 수 있다.

경기도교육청의 학교자율과정 관련 지침을 살펴보면, 학교자율과정은 학생의 요구와 필요를 반영하여 학교 단위로 자율적으로 편성·운영할 수 있다[1].

[경기도교육청(2022)의 학교자율과정 편성 지침]

· 학생의 요구와 필요를 반영하여 학교 단위로 자율적으로 편성·운영하는 교육과정
· 교과(군)별 기준 수업 시수의 20% 범위 내에서 감축한 시수를 활용하여 창의적으로 편성·운영 (단, 체육, 예술(음악/미술) 교과 시수는 감축 불가)
  – 교과(군) 감축 시수는 각 교과 성취기준에 구애받지 않고 여러 교과(군)의 일반목표와 연계한 융·복합적이고 창의적인 활동으로 구성
  – 학교교육공동체 협의를 바탕으로 교과 내용 연계 및 학년 위계를 고려하며 교과 수준의 자율 교육과정 개발 운영 가능
· 학교자율과정은 체육, 예술(음악/미술) 교과 및 창의적 체험활동과 연계하여 편성할 수 있으며 학생주도의 다양한 활동이 이루어질 수 있도록 운영
· 학교자율과정은 교육공동체의 일원인 학생이 배움의 주체로서 배움의 기쁨을 누리며, 배움을 통해 더불어 성장할 수 있도록 교과융합활동, 마을과 연계한 교육 활동, 학생주도 주제별 프로젝트 활동 등으로 편성·운영

---

1) 경기도교육청(2022), "함께 만들어 가는 학생 중심 학교 교육과정 도움 자료집(고등학교편)"
  경기도교육청(2022), "고등학교 학교자율과정 실천하기"

학교, 미래교육을 디자인하다

학교자율과정은 교과(군)별 기준 수업 시수의 20% 범위 내에서 감축한 시수를 활용하여 창의적으로 편성 · 운영하고, 체육, 예술(음악/미술) 교과 시수를 활용할 경우에는 해당 교과와 연계된 활동으로 운영한다. 또한, 자유학기 활동(중학교 1학년의 경우), 창의적 체험활동과 연계하여 편성 · 운영할 수 있으며, 학생 주도의 다양한 활동 위주로 운영한다.

학교자율과정을 편성 · 운영하는 과정에서 학교 내부의 절차는 다음과 같다.

> 학교자율과정 편제 → 목표(주제 선정) → 성취기준 활용, 재구조화, 개발 → 학생 배움 중심 학습경험 설계 → 운영 및 환류

경기도 초등학교 학교자율과정은 구체적인 매뉴얼을 제시하여 학교에서 자율적으로 선택하여 운영할 수 있도록 하였다[2]. 초등학교의 경우, 학교자율과정 운영 유형으로 교과융합형, 주제 선택형, 학생 주도형으로 구분한다.

유형	교과융합형	주제선택형	학생주도형
특징	· 교사가 주도적으로 주제를 중심으로 설계 ·지식과 기능을 의미있는 맥락이나 상황에 적용하여 간학문적/탈학문적으로 설계하는 학습 형태	· 학생의 요구에 따라 교사가 다양한 교육활동 개설 · 학생은 자신이 원하는 주제를 선택하는 학습 형태	· 학생이 교육과정 의사결정 권한을 갖고 교육과정을 설계하고 운영 · 주제를 바탕으로 학생 스스로 성취기준, 수업, 평가를 개발하고 또래학생 및 교사와 상호작용하며 주도적으로 학습
교육과정 의사결정 권한	교사주도		학생주도

---

2) 경기도교육청(2022), "함께 만들고 같이 하는 초등 학교자율과정"

학교 운영의 시기와 방법도 학교 특성에 따라 자율적으로 선택할 수 있도록 하였다. 특정 시기에 집중적으로 진행하는 방식과 특정한 주, 요일, 교실에 따라 주기적으로 운영하는 방식 등이 있다.

운영시기와 방법	집중형		주기형			
	특정 시기 집중 예) 5~6월 집중	학기별 집중 예) 1학기 3주 +2학기 3주	매월 한주	매주 특정 요일	매일 특정 교시	기타

교육과정 운영 단위에 따라 학교 수준 교육과정, 학년 수준 교육과정, 학생 수준 교육과정으로 구분할 수 있는데, 각 수준에 따라 교과융합형, 주제 선택형, 학생 주도형으로 세부화하여 9가지 유형으로 나눌 수 있다.

	모형명	특징
A-1	학교 수준의 교과융합 모형	단위학교에서 모든 학년을 대상으로 교과융합형 학교자율과정 편성 운영
A-2	학교 수준의 주제선택 모형	단위학교에서 모든 학년을 대상으로 주제선택형 학교자율과정 편성 운영
A-3	학교 수준의 학생주도 모형	단위학교에서 모든 학년을 대상으로 학생주도형 학교자율과정 편성 운영
B-1	학년(군) 수준의 교과융합 모형	단위학년(군)에서 모든 학년을 대상으로 교과융합형 학교자율과정 편성 운영
B-2	학년(군) 수준의 주제선택 모형	단위학년(군)에서 모든 학년을 대상으로 주제선택형 학교자율과정 편성 운영
B-3	학년(군) 수준의 학생주도 모형	단위학년(군)에서 모든 학년을 대상으로 학생주도형 학교자율과정 편성 운영
C-1	교사 수준의 교과융합 모형	담임/전담교사가 한 학급이나 일부 학급에서 교과융합형으로 학교자율과정을 편성 운영
C-2	교사 수준의 주제선택 모형	담임/전담교사가 한 학급이나 일부 학급에서 주제선택형으로 학교자율과정을 편성 운영
C-3	교사 수준의 학생주도 모형	담임/전담교사가 한 학급이나 일부 학급에서 학생주도형으로 학교자율과정을 편성 운영

다음은 초등학교 학교 수준 학교자율과정 목표 설정 사례이다.

학교비전	즐거운 배움으로 꿈을 키우며 더불어 성장하는 행복한 학교		
학교자율과정 목표(주제)	**업(業)을 업(UP)하라!**		
학년(군)별 소주제	1-2학년군 나를 찾는 여행	3-4학년군 마을愛 드림	5-6학년군 꿈을 업고(UP,GO!) 세상으로
유형	주제선택형	교과융합형	학생주도형
시수 및 집중운영시기	1학년 23시간 2학년 46시간 10월 1~2주	3학년 52시간 4학년 52시간 6월 3주~4주	5학년 58시간 6학년 87시간 7월 3주, 11월 3~4주

다음은 학년 수준 학교자율과정 기본 계획안이다.

학년	주제	유형	시수	방법 및 시기
1~2학년	따뜻한 관계 맺기	교과융합형	1학년 36 2학년 36	3월 집중형
	문화예술 해봄		1학년 53 2학년 53	3~12월 주기형
	온책읽기 기반 프로젝트		1학년 28 2학년 28	
3학년				
4학년	자라나는 꿈! 多DREAM학교	주제선택형	52	6월 집중형
	뮤지컬학교로 오세요.	교과융합형	84	주기형

5~6학년	내가 만드는 교육과정! 온누리꿈학교	학생주도형	5학년 58 6학년 87	6월, 11월 집중형
	다 같이 놀자! 행복놀이학교	교과융합형	5학년 58 6학년 87	7월, 12월 집중형

다음은 소요초의 5학년 학교자율과정으로 운영한 과학과와 영어과를 중심으로 구성한 생태환경교육과 독서교육 운영 사례이다.(박선아)

차시	관련 교과	활동 내용	평가	비고
1~4	과학	신천의 생태계를 알아요. · 지역 생태계 전문가 강의 듣기 · 신천의 왜가리와 주변 생태계의 특징 이해하기 · 신천의 수질 오염에 대해 이해하기 · 신천에 현장학습을 통해 왜가리와 수질 관찰하기		생태
5~6	5~6	신천의 생태계를 알려요. · 신천의 생태계를 알리는 유튜브 및 웹 포스터 만들기 · 신천의 생태계를 알리는 유튜브 및 웹 포스터 학교 홈페이지와 유튜브에 올려 홍보하기	환경을 소중히 여기는 태도 평가	생태
7~8	과학	학교 텃밭에 키운 감자와 토마토를 이용한 요리 준비 · 감자와 토마토를 활용한 레시피 영어로 준비하기 · 요리 과정 영어로 쓰기	영어 레시피 상시 평가	독서
9~10	7~8	학교 텃밭의 감자와 토마토를 활용한 음식 만들기 대회 · 요리에 필요한 안전교육 · 모둠별 레시피에 따른 요리 대회 운영하기		생태
11~12	영어	학교 텃밭의 감자와 토마토를 이용한 음식 만들기 영상 유튜브 제작하기 · 유튜브 제작(영어 자막) 및 홍보		생태
13~14	9~10	6.25 한국전쟁에 참전한 노르웨이 Thank you card 제작 · 용사 분들과 야전병원 근무자들에 대해 감사편지, 홍보용 웹 포스터 만들기 · 이야기책 만들기 활동 중 선택하기		독서

중학교 학교자율과정은 교과융합활동형, 마을 연계형, 학생주도 주제별 프로젝트 활동형 등으로 구분한다.

[경기도교육청(2022)의 중학교 학교자율과정 운영 유형]

유형	운영 방법
교과융합 활동형	· 2개 교과 이상 융합 · 감축 가능 시수 확보 · 유의미한 주제로 수업내용 재구조화 · 1학년 자유학기 및 2, 3학년 연계자유학기 연계하여 운영 가능
마을 연계형	· 학교 인근 지역의 마을 자원 발굴 · 학생들의 희망 활동 분야 탐색 · 교과 및 창의적 체험활동 연계 운영 · 학생자치회 활동, 진로탐색, 봉사활동 등과 연계하여 창의적으로 운영 가능
학생주도 주제별 프로젝트 활동형	· 학생들이 희망하는 주제로 프로젝트 학습 운영 · 프로젝트 학습의 특성상, 학생 주도의 탐구활동이 긴 호흡으로 운영되도록 계획 · 특정 요일, 특정 시간으로 한 학기 운영 가능 · 활동마다 교사의 꼼꼼한 피드백 제공하여 학생들의 성장 지원(포트폴리오 형식)

고등학교 학교자율과정 유형은 진로집중형, 학습몰입형, 보충수업형, 동아리형, 프로젝트형, 학생주도형으로 구분한다.

[경기도교육청(2021)의 고등학교 학교자율과정 운영 유형]

유형	운영 방법
진로집중형	· 진로설계·체험, 고등학교 1학년 대상 진로집중학기제 운영시간I
학습몰입형	· 교과별 심화 이론, 과제 탐구 등 심층적 학습 시간 운영
보충수업형	· 학습 결손, 학습 수준 미흡 학생 대상 보충수업
동아리형	· 학습동아리 연계 운영, 교과에 관한 학생 주도적 학습 시간 운영
프로젝트형	· 교과 융합학습 등 주제 중심의 프로젝트 수업, 직업 체험 프로젝트 등 운영
학생주도형	· 관심 있는 사회문제, 학교-마을 연계 교육 활동 등 학생주도프로젝트 운영

특히, 고등학교의 경우에는 단위학교 교육과정 운영의 자율권과 재량권을 확대하기 위해 교육부에서 2019년 12월에 개정 고시한 수업량 유연화 조치에 근거하여 '교과 1단위 17회 중 1회'를 학생의 진로·적성, 학습 수준 등에 따라 자율적으로 운영할 수 있다.(경기도교육청, 2021)

경기도 고등학교 학교자율과정 유형별 운영 사례를 소개하면 다음과 같다[3]. 곡정고의 교과 융합 수업 운영 사례이다.

강좌명	운영시수	강좌 설명
국어 도움닫기	8	1,2학년 국어 성취수준 미도달 학생을 위한 학습 보충 프로그램
영어, 어렵지 않아요	8	1,2학년 영어 성취수준 미도달 학생을 위한 학습 보충 프로그램
수학 뽀개기	8	1,2학년 수학 성취수준 미도달 학생을 위한 학습 보충 프로그램
일년 내내 문학	8	문학 작품 및 작가 탐구를 바탕으로 한 달력 제작 프로그램
자신만만 영어	8	영어 심화반
중국, 어디가지 알고 있니?	8	중국의 다양한 도시의 특성을 알아보고 중국여행 팜플렛을 제작한 후 세계 지도 여권만들기
세상을 바꾸는 아이디어의 세계	8	발명의 원리를 이해라고 협업을 통해 학교의 불편한 점을 찾아 해결하는 아이디어 발표하기
일쓸헌잡	4	알아두면 쓸데 있는 헌법 잡학사전
세계는 왜 싸우는가 (세계 지역 분쟁 조사하기)	4	미얀마, 이스라엘-팔레스타인 갈등의 원인, 경과에 대해 조사, 발표. 달력 또는 세계 지도를 가지고 직접 분쟁 지역 또는 분쟁의 역사를 정리하고 홍보하기
직접 만든 보드게임으로 공부하는 세계 기후 체스	4	기후 재료 카드를 직접 제작하고 게임 방법을 영상으로 시청하고 난 후 기후별 특징을 적용하여 체스 게임을 하며 기후 특징을 익히기
문화 다양성, 세계시민	4	이주민(한국에 거주하는 외국인) 강사와 함께 외국 문화 체험, 공정무역, 소수자 인원 존중 고민하기
유전학의 선구자, 멘델	4	생명과학1 유전단원 학습을 위해 필요한 기초 내용 다지기, 멘델의 유전학 업적을 살펴보며 유전학 기초 다지기

---

3) 경기도교육청(2021), "학생과 교사가 함께 만들어가는 학교자율과정!"

학교, 미래교육을 디자인하다

나랑 별보러 가지 않을래?	4	천체 관측의 기초 및 별자리 이야기, 페이퍼서킷을 활용한 led 별자리 회로 만들기
슬기로운 근력생활	4	올바른 근력 트레이닝 운동법 익히기
뉴스포츠 체험교실	4	킨볼과 까롬 등 다양한 뉴스포츠 체험하기
세밀화로 만나는 자연의 세계	4	식물 관찰하고 세밀하게 그리기

나루고의 학습보충형 운영 사례이다.

[1학년 학교자율과정 목금프로그램(택1) 7/8~7/9 실시]

	프로그램명	중심교과	수업내용 요약	참여 학생수	운영 시간
1	건축미학	정보(+기술,가정)	아름다우면서 안전한 구조물에 대한 연구	20	11
2	역사와 문학	국어(+역사)	문학으로 보는 현대사(국어+역사)	20	11
3	기하학 명함	수학	주제탐구활동 - 명함 디자인하기(함수의 그래프 및 도형의 방정식활용), 기하학적 도형과 미술의 테셀레이션기법을 활용한 명함 디자인	20	11
4	영어 주제발표A	영어	주제발표(관심있는 진로 및 사회과학탐구 영역 팀 프로젝트)7시간, 영미문화 소개하기 4시간	20	11
5	영어 주제발표B	영어	주제발표(관심있는 진로 및 사회과학탐구 영역 팀 프로젝트)7시간, 영미문화 소개하기 4시간	20	11
6	화학 실험 기구	통합과학	화학 실험 기구의 과학적 원리와 사용법을 찾아 알맞은 실험을 구상하고 진행한 후 발표	20	11
7	두 얼굴의 룸메이트 -미생물	통합과학 (+미술,영양)	내 몸 속, 내 주변에서 함께 살아가는 미생물 탐구 -미생물 배양, 미생물 관찰, 영상 시청 및 캐릭터 그리기	20	11
8	비경쟁 주제토론 및 카드뉴스 제작	통합사회 (+국어,사회,과학, 진로,미술,정보)	세상과 소통하는 비경쟁 주제별 토론(국어, 사회, 과학, 진로) 관심 주제에 대한 카드뉴스 만들기(미술, 정보)	20	11
9	신문 제작 및 노래 가사 만들기	한국사	목: 현대사 신문 만들기(한국사+사회+국어) 금: 노래가사를 역사로 개사하여 불러보기 (한국사+음악+국어)	20	11

신천고의 진로집중형 운영 사례이다.

강좌명	강좌설명	A타임	B타임
우리말과 역사탐구	국어와 한국사 과목의 교과 융합 프로젝트 수업으로 진행, 우리말, 민족운동 등을 소재로 다룬 소설, 영화 등을 감상하고 분석한 후, 이에 대한 자신의 생각을 보고서로 작성하여 발표	50명	50명
역사적 사실과 상상의 사이	조선왕조실록에 수록된 역사적 사건을 사료(한문 원문 자료 및 번역자료)를 통해 살펴보며 역사 연구 방법을 체험하고, 이를 토대로 역사적 상상력을 발휘하여 웹툰 혹은 간단한 시나리오 등의 창작물 만들기	25명	–
미니북만들기	미니북만들기를 통해 자기자신의 장단점, 버켓리스트, 좌우명, 미래의 내 모습 등을 영어로 표현해보는 자신에 대한 이해탐구 활동	50명	50명
지속 가능한 미래(기후편)	기후변화를 막기위한 행동으로서 생활 습관을 분석하고 에너지를 절약하고 에너지효율을 높여 적은 에너지로도 살아갈 수 있는 방법을 찾아나서는 프로젝트(엑셀사용)	50명	50명
지속 가능한 미래(환경편)	신천동 주변의 생태환경 조사 및 연구 지역 탐방을 통한 생태탐구 프로젝트 등 생태환경 회복 프로그램	25명	–
온라인 코딩 파티	온라인 코딩 프로그램으로 컴퓨터로 수업 참여 가능한 학생만 신청 가능	25명	–
신체활동과 여가생활	트래킹(소래산 등산로), 우천시 실내활동 대체(이론+실내 트래킹)	–	50명
행복	나에게 가장 큰 행복을 주는 음악을 찾아 감상하고 후렴구 가사를 개사하여 비쥬얼씽킹으로 나타내거나 음원 제작하기, 개인 경험을 바탕으로 행복했던 순간을 추상 또는 사실적 표현으로 작품화 시킴.	50명	50명

충북 자율탐구과정

충청북도교육청(2021)은 충청북도 교육과정 총론 개정을 통해 학교 자율권 강화를 제시하였다. 충북 초·중학교는 학생의 삶과 앎이 연계되는 교육과정 편성·운영을 통하여 학교교육과정 자율화 및 다양화를 위해 교과(군)와 창의적 체험활동 시수를 활용하여 '자율탐구과정'을 신설할 수 있게 되었다. 자율탐구과정은 삶과 연계한 민주시민교육, 충북교육공동체헌장 기반 주제 중심 수업, 문해력 교육, 마을 연계 교육과정, 교과융합형 프로젝트 수업, 동아리 활동 연계 수업, 과제 탐구 수업, 초록학교와 연계한 생태교육 등 다양한 형태로 운영할 수 있다.

2022년에 고시된 충청북도 교육과정 총론에 따르면, 학교는 학생의 성장 발달을 지원하고 지역 사회의 특성을 반영하기 위해 자율탐구과정을 창의적으로 편성·운영할 수 있다. 교과(군) 시수를 활용하는 경우에는 교과(군)별 기준 시수의 20% 범위 내에서 편성하거나 창의적 체험활동의 시수를 활용할 수 있다.(충북교육청, 2022)

[충북교육청(2022)의 중학교 교육과정 시간 배당]

구분		기준시수 (1~3학년)	20% 증감범위	자율탐무과정
교 과 (군)	국어	442	354~530	교과(군)별 기준 시수의 20% 범위 내에서 편성하거나 창의적 체험활동의 시수 활용
	사회(역사 포함)/도덕	510	408~612	
	수학	374	300~448	
	과학/기술·가정/정보	680	544~816	
	체육	272	272~326	
	예술(음악/미술)	272	272~326	
	영어	340	272~408	
	선택	170	136~204	
	소계	3,060~		
창의적 체험활동		306~		
총 수업 시간 수		3,366~		

옥천여자중학교는 학년별로 하나의 가치(대주제)를 중심으로 '자율탐구과정'을 편성하였고, 모든 교과를 융합하여 '주제 중심 교과통합' 프로젝트로 운영하고 있다.

[옥천여중 자율탐구과정, 주제중심 교과통합 프로젝트(이은주 외, 2021)]

	1학년	2학년	3학년
핵심 역량	행복감성	민주시민	스마트 시민
중점 목표	행복감성, 마을	민주시민, 자치	미래, 세계시민
주제 중심 융합 프로젝트	마을탐구 프로젝트, 배움으로 마을에 기부하기	민주시민교육 프로젝트	세계시민교육 프로젝트, 세상을 향한 목소리

학년별 중점 목표		[교과(군)] 주제 중심 교과통합	[창의적 체험활동] 학년 특색 활동
1 학 년	행복감성, 마을 교육과정	마을탐구 프로젝트, 배움으로 마을에 기부하기	감정코칭, 행복 명상호흡
		(모든 교과에서 1~2시간, 창체 10시간 차감)	
2 학 년	행복감성, 마을	민주시민교육 프로젝트	비폭력 대화, 마음 일기
		(모든 교과에서 1~3시간, 창체 6시간 차감)	
3 학 년	미래, 세계시민 교육과정	(1학기) 세계시민교육 프로젝트 (2학기) 세상을 향한 목소리-뮤지컬	책으로 만나는 세상 – 독서 테라피, 비경쟁 독서 토론
		(모든 교과에서 1~4시간, 창체 6시간 차감)	

※ 1학년 마을탐구 프로젝트는 자유학기 교과시간에 운영함

학년별로 지향하는 가치(대주제)를 중심으로 교과(군)와 창의적 체험활동의 시간을 조정하여 학년별로 자율탐구 교육과정을 구성하였다. 학년별 가치(대주제)과 중점 목표에 따라 교과 내 단원을 재구성하고(교과 내 재구성), 주제별 교과 융합 수업을 설계함으로써(교과 간 재구성) 교과교육의 내용을 심화하고 학년별 교과 융합 수업을 입체화할 수 있었다. 또한 학생의 요구와 학교 및 지역의 특성을 반영하여 자율적인 교육과정을 운영하였다는 점에서 의미가 있다[4].

---

4) 옥천여중(2021), "2021학년도 학교 교육과정 계획서"

학교, 미래교육을 디자인하다

[옥천여중 자율탐구과정, 민주시민교육 프로젝트(2학년) 계획]

교과	시기	수업 내용	성취기준
기술가정	5월	(기술) 표준화의 개념을 이해하고 영향을 분석하여 평가하는 활동을 통해 다양한 사례를 찾기 (기술가정-수학 융합) 식품 구성안 제작을 통해 식량, 기아, 인구 문제 알아보기 - 생활 자립 역량, 문제해결역량 기르기	1. 표준의 개념과 중요성을 안다. 2. 표준 사례를 찾아보고 표준화의 영향을 분석하여 다양한 참여 (협동학습, 토론학습, 표준화 신문 제작하기, 독서 등) 수업을 통한 민주시민교육의 수업 실천과 나눔으로 교육과정의 지평을 넓힌다. 3. 영양섭취기준과 식사 구성안을 활용하여 균형 잡힌 식생활을 계획하고, 식량, 기아, 인구 문제에 대한 해결 방안을 탐색한다.
수학	5월	(기술가정-수학 융합) 연립방정식을 활용한 식품 구성안 제작을 통해 식량, 기아 등의 민주시민의식 기르기 - 문제 해결 역량 기르기	실생활에서 연립 일차방정식을 활용하여 문제를 해결하고, 그 과정을 설명할 수 있다.
과학	5월	소통과 조화, 배려를 통한 화학결합의 종류를 이해하기	이온 생성원리를 통한 상호작용의 원리를 통해 소통과 배려의 성품을 함양한다.
국어	5월	다양한 시선으로 작품과 소통하기 (같은 사건 다르게 보기) 1) 〈아기 돼지 삼형제〉를 새로운 관점에서 살펴보기 2) 텍스트와 영상 자료를 통해 작품에 등장하는 두 주인공이 느끼는 감정과 입장을 이해하고 비교하는 활동	1. 작품 속의 여러 관점에 주목하여 작품을 수용하고 비판하는 창의적인 성찰 역량을 키운다. 2. 다양한 시선을 통해 타인을 이해하는 의사소통 능력을 함양한다.
	4-12월	세상을 읽고 이해하는 우리는 민주시민 (독서교육) 1) 자율적인 독서 계획 수립 및 도서 목록 작성 2) 한 학기 한 권 읽기를 적용한 독서의 생활화 3) 학생들이 주체가 되어 감상을 타인과 풍성하게 나누고, 이를 통해 심화·확장된 지식과 생각을 체계화하여 다양한 방식으로 표현하는 활동	

역사	7월	선거법 개정, 차티스트운동, 여성의 참정권 운동과 관련된 자료를 분석하고, 모둠별 활동 과제 해결하기	1. 참정권이 확대되는 과정을 분석하며 민주주의의 의미와 의의를 이해한다. 2. 민주시민으로서 갖추어야 할 시민의식과 역량에 대해 말할 수 있다.
음악	5월	음악과 함께 생각하는 지구촌 문제	1. 노랫말이 갖는 사회적 의미를 생각하며 노래한다. 2. 지구촌 기아 문제를 해소할 방안을 토의하고 실천할 수 있다.
미술	6월	로댕의 '칼레의 시민들'에 나타난 민주시민의식	1. 미술 작품과 관련된 다양한 지식에 근거하여 작품의 내용과 의미를 설명할 수 있다. 2. 비평 요소와 기준을 활용하여 미술 작품의 가치를 설명할 수 있다.
영어	6월	지역 사회에 기여하기	1. 협의를 통해 지역 사회에 기여하는 방안을 토의한다. 2. 봉사활동 경험을 공유하고 지역 사회봉사활동 계획을 작성한다.
한문	4월	역지사지-입장 바꿔 생각하기	입장을 바꿔서 생각하면서 서로를 존중하는 태도를 배우면서 민주적 시민역량을 기른다.
정보	7월	개인정보 보호의 중요성을 인식하고 구체적인 피해 사례 발표해 보기. 개인정보보호 방법을 자율적으로 토론하며 실천방안을 자치적으로 수립해 본다.	정보사회 구성원으로서 개인정보와 저작권 보호의 중요성을 인식하고 개인정보 보호, 저작권 보호 방법을 실천한다.
진로	5월	직업에 대한 편견과 고정 관념 – 학생들의 관심 직업이나 되고 싶은 직업별로 모둠을 구성하고, 인터넷 검색이나 주변 직업인의 인터뷰를 통해 직업의 고충을 조사하고, 그 직업의 편견이나 고정 관념에 대해 토론을 하면서 직업에 대하여 바르게 이해하기	1. 직업에 대한 사회의 편견과 고정 관념을 제시하고 문제점을 설명할 수 있다. 2. 직업에 대한 편견과 고정 관념을 개선하기 위한 노력과 방법을 탐색할 수 있다.

학교, 미래교육을 디자인하다

11장. 우리 학교만의 교과목을 만들다

학교자치 관점에서 학교 교육과정을 바라보기

학교자치

그동안 교육과정 개발(curriculum development)은 정부 주도로 이루어졌다. 국가수준 교육과정 중심으로 학교 교육 활동이 진행되면서 중앙 정부가 교육의 질 관리를 하고, 정부의 교육정책을 단위 학교에서 구현할 수 있었다. 하지만 다른 한편으로는 교육의 획일화 현상이 나타나고, 시대적 요구나 교사, 학생. 학부모, 지역 사회 등의 다양한 요구에 대하여 제대로 부응하지 못하였다. 또한 관료주의 폐단이 나타나고, 지역 교육청이나 단위 학교의 자율성과 책무성이 약화되었다.

그런데 우리 사회의 민주화가 진행되면서 지방자치가 점차 뿌리를 내리게 되었고, 교육 분야에서도 자연스럽게 교육 자치, 학교자치가 발달하게 되었다. 학교자치(學校自治)란 '학교 교육을 담당하는 주체들이 교육의 목적을 달성하기 위하여 자율적으로 의사결정에 참여하고 책임을 지는 것'이다.

'학교자치'라는 용어는 1995년 5・31 교육개혁안에 따라 학교운영위원회가 생기면서 본격적으로 사용되었다. 학교운영위원회는 초・중등교육법(제31조-34조)에 따라 단위학교의 자치를 위해 생겨난 법정기구이며, 교원, 학부모, 지역 인사 등이 함께 참여하여 학교 정책 결정에 민주성과 자주성을 실행하는 역할을 하는 기구이다. 중앙집권형 행정체제와 대비되는 개념으로서 지방분권형 행정체제를 강조한 지방자치가 강조되었고, 지방자치 맥락에서 교육 자치가 강조되었다. 교육 자치 맥락과 혁신교육 차원에서 학교자치 개념도 발전하게 되었다.

'학교자치'란 '학교 공동체의 구성원인 학생, 학부모, 교직원, 지역주민이 교육의 자주성에 근거하여 교육 자치의 한 단위인 학교의 전반적인 운영에 자율성을 가지고 책임과 규제를 바탕으로 자주적으로 결정하고 단위학교를 운영하여, 학교의 특성에 맞는 교육력을 향상하고 교육공동체 모두가 행복한 학교 문화를 조성하는 것'이다[1]. 즉, 학교장이나 소수 사람들이 학교 주요 의사결정을 하는 것이 아니라 학교 구성원들이 함께 참여하여 결정하고 학교 운영을 하는 것을 말한다. 일반적인 학교자치의 특징으로 자율, 책임, 분권, 민주주의, 참여, 자발성 등이 있다.

학교자치 안에 교사 자치, 학생자치, 학부모 자치 등이 포함되어 있다. 학교자치는 교육주체의 자율성을 강조하는 개념이지만, 여기에 책무성이 뒷받침되지 않으면 집단이기주의로 변질할 수 있다. 예컨대, 현장체험활동 장소를 정할 때, 교사들이 학생의 배움 차원에서 의미 있는 공간을 선정하지 않고, 학생들이나 학부모들의 의견을 충분히 수렴하지 않고, 충분한 숙고 과정 없이 교사 편의주의 차원에서 다 수결의 원칙에 따라 결정할 수 있다. 형식적인 민

---

1) 류광모, 홍섭근(2021), '교육자치 시대 학교자치의 성과와 과제', 학습자중심교과교육연구 제21권 제9호

주주의 과정에 따라 의사결정이 되었다 하더라도 이를 진정한 학교자치라고 보기는 힘들 것이다. 교사, 학생, 학부모들의 의견을 수렴하되, 교육 목적과 현장체험활동의 원래 취지에 맞게 의사결정을 할 수 있어야 한다. 진정한 학교자치는 '상급기관(교육부, 교육청 등)으로부터 자치'가 아니라 '교육적 가치를 위한 자치'라고 볼 수 있다[2].

교육과정 디자인

교육과정 디자인이란 기존 교육과정을 재구조화하거나 새롭게 교육과정을 개발하는 것이다. 즉, 교육과정 재구성과 교육과정 개발을 포함하는 개념이다. 원래 디자인(design)이라는 단어의 어원은 '지시하다', '표현하다', '성취하다'라는 의미의 라틴어 '데시그나레(designare)'이다. 디자인은 우리말로 계획, 구상, 설계 등으로 번역할 수 있다. 교육학에서 말하는 디자인은 교육 디자인이다. 교육 디자인의 목표는 학습자가 새로운 가치와 지식을 구성하고 이로 인해 학습자 개인과 학습자 집단의 바람직한 변화를 추구하는 것이다. 교육 디자인은 교육 내부에 존재하는 까다로운 문제 해결에 초점이 있고, 그 과정에서 협업이나 참여를 요구한다. 교육 디자인은 교수 자료, 학교 공간 등을 시각적, 물리적으로 디자인하는 개념이 포함된다[3].

교육과정 재구성이란 기존 교육과정을 바탕으로 학습 목표를 성취할 수 있도록 교육내용을 시기·지역·학교·학습자 수준 등의 교육여건을 고려하여 재조직하는 것을 말한다. 학습자의 입장에서도 교육과정의 성취기준을 교수·학습 및 평가에서 적절히 조정하는 것을 말한다. 즉, 국가 교육과정을 교사가 학교와 교실에서 수업 전문성을 바탕으로 학생의 배움의 눈높이에 맞추어 재구

---

2) 안종복 이사장(교육디자인넷)은 학교자치 관련 강의를 통해 이를 매우 강조하고 있다.
3) 김동일 외(2015), "교육의 미래를 디자인하다", 학지사

성하여 구현하는 것이다. 이러한 교육과정 재구성은 교사의 전문성과 자율성을 기반으로 한다. 즉, '교사 자신만의 교육과정을 구성해가는 모든 과정'이다[4]. 교육과정 재구성의 유형은 교과 내 교육과정 재구성, 교과 간 교육과정 재구성, 교과와 비교과 간 교육과정 재구성, 지도 시기 중심 교육과정 재구성 등이 있다[5].

교육과정 개발(curriculum development)이란 교육목적과 교육내용의 체계 그리고 이를 효과적으로 전달하기 위한 교육 방법, 교육평가, 교육 운영 등에 대한 종합적인 계획이 담긴 문서를 만드는 활동을 말한다[6]. 일반적으로 교육과정의 계획과 설계, 그리고 그러한 계획과 설계가 이루어지는 과정을 말한다[7]. 교육과정 개발은 특정한 교육목표를 이루기 위한 교육과정을 만드는 일련의 과정이라고 할 수 있다. 오랫동안 중앙집권형 교육 제도와 문화를 가지고 있었던 우리나라에서 교육과정 개발은 주로 국가 교육과정에서 이루어졌다. 그러다가 시대의 변화에 따라 교육 자치 정책이 추진되면서 지역 교육과정과 학교 교육과정에 대한 자율성이 강화되고 있는 추세이다. 이에 따라 지역 교육과정 개발, 학교 교육과정 개발, 교사 교육과정 개발에 대한 관심과 노력이 이루어지고 있는 상황이다.

교육과정 디자인이란 교육과정을 재구조화하고 창출하는 것이다. 이를 도식화하면 아래의 그림과 같다[8].

---

4) 성열관·이민정(2009), '교육과정 일치도 및 컨텐츠 맵의 유용성과 비판적 활용 방안', 교육과정연구 제 27권 제3호
5) 윤성한(2019), "교육과정 재구성과 수업디자인", 교육과학사
6) 김대현, 김석우(1996), "교육과정 및 교육평가", 학지사
7) 소경희(2017), "교육과정의 이해", 교육과학사
8) 김현섭, 장슬기(2019), "미래형 교육과정을 디자인하다", 수업디자인연구소

학교, 미래교육을 디자인하다

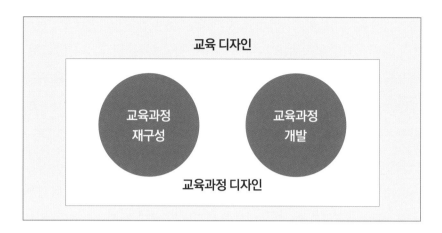

즉, 학교 교육과정 디자인이란 '학교가 국가 교육과정을 학교 특성에 맞게 재구조화하거나 학교 교육과정을 새롭게 개발하는 것'이다. 학교자치 관점에서 학교 교육과정을 바라보면 '국가교육과정의 지역화' 수준을 넘어 교사, 학생, 학부모, 지역 사회 등 학교 교육 주체들이 학교 교육과정을 주도적으로 참여하여 디자인할 수 있어야 한다는 것이다.

학교 교육과정 디자인의 기본 접근은 합리적 교육과정 개발 모델보다는 숙의적 교육과정 개발 모델에 입각하여 접근하는 것이 필요하다. 학교 교육 주체들의 세계관과 철학, 지식과 경험, 자원 등을 기반으로 숙의과정을 통해 학교 교육과정을 디자인하고, 정기적인 평가와 성찰, 그리고 피드백 과정을 통해 학교 교육과정을 지속적으로 업데이트를 하는 것이 필요하다.

학교교과목 개발 모델

학교교과목의 의미

교과는 '학교에서 교육의 목적에 맞게 가르쳐야 할 내용을 계통적으로 짜 놓은 일정한 분야'를 의미하고, 과목은 '해당 교과의 하위 단위로 공부할 지식 분야를 세부적으로 갈라놓은 것'이다. 예컨대, 국어과는 교과이고, 작문, 화법, 문법, 고전문학, 현대문학 등은 과목이다. 학교교과목이란 학교에서 가르치는 교과와 과목이고, 학교교과목 개발이란 학교교과목을 학교에서 개발할 수 있도록 하는 것이다. 학교장 개설과목이나 학교 특색 과목보다 학교교과목 개발은 과목을 넘어 교과를 포함하기에 그 대상 범위가 넓다. 학교교과목 개발은 전북교육청에서 처음 추진한 학교 교육과정 자율성 확대 정책으로 교사 교육과정 맥락에서 발전한 개념이다[9].

우리나라에서 교과 생성 권한은 초·중등교육법 시행령 제43조에 따라 교육부 장관에 있으므로 단위학교에서 개발 가능한 것은 '교과'가 아닌 '과목'이라고 볼 수 있다[10]. 전북교육청은 '학교에서 지역과 학생의 실정에 맞게 학교 자체적으로 개설할 교과(목)', '교과와 범교과 영역을 포괄하여 언어적 사고, 수리적 탐구, 사회적 탐구, 과학적 탐구 및 마을 교육과정 운영을 위한 통합교과 영역들을 위하여 학교에서 지역과 학생의 실정에 맞게 학교 자체적으로 개설한 것'으로 '교과목'이라는 용어를 사용한다[11]. 이는 전북교육청이 '학교교과목'을 현 교과 체제 아래에서 과목을 신설하는 것뿐만 아니라 교과와 범교과 주제를 포함하는 통합교과 성격의 교과 신설을 포괄하는 넓은 의미로 사용된다는 것을 의미한다[12].

학교교과목의 개발과정 및 단계

학교교과목 개발과정 및 절차에 대한 연구는 실제 학교교과목 개발 과정의 역동적이고 순환적인 특성을 잘 보여준다[13].

---

9) 학교교과목 개발 정책 추진 당시 교육부와 전북교육청 간의 용어상 갈등이 있었다. 교육부는 과목 개발에 초점을 두었고, 전북교육청은 교과 개발까지 학교 자율권을 강화해야 한다는 입장이었다.
10) 박승배(2021), '학교교과목 개발 및 실행에 관한 사례연구', 통합교육과정연구
11) 전북교육청(2021), "전라북도 초등학교 교육과정 총론", 전라북도교육청 고시 제2021-12호
12) 이윤미(2020), '초등학교 학교교과목의 통합적 성격 탐색', 통합교육과정연구
13) 김세영, 이윤미(2020), '학교교과목 개발 절차에 관한 사례 연구', 교육과정연구
    이동성(2021), '학교교과목 및 교사교육과정 개발 사례 연구', 초등교육연구

학교, 미래교육을 디자인하다

[학교교과목 개발 단계(이동성, 2021)]

1단계	교사의 실천, 기록, 반성, 교사교육과정 다시보기
2단계	학교교과목 개발을 위한 단위학교 학생상 및 역량 기술
3단계	학교교과목 성격(필요성 및 목적) 및 이름 정하기
4단계	학교교과목 총괄 목표 및 세부 목표 진술하기
5단계	학교교과목 내용체계 및 성취기준 생성하기
6단계	학교교과목의 실현을 위한 교수/학습 및 평가계획 만들기
7단계	편제 및 시간 배당, 지도안 및 교과서(학습 자료) 개발
8단계	수업 실천 및 반성을 통한 학교교과목의 정교화

[학교교과목 개발 절차(김세영, 이윤미, 2020)]

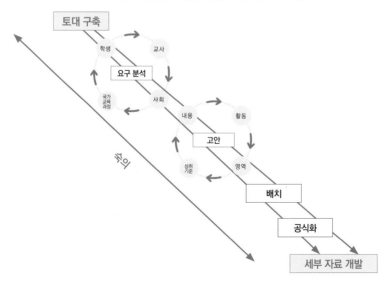

학교교과목 개발 사례연구에서 소개된 학교교과목 개발 단계는 아래의 표와 같다.

[학교교과목 개발 단계]

김세영, 이윤미(2020)	이동성(2021a)
–	1. 교사의 실천, 기록, 반성, 교사교육과정 다시 보기(사전작업)
1. 토대(platform) 구축 　– 교과목의 의미 탐색 및 목표 설정 2. 요구 분석(Needs Analysis) 　– 학생 관련 환경 분석	2. 학교교과목 개발을 위한 단위학교 학생상 및 역량 기술
	3. 학교교과목 성격(필요성 및 목적) 및 이름 정하기
3. 고안(Devise & Explore) 　– 영역과 주제 설정 　– 내용과 활동 개발 　– 학년별 교과목 목표 설정 　– 각 단원의 성취기준 개발	4. 학교교과목 총괄 목표 및 세부 목표 진술하기
	5. 학교교과목 내용 체계 및 성취기준 생성하기
4. 배치(Arrange) 　– 시수 배정 및 시기 결정 5. 공식화(Formulate) 　– 교과목 계획 공유 및 확정 6. 세부 자료 개발 (Making Curriculum Package) 　– 교과목 수업자료(package) 개발	6. 학교교과목의 실현을 위한 교수/학습 및 평가 계획 만들기
	7. 편제 및 시간 배당, 지도안 및 교과서(학습자료) 개발
–	8. 수업 실천 및 반성을 통한 학교교과목의 정교화(후속작업)

김세영과 이윤미(2020)가 학교교과목 개발에 초점을 맞추어 6단계를 제시하였다면, 이동성(2021)는 본격적인 학교교과목 개발에 앞서 이루어지는 사전 작업과 학교교과목 실행과 실행 이후 이루어지는 후속작업을 포함하여 학교교과목 개발 및 실행의 8단계를 제시하였다. 사전 작업과 후속작업의 포함 여부를 제외하고는 두 연구에서 실제 학교교과목 개발을 위해 교사가 수행하는 업무들은 유사성을 보인다. 또한, 학교교과목 개발 및 실행을 위한 업무의

절차가 순차적이고 선형적이기보다는 순환적이고 역동적임을 강조한 점도 공통점이다.

학교장 개설과목(신설과목) 개발 추진 단계

초·중등교육법 시행령 제43조에서는 법률로써 교과 생성 권한이 교육부 장관에게 있음을 규정하였으나 학교의 교과 생성 권한이 확대되는 방향으로 개정되었다. 6차 개정 교육과정 시기에 고등학교 교육과정에서 선택과목의 신설이 처음 허용된 이래로 점차 허용 범주가 확대되었다[14]. 2015 교육과정에서는 중·고등학교의 과목 신설에 관한 지침이 규정되어 있으며, '시·도교육청의 교육과정 편성·운영 지침'에 의거하여 '사전에 필요한 절차를 거쳐' 새로운 선택과목을 개설할 수 있도록 하였다. 2022 교육과정에서는 학교 자율시간을 다양한 '학교장 개설과목' 등을 신설하여 운영할 수 있도록 하였다.

서울시교육청은 국가교육과정에 제시되어 있는 과목 외에 학교의 필요에 따라 새롭게 개설하고자 하는 과목을 '신설과목'이라 명명한다. 신설과목은 교육과정의 다양화를 도모하기 위해 도입된 것으로 학교는 시·도교육청이 정하는 지침에 따라 사전에 필요한 절차를 거쳐 새로운 과목을 개설할 수 있다 (서울시교육청 중등교육과 안내자료, 2021). 즉, 학교는 필요에 따라 새로운 과목을 개발하고 개설할 수 있으나 시도교육청의 검토·심의 및 승인 절차를 밟아야 한다. 서울시교육청에서 제시한 신설과목 승인 절차는 다음과 같다.

---

14) 이현애(2017), '학교 신설과목의 특성 연구', 서울대 석사학위논문

[서울시교육청의 신설과목 승인 절차(서울특별시교육청, 2021)]

학교		학교		교육청	
신설과목 교육과정(안) 개발	→	신설과목 교육과정(안) 제출	→	신설과목 교육과정(안) 접수	→

교육청		학교		교육청	
신설과목 교육과정(안) 검토·심의(1차)	→	신설과목 교육과정(안) 수정·보안 제출	→	신설과목 교육과정(안) 수정(안) 접수	→

교육청		교육청		교육청
신설과목 교육과정(안) 심의(2차, 최종)	→	신설과목 교육과정 승인	→	신설과목 교육과정 학교 안내

* 2차 심의는 1차 검토심의에서 수정 보완 요구된 교과목을 대상으로 운영함

학교 입장에서 학교장 개설과목의 일반적인 절차는 다음과 같다.

> 학교 주체들의 요구 조사 및 과목 구상 ⇒ 교과협의회 및 교육과정위원회 ⇒ 학교
>
> 운영위원회 심의 ⇒ 시도교육청 승인 신청 ⇒ 검토 및 심의 ⇒ 수정 보완 ⇒ 최종 승인

창덕여중의 '짝토론' 이야기

창덕여중은 1941년에 개교한 역사가 깊은 학교로서 12학급 규모의 도심에 위치한 학교이다. 교과교실제 운영학교로서 일부 수업 시간을 블록타임제 형태로 운영하고 있다. 2015년부터 4년 동안 서울시교육청 지정 서울미래학교 연구학교로 운영하였고, 2019년 이후 혁신미래학교로 운영하고 있다.

창덕여중은 다른 학교에 없는 '짝토론의 이해와 실제'라는 학교 특색 과목이 있다. 2015년부터 자율활동으로 시작하여, 2016년 서울시교육청으로부

학교, 미래교육을 디자인하다

터 정식 인가받아 선택과목을 개설하여 현재까지 운영하고 있다. 1, 3학년 4학기로 구성되어 있으며, 1학기와 2학기에 각각 다른 주제로 한 학기당 교사 4인이 팀을 이루어 진행하는 교육과정이다. 1학년의 경우, 특정 과목의 콘텐츠가 아니라 서로 질문하고 답변하며 함께 성장하는 하브루타식 교육 방법에 초점을 두고 있다. '짝토론' 과목명 자체가 하브루타에서 영향을 받아 명명한 것이다. 짝토론은 지식을 얻는 공부가 아니라 지식을 얻는 방법을 익히는 데 초점을 둔다. 특정 교사가 전담하는 과목이 아니라 희망 교사를 중심으로 공동으로 교육과정을 개발하여 운영한다. 그래서 여러 교과 교사가 교과 융합 수업 형태로 짝토론 수업을 운영한다. 해마다 참여 교사들이 협의하여 주제와 운영 방식을 선정하여 운영한다. 2021년 1학년 1학기의 경우, 하브루타 토론과 정동길 역사 유적지에서 탐구 질문 만들기로 운영하였다. 1학년 2학기는 전문가 연계 프로젝트 수업으로 진행하였다. 3학년의 경우, 선택과목 형태로 개설되어 2020학년도는 1학기는 생태환경, 2학기는 미디어 리터러시를 주제로 운영하였다. 2021학년도 3학년 1학기는 2020년 미디어 리터러시 운영 경험을 바탕으로 업그레이드하여 미디어 리터러시 수업으로 운영하였다.

[창덕여중 짝토론(2021학년도 1학년 1학기) 계획]

주제		짝토론 이해와 삶과 연결하여 질문 만들기
차시	수행목표	내용
1	짝토론 개념 이해하기	어서 와 짝토론은 처음이지?
2		픽사피치(pixar pitch)로 자기 소개하기
3	짝활동 중심의 짝토론 익히기	Best & Worst 질문(1): 예능 보며 좋은 질문 찾기
4		Best & Worst 질문(2): 친구 인터뷰하기

5	사실질문과 의견질문 만들기	기초 질문 만나기
6		글을 읽고 질문 만들기1
7		글을 읽고 질문 만들기2
8		만평으로 질문 만들기1
9		만든 질문으로 짝토론하기
10		1분 스피치
11	정동길 역사 유적지에서 탐구 질문 만들기	탐구 질문 만나기
12		정동길 역사유적지 현장 탐방하기
13		정동길 역사유적지 탐구 질문 만들기(1): 개인 질문 만들기
14		정동길 역사유적지 탐구 질문 만들기(2): 모둠 질문 만들고 자료 탐색하기
15		정동길 역사유적지 탐구 질문 만들기(3): 결과 공유하기
16	성찰하기	성찰 영상 촬영하기
17		1학기 활동 성찰하기

[1학년 2학기 전문가 연계 프로젝트 기반 수업]

짝토론이 진행된 학습플랫폼과 진행된 학생 프로젝트 제목

학교, 미래교육을 디자인하다

[창덕여중 짝토론(2021학년도 1학년 1학기) 계획]

구분		주제	수행 목표
미디어지식	1	오리엔테이션	
	2	확증편향과 관련 개념	
	3	가짜 뉴스의 정의	
	4	정보의 신뢰도 판단	
	5	팩트체킹(1)	
	6	팩트체킹(2)	
미디어체험	7	통계를 활용한 미디어 읽기(1)	정보 검색과 선택 비판적 분석과 평가
	8	통계를 활용한 미디어 읽기(2)	
	9	과학적 지식과 미디어(1)	
	10	과학적 지식과 미디어(2)	
	11	매력적인 허위정보 제작(1)	감상과 향유 사회 문화적 이해 비판적 분석과 평가
	12	매력적인 허위정보 제작(2)	
	13	허위정보 비판적 읽기	
	14	주제발표 준비(1)	의미 이해와 전달 창작 제작
	15	주제발표 준비(2)	
	16	산출물 발표 대회	의미 이해와 전달

창덕여중의 짝토론 수업 운영 경험과 관련하여 학교교과목 개발 시 다른 학교에서도 참고할 만한 시사점들이 있다.

첫째, 희망교사들을 중심으로 공동으로 교육과정을 개발하고, 실제 수업도 자기가 담당한 부분을 중심으로 수업을 한다는 것이다. 다른 사람들이 만든 교과서로 수업을 하는 것보다 저자 직강 수업이 만족도가 높은 것처럼 교사가 직접 교육과정을 개발하여 수업을 운영하는 것이 효과적이다.

둘째, 교과명을 정하는 데 있어서 콘텐츠 주제 자체가 아니라 활동명에 초점을 맞추어 정했기에 인정 교과서가 없어도 교육과정을 승인받아 유연하게 운영할 수 있었다는 것이다. 현행 체제에서는 학교교과목을 개발하여 운영할 수 있지만 인정 교과서를 만들어서 수업을 해야 한다. 인정 교과서를 학교 차원에서 개발하려면 많은 시간과 노력, 예산이 필요하다. 그러기에 현실적으로 학교교과목 개발이 잘 이루어지지 못했던 것이다. 그런데 활동명에 초점을 맞추어 학교교과목을 개발하면 인정 교과서가 없어도 개설 및 운영을 할 수 있다. 예컨대, '지역 사회(서울)의 이해'라는 과목을 개설하려면 인정 교과서가 필요하지만, '지역 문제 해결 프로젝트'라는 과목을 개설하면 인정 교과서가 없어도 운영할 수 있다. 또한 활동명으로 과목명을 정하면 콘텐츠를 유연하게 선정할 수 있다. 예컨대, 짝토론 과목에서 올해 '미디어 리터러시'를 운영했다면 내년에는 교사들의 협의 과정을 통해 '디지털 리터러시'로 바꾸어 운영할 수 있다는 것이다.

셋째, 학교교과목 개발 시 교과 융합 수업 형태로 접근하면 좋다는 것이다. 예컨대, '인공지능의 이해와 활용'이라는 과목을 개설한다면 정보 교사가 아닌 다른 교과 교사가 담당하기 힘들 것이다. 그런데 '짝토론'의 경우, 교과 융합적 접근이 가능한 과목이기에 자기 담당 교과와 상관없이 희망교사들을 중심으로 학교교과목을 운영할 수 있다. 공립학교의 경우, 정기적으로 교사들이 교체되는데 교과 융합 수업으로 진행되면 담당교사들이 대폭 바뀌어도 일관성 있게 과목을 운영할 수 있다.

전북 3개 중학교 교육과정 개발 실행 사례

2022년 전북교육청과 교육디자인넷에서 전북 3개 중학교들과 함께 중학교 교육과정 개발 실행 연구를 진행했다. 교육과정 재구성을 넘어 학교 교육과정 개발 관점에서 진행했는데, 희망하는 3개 학교(전주 덕일중, 전주 오송

중, 익산 함열여중) 선생님들과 함께 직접 학교 교육과정 개발 작업을 수행하였다. 숙의적 교육과정 개발 모델에 의거하여 학교 구성원들의 의견을 수렴하였고, 희망 교사들이 직접 공동으로 교육과정 개발하고 실행할 수 있도록 하였다.

전주 덕일중의 경우, 이전부터 진행했었던 전주천 생태환경 프로젝트의 연속성 맥락에서 이를 확장하여 지역연계 교육과정으로 가칭 '전주의 이해'를 개발하려고 하였다. 그런데 설문조사를 통해 교육 주체들의 교육과정 요구 분석 결과, 교사들, 학부모들, 그리고 지역 사회에서 기초학력 신장에 대한 관심이 높다는 것을 알게 되었다. 그래서 1학년 학생들을 대상으로 스스로 공부하는 방법을 익히는 '학습코칭'을 주제로 선정하여 교재 개발을 진행하였고, 이를 실행하면서 보완하였다. 교사들이 스스로 학습코칭에 대한 이해가 부족하다고 생각하여 전문적 학습공동체 차원에서 학습코칭 연수를 공동으로 참여하고, 이를 바탕으로 연구, 실천하여 학습코칭 교재를 개발하게 되었다.

전주 오송중의 경우, 도심 학교이지만 생태교육에 대한 관심이 많았고, 학교 주변에 작은 저수지인 오송제가 있어서 이를 중심으로 풀어가려고 했다. 하지만 교육과정 개발과정에서 주제를 좀 더 넓히고, 범교과적으로 융합 수업 방식으로 접근하기로 방향을 정하였다. 그래서 '생태전환을 위한 세계시민교육' 교재를 개발하게 되었다. 학년 차원에서 희망 교사들을 중심으로 교재를 집필하였고, 다른 학년 교사들과 외부 전문가들이 검토 및 자문 활동을 해주었다.

익산 함열여중의 경우, 다문화 학생의 비율이 14%를 넘는 작은 학교이다[15]. 그래서 다문화 선도학교이기도 한데, 학교 교육과정 개발의 방향을 '다문화 학생 적응'으로 잡고, 상호문화이해교육 교재를 개발하게 되었다. 작은 학

---

15) 2021학년 재학생 기준이다. 2023년 현재는 다문화 학생 비중이 30%를 넘고 있다.

교라서 교사들의 교재 개발에 대한 부담이 컸지만, 자기 교과의 특성을 살려서 교재 개발을 시도하였다. 평화 교육 관점에서 다문화 학생들의 민족 문화를 이해하고 존중할 수 있도록 구성하였다.

청원고등학교의 '체인지메이커' 과목 개발 사례

자율형 공립학교인 청원고는 청주 지역 소재 선호학교 중의 하나이다. 청원고에서는 사회참여 프로젝트 활동인 '체인지메이커' 과목을 개발하였다. 학생들의 사회적 책무성을 제고하고 리더십 함양을 위해 융합 교양 과목으로 개발하였다. 청원고 일부 교사들이 모여 교육부 프로젝트의 일환으로 지원받아 인정 교과서를 개발하여 활용하고 있다.

학교, 미래교육을 디자인하다

[청원고 교육부 주관 교과연구회 자율형 공모신청서(2021)]

서식3	「교과연구회 자율형」 공모 신청서

교과목 개요

교육과정	**2015 개정 교육과정**
과목명	체인지메이커 교육
과목 신설의 필요성(목적)	체인지메이커 교육은 사회 현상에 관심을 갖고, 자신이 속한 공동체과 관련한 문제를 발견하고, 참여하여 해결하고자 다양한 역량을 발휘하는 교육으로 성숙한 시민 정신과 미래 시민 역량을 키우고자 학교장 개설 과목으로 신설하고자 함
과목 성격	사회 현상에 대한 기본적 이해를 통해 성숙한 시민으로서의 교양을 지니고, 사회 문제에 공감하고 행동하는 시민으로 키워나가는 역량을 기르는 교양 과목, 체인지 메이킹의 개념, 체인지메이커 교육의 시작과 체인지 메이킹 사례, 실천 방안 등에 대해 이론 및 배경, 해외 및 국내 사례 등을 학습하며 실천 방안을 모색하고 활동해 보는 것에 목적을 두는 과목
과목 목표	사회 현상에 대한 문제 인식과 문제 상황에 필요한 지식, 문제 해결방안 도출을 위한 토론 방법을 습득하여 시회 변화를 선도하는 사람인 체인지 메이커로서의 가치를 인식하고 체인지메이커들의 활동 과정을 경험하며 사회에 필요한 역량을 갖춤
내용 체계 (대단원명)	• 체인지 메이커 교육의 목적 • 체인지 메이킹의 이해 • 세상을 바꾼 체인지 메이커들 • 체인지 메이킹의 실천 • 미래사회와 체인지 메이커십
교수 학습 방법	프로젝트활동, 주제탐구활동, 무제해결학습 등
적용대상 (학교급, 단위수)	고등학교(2~4단위)
교과서 집필 연구회 인력풀	교장, 연구회 회원 교사

[체인지메이커 과목 신설 승인 신청서]

과목 신설 승인 신청서

과목명	체인지메이커(Changemaker)		
이수 시간 수	34시간	지도 대상 학년	3학년
과목 신설의 필요성 및 목적	'체인지메이커' 과목은 4차 산업혁명 이후 미래 사회를 대비하고, 미래의 흐름에 대응하며 성정해 갈 수 있도록 이끌어주기 위한 교양과목이다. 나와 주변, 사회 현상에 관심을 갖고, 자신이 속학 공동체와 관련한 문제를 발견하고, 해별 방안을 모색하고 실천하는 가운데 미래 인재 연량을 키우고, 성숙한 시민의식 또한 키울 수 있다.		
과목 개요	**· 과목 성격 및 목표** 체인지메이커 교육은 다양한 사회 현상에 관심을 갖고 문제를 해결하기 위한 실천하는 힘을 길러주어 성숙한 시민으로 기르기 위한 교육이다. 사회현상에 대한 문제 인식과 문제 상황에 필요한 지식, 문제 해결 방안 도출을 위한 토론 방법을 습득하여 사회 변화를 선도하는 사람인 체인지메이커로서의 가치를 인식하고 체인지메이커들의 활동 과정을 경험하며 사회에 필요한 역량을 갖추는 것을 목표로 한다. **· 영역 및 핵심개념** 1. 체인지메이커 이해하기 　1.1. 체인지메이커의 의미와 목적 　1.2. 체인지메이커의 자질 　1.3. 체인지메이킹의 단계별 과정 2. 체인지메이커 성장하기 　2.1. 체인지메이커 역량1 : 공감능력 　2.2. 체인지메이커 역량2 : 협업능력 　2.3. 체인지메이커 역량3 : 협력적 리더십 　2.4. 체인지메이커 역량4 : 문제해결력 3. 체인지메이커 이해하기 　3.1. 문제 발견하기 및 정의 　3.2. 해결책 찾기 　3.3. 실행하기 　3.4. 퍼뜨리기		

학교, 미래교육을 디자인하다

과목 개요	4. 체인지메이킹 실천하기
	
	    4.1. 문제 발견하기 및 정의
	
	    4.2. 문제 발견하기 및 정의
	
	    4.3. 문제 발견하기 및 정의
	
	    4.4. 문제 발견하기 및 정의
	
	• 과목 편제
	
	    1. 교과구분 : 진로선택과목
	
	    2. 교과(군) : 교양
	
	    3. 적정이수단위 : 2단위

사용 교과서	체인지메이커(교과연구회 자율형 교과서 개발)
지도교사 확보방안	교양과목으로 전교사 지도 가능

[체인지메이커 인정 교과서 일부]

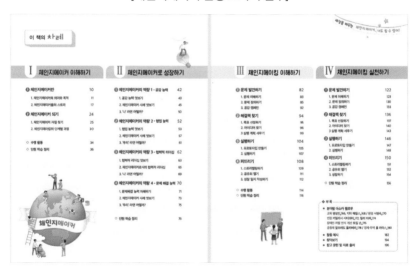

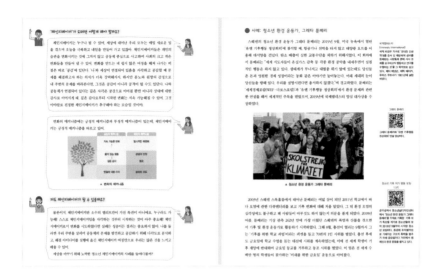

학교교과목 개발을 위한 7가지 제안

수업디자인연구소에서 전북교육청과 함께 수행한 학교교과목 개발 및 실행 연구를 통해 학교교과목 개발 및 실행을 위한 몇 가지 제언을 하고자 한다[16].

첫째, 현행 교과서 제도 운영에 대한 재검토가 필요하다는 것이다. 우리나라 교과서 제도는 검인정 교과서 체제이다. 오랫동안 국정교과서 체제를 유지하다가 검인정 교과서 체제로 전환되었기에 국정 교과서 체제 같은 검인정 교과서 제도 형태로 운영되고 있다. 한마디로 교과서 검인정 기준이 국정 교과서 수준처럼 높고, 까다롭다는 것이다. 우리나라 특성상 당장 자유발행제 형태로 전환되기 힘들다면, 인정 교과서 승인 과정에 있어서 단위 학교의 자율성을 존중하여 그 기준을 완화할 필요가 있다. 예컨대, 학교교과목을 개설하려면 기본적으로 인정 교과서를 승인받아야 한다. 인정 교과서 승인을 받으려면 전년도 8개월 전에 과목 승인 신청서를 제출해야 한다. 즉, 6월 말까지 승

---

16) 김현섭 외(2022), "참학력 기반 중학교 혁신교육과정 실행 연구", 전북교육청

학교, 미래교육을 디자인하다

인 신청서를 내려면 학교에서는 실질적으로 2~3개월 안에 개발해야 하는데, 이는 현실적으로 쉽지 않다. 게다가 인정 교과서 승인비만 약 500만 원 이상의 비용이 든다. 교과서 집필비, 각종 소요 경비까지 포함한다면 최소 2천만 원 이상의 개발비가 필요하다. 그러므로 학교교과목 개발에 관심 있는 학교를 대상으로 교육지원청 차원에서 예산 지원 및 행정 지원이 이루어져야 할 필요가 있다. 그리고 학교교과목 신청 주체를 학교로만 국한하지 말고, 교육지원청 차원에서 여러 학교가 연대하여 개설 신청할 수 있도록 하거나 전문 연구소나 출판사에서도 인정 교과서를 개발하여 학교가 선정할 수 있도록 유연하게 운영할 필요가 있다[17].

둘째, 현행 체제에서 인정 교과서 없이 학교교과목을 개설할 수 있는 현실적인 방안은 내용(콘텐츠)보다 활동(접근 방법)에 초점을 맞추어 개발하는 것이다. 예컨대, '전주', '미래사회의 변화와 대응', '체인지메이커' 등을 학교교과목으로 개발하려면 반드시 인정 교과서가 필요하다. 하지만 '지역 사회 문제 해결 프로젝트', '프로젝트 과제 연구', '사회 쟁점토론' 등을 주제로 학교교과목으로 개발한다면 인정 교과서가 없어도 시도교육청으로부터 교육과정 승인을 받아 운영할 수 있다. 여기에 해당하는 대표적인 사례가 서울 창덕여중의 '짝토론'이다. 이는 인정 교과서 개발이라는 현실적인 개발상 어려움을 극복할 수 있는 현실적인 대안이 될 수 있다.

셋째, 학교교과목 개발 시 공동 교육과정 개발 방식으로 추진할 수 있도록 하는 것이다. 이미 일부 특성화 고교의 경우, 직업 계열 과목들을 학교 차원에서 다양하게 개발하여 운영하고 있다. 그런데 이 경우, 특정 교사가 전담하여 개인적으로 해당 과목을 운영하다 보니 교사 개인 역량에 따라 수업의 질이

---

17) 2023년 현재 안산교육지원청은 관내 관심 학교들과 함께 이주배경 학생들을 위한 상호문화이해 고교 인정 교과서 개발을 추진 중이다.

결정되는 경우가 많다. 하지만 초등학교와 중학교에서 학교교과목을 개발하는 경우, 희망 교사들을 중심으로 공동으로 교육과정을 개발하여 자기가 개발한 교육과정 부분을 직접 수업으로 연결할 수 있도록 하는 것이 좋을 것이다. 중등학교의 경우, 교사의 수업 시수도 그만큼 인정해 주어야 교사도 애정을 가지고 개발 및 실행에 참여할 수 있을 것이다. 창덕여중의 경우, 이러한 방식으로 짝토론 과목을 운영하고 있다. 융합 수업 형태로 진행할 때는 내용 수준이 높고, 내용이 많으면 교육과정 개발도 쉽지 않으며, 교사가 수업하는 것도 쉽지 않다. 그러므로 교사라면 누구나 융합 수업을 할 수 있도록 적절한 난도를 유지하여 개발, 실행하는 지혜가 필요하다.

넷째, 학교교과목 개발 시 지역적 특성을 반영한 지역연계 교육과정의 요소를 반영하는 것이 필요하다. 국정교과서나 검정 교과서에서는 자기가 속한 지역의 특수성을 충분히 반영하기 힘들다. 그러므로 학교교과목에서 자기 지역의 특성을 충분히 담을 수 있다. 하지만 지역적 특수성이 가지고 있는 한계가 있으므로 이를 보편적 주제와 연결하여 이를 극복하면 좋을 것이다. 예컨대, 지역연계 교육과정으로 개발한 '생태와 평화가 살아있는 김포' 수업자료집에서는 김포야생조류생태공원은 철새, 한강 신도시를 생태 도시와 연결하였고, 전호습지는 생명 다양성, 애기봉은 적극적 평화로 연결하여 다루었다. 지역교육 활동가와 연계하여 교육과정을 공동으로 운영하는 것도 교사의 수업 부담을 줄일 수 있는 방안이 될 수 있다.

다섯째, 학교자치 관점에서 학교교과목을 개발하는 것이 필요하다는 것이다. 학교교과목 개발은 현실적으로 교육과정에 대한 전문성을 가지고 있는 교사들이 중심이 되어 추진할 수밖에 없다. 그러기에 학생들과 학부모들도 학교교육과정위원회에 직접 참여하거나 학생과 학부모들의 의견이 잘 반영될 수 있는 체제를 구성하는 노력이 필요하다. 청원고등학교의 경우, 먼저 학교교

학교, 미래교육을 디자인하다

과목으로 '체인지메이커'를 개발했는데, 주제 선정 시 학생과 학부모들의 의견을 충분히 의견 수렴하지 않고 추진했다가 학교운영위원회의 심의 과정에서 많은 어려움을 경험하기도 하였다. 그러므로 학교교과목 기획 단계부터 학생이나 학부모, 지역 사회로부터 의견을 충분히 수렴하여 단계적이고 개발하는 것이 필요하다.

여섯째, 학교교과목 개발 시 궁극적으로 학생 주도형 교육과정을 개발하여 운영할 수 있도록 접근하는 것이 필요하다. 학생 주도형 교육과정이란 쉽게 말해 학생들이 원하는 과목을 직접 개설하여 운영하는 것이다. 경기도교육청이 운영했던 '꿈의 학교'의 경우, 학생들이 자기가 원하는 과목을 개설하면 교사나 마을 강사들이 수업을 지원했던 사례가 여기에 해당할 것이다. 별무리학교의 경우, 학생 개설과목을 운영하여 1학기에 300개가 넘는 과목을 개설하여 고교학점제를 운영하고 있다. 무엇보다 학생 주도형 교육과정을 가장 현실적으로 구현할 수 있는 방법은 학교교과목으로 '프로젝트 연구'를 개설하는 것이다. 진로진학 문제나 지역 문제 해결, 소논문 쓰기 등 형태로 프로젝트 과목을 개설하여 운영하는 것이다. 먼저 프로젝트 기반 수업으로 운영하면서 이를 기반으로 과목을 개설하여 운영하고, 이러한 성과를 바탕으로 점차 학생 개설과목의 비중을 높여갈 수 있을 것이다. 프로젝트 수업의 경우, 교사가 지식 전달자가 아니라 학습 촉진자로서 역할을 수행할 수 있어야 가능하다.

일곱째, 학교교과목도 결국 학생들의 학습 만족도를 최대한 이끌어낼 수 있도록 접근해야 한다. 학교교과목 개설 자체가 목적이 아니라 학교교과목을 통해 학생들의 앎과 삶이 더욱 풍부해질 수 있도록 해야 한다는 것이다. 학교 교육과정의 자율성이 교육주체들의 만족도로 이어지려면, 결국 교사의 교육과정 디자인 역량이 뒷받침되어야 한다.

12장. 학교, 질문으로 교육과정을 디자인하다

학교 교육과정을 디자인하다

학교 교육과정은 단수가 아니라 복수이다. 학교 구성원들이 모두 공유해야 할 핵심적인 교육과정인 중핵 교육과정, 교과별 교육과정 운영을 담은 교과 교육과정, 학급 생활지도 및 학급 운영 계획이 담은 학급 교육과정, 교사 차원에서 진행하는 교육 활동을 담은 교사교육과정, 방과 후 교육 활동을 담은 방과 후 교육과정, 영재학생과 특수학생, 기초학력 부진학생들을 위한 수준별 교육과정 등이 복합적으로 존재한다.

학교 교육과정 디자인은 기본적으로 숙의적 교육과정 개발 모델에 기반하여 다음과 같이 제시하고자 한다. 먼저 학교 교육과정 디자인 과정의 단계를 제시하면 다음과 같다[1].

---

1) 박승렬 외(2018), "미래교육을 디자인하는 학교 교육과정", 살림터
    김현섭, 장슬기(2019), "미래형 교육과정을 디자인하다", 수업디자인연구소

1. 기존 학교 문화 성찰하기

학교 교육과정을 만들기 위한 첫걸음은 기존 학교 문화나 운영 상황을 냉철하게 분석하는 것이다. 학교 교육 활동을 성찰하는 데 있어서 SWOT 분석, ERRC 분석, 설문조사 결과 분석 및 토의 활동 등을 하면 좋다. 먼저 SWOT 분석을 통해 학교 내부 차원에서의 강점(Strengths)과 약점(Weaknesses), 학교 외부 차원에서의 기회(Opportunities)와 위협(Threats)을 정리하면 좋다. SWOT 분석을 하면 우리 학교를 객관적 시각에서 분석할 수 있고, 교육과정 특성화 전략 수립 시 기초 자료로 활용할 수 있다. 물론 많은 학교가 학교 교육계획서 안에 SWOT 분석을 넣지만, 실무 담당자(연구부장)만 하고, 전체 교직원들이 함께하는 경우가 적다. 학교 문화 성찰 활동은 특정 개인이 아니라 전체 구성원들이 함께 참여하고 이야기를 하는 것이 중요하다.

[SWOT 분석 사례]

강점	약점
· 학교장을 비롯한 교사들의 수업혁신에 대한 열정과 긍정적 마인드 · 교육과정 재구성, 배움중심 수업, 과정 중심 평가 일체화 인식 공유 · 잠재 능력이 우수한 학생들이 많고, 학부모의 교육적 관심이 높음	· 학생들의 사교육 의존도가 높아 학생들의 다양한 활동 시간 부족 · 자기중심적 사고로 인한 기본생활관의 혼돈 · 교육장소 협소로 다양한 교육 활동의 제약 많음 등
기회	위협
· 전문적 학습공동체 구축 및 내실화로 수업 변화에 대한 공감대 형성 · 교사 요구에 따른 맞춤형 연수 기회 제공 · 자유학기제로 다양한 활동 중심 수업 가능 · ○○학교 지정으로 인한 교육청 지원 확보	· 업무 전달 중심의 교직원 회의로 인한 의사소통의 어려움 · 시설 대비 과밀학급(학급당 학생 수 30명)에 따른 수업과 생활지도의 어려움 · 학교 교육 시설의 공간 부족

(표 가운데: S W / O T)

ERRC 분석을 통해 우리 학교에서 제거(Eliminate)하고, 감소(Reduce)하고, 증가(Raise)하고, 창조(Create)할 것에 대하여 이야기하면 좋다. 즉, 우리 학교 문화에서 덜어내기와 더하기를 할 부분이 무엇인지 정리하는 것이다. 덜어내기 과정을 통한 여백 그리고 우리 학교 학생들의 특성을 분석하고, 학생들의 요구에 대하여 우리 학교가 어느 정도 만족하고 있는지를 확인할 필요가 있다. 그리고 시대적 흐름과 사회적 요구 등을 어떻게 대응하고 있는지를 살펴볼 필요가 있다.

제거	감소
· 야간자율학습 · 현재 스쿨버스 운영 체제 · 교직원 회의 문화(동아리 및 자율활동 시간에 하는 회의/ 업무 중심의 형식적 회의/ 존중하지 않는 문화) 등	· 불필요한 회의 (예: 모의고사 분석회의, 언쟁 중심의 회의) · 불필요하고 형식적인 방과 후 수업 및 1, 2학년 진로진학 프로그램 · 업무 관련 (과중한 담임 업무, 업무 쏠림 현상, 행정업무) · 과도한 수행평가 등
증가	창조
· 체계적인 진로진학 프로그램 (1.2학년 프로그램, 필독서, 교과 융합토론, 성적 평가회의) · 학생 주도의 창의적 프로그램(봉사활동 포함) · 교사 전문성(전학공, 과목별 협의)를 위한 기회 제공 및 협의문화 · 시설(교과 특성화 교실, 교사 휴게실, 화장실, 면학관 책상) 등	· 창의적 교육과정 개발 (교과 간 연계 수업, 봉사활동, 방과후 수업의 비교과 활동) · 교사 연수 기회 제공(저경력 교사 멘토제, 교사 학습동아리) 및 포상 문화 · 학교 부적응 학생 및 취업 준비생을 위한 교육(전문상담교사 배치) 등

가운데: E R / R C

학교, 미래교육을 디자인하다

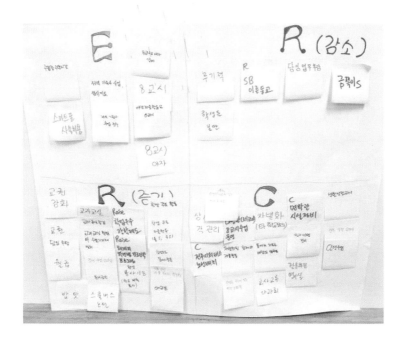

　학생, 학부모, 교사 등 전체 교육주체들을 대상으로 학교 교육 활동에 대한 설문조사를 실시하고 그 결과를 분석하여 핵심질문을 만들어 학교 구성원들이 토의하는 시간을 가지는 것이 필요하다. 설문조사 자체가 중요한 것이 아니라 설문조사 결과를 분석하고 이를 통해 핵심질문을 중심으로 이야기하는 것이 중요하다. 이를 통해 학교 발전을 위한 방향을 설정할 수 있고, 학교 당면 과제를 명료화하고 이를 공유할 수 있다.

[W고교 설문조사 사례] 우리 학교만의 특색 있는 교과목을 만든다면, 어떤 주제(내용)들을 담고 싶으신가요? (복수 3가지)

		사례수	생태전환교육	민주시민교육 및 인권교육		공부습관(학습코칭)		우리 지역 사회		미래 사회와 진로		세계시민 교육과 다문화		인공지능 및 디지털 기반 교육		학생 주도형 프로젝트 수업 및 소논문 작성		기타	
		명	명	명	%	명	%	명	%	명	%	명	%	명	%	명	%	명	%
전체		506	132	123	24.3	286	56.5	94	18.6	326	64.4	86	17.0	270	53.4	174	34.4	27	5.3
구분	교원	45	13	16	35.6	19	42.2	7	15.6	30	66.7	7	15.6	21	46.7	22	48.9	0	0
	학부모	157	27	30	19.1	103	65.6	12	7.6	109	69.4	15	9.6	90	57.3	84	53.5	1	0.6
	학생	304	92	77	25.3	164	53.9	75	24.7	187	61.5	64	21.1	159	52.3	68	22.4	26	8.6

(생태전환교육 % 값: 전체 26.1, 교원 28.9, 학부모 17.2, 학생 30.3)

학교, 미래교육을 디자인하다

[W고교 설문조사 결과 분석 기반 핵심 토의 질문]

1. 부모들은 전반적으로 학교에 대한 만족도가 높고(86.6%), 교사들도 만족도가 높은 편(60.9%)인데 비해, 학생들은 '만족하지 않는다'가 53.6%로 상대적으로 만족도가 낮은데, 그 이유는 무엇인가?

2. 분야별로 조사한 결과에 따르면 교육과정(55.5%)과 학교시설(46%), 진로진학지도와 입시(39.9%)에 대한 만족도가 높지만, 다른 한편으로는 분야별로 보완이 필요한 부분으로서 교육과정(15.4%)과 학교시설(12.8%), 진로진학과 입시(12.4%)를 많은 사람들이 이야기하는데, 그 이유는 무엇인가?

3. 학생들은 방과후 수업(70.4%), 기숙사 운영 방식(47.7%)에 대한 불만이 높은데, 이 문제를 해결하기 위한 방안은 무엇인가? 학교 발전을 위한 개선 방안으로 학교 캠퍼스 이전 내지 셔틀버스 운행 개선(45%), 학생 맞춤형 입시 지도 강화(33%), 학교 시설 개선(30.7%), 특색화된 교육과정 운영(28.4%) 등이 나왔는데, 이를 어떻게 풀어갈 것인가?
   가. 방과후 수업 :
   나. 기숙사 운영 :
   다. 학교시설 개선 :

4. 교육과정에 대한 교사, 학부모, 학생들의 요구 반영 정도에 대하여 교사는 86.7%로 매우 높게 나왔는데, 학부모(70.1%)와 학생(35.5%)은 상대적으로 낮게 나온 이유는 무엇인가? 특히 교사는 요구 반영이 교육과정에 잘 반영되었다고 생각하지만, 학생들은 그렇지 않다고 말하고 있는데, 이를 어떻게 해석하고 대안을 마련해야 할 것인가?

5. 고교학점제 운영과 관련하여 긍정 답변은 교원은 91.1%, 학부모 77.7%, 학생 56.9%인데, 학생들의 긍정 답변이 낮은 이유는 무엇인가?

6. 수업 및 평가 만족도를 살펴보면 교원은 71.1%가 긍정적이었지만, 학생들은 61.5%로 상대적으로 낮았는데, 그 이유는? 수업 및 평가의 만족도를 올리기 위한 방안은?

7. 학부모들은 학교 운영에 대한 불만족 비율이 대체로 30%를 넘지 않는데, 학부모들이 생각하는 진로진학 지도 방식에 대한 불만 비율은 32.5%로 다른 항목에 비하여 높았다. 이를 어떻게 해석해야 할 것인가? 학생들의 성적과 특성에 맞는 맞춤형 입시 지도도 교사(24.4%), 학부모(37.6%)에 비해 학생들(52.3%)이 불만이 크다는 것을 알 수 있는데, 그 이유는? 진로진학 및 맞춤형 입시 지도를 위한 개선 방안은 무엇인가?

8. 학생자치에 대한 부정적인 응답이 50.3%로 높았는데, 그 이유는 무엇인가? 학생자치 활성화를 위한 방안은 무엇인가?

9. 교사(64.4%)나 학부모들(79%)은 학교 특색 과목 개설에 긍정적이지만, 학생들(53.6%)로 상대적으로 낮은데, 그 이유는? 교육주체들이 미래사회와 진로(64.4%), 학습코칭(56.5%), 인공지능 및 디지털 기반 교육(53.4%)에 대한 관심은 높은데, 이와 관련하여 교육과정에 어떻게 반영하는 것이 필요한가?

10. 학교 철학과 비전, 가치가 학교 교육과정 반영 여부를 살펴보면 학교관리자는 100%가 잘 반영되었다고 했지만, 부장 교사는 66.7%로 일반교사(70.6%)보다 상대적으로 낮게 나왔는데, 그 이유는? 학교 철학과 비전, 가치가 불분명한 부분이 있는데, 이에 대하여 구체적으로 논의하고 공유한 자리가 있었는가?

2. 학교 철학과 비전 세우기

학교장의 철학이 바로 학교 철학은 아닐 수 있다. 학교 구성원 모두가 공감하고 말할 수 있어야 진정한 학교 철학이라고 할 수 있다. 학교 철학은 학교 구성원들의 생각을 모아서 정리되어야 하고, 세워진 학교 철학이라도 수시로 점검하고, 다듬어질 필요가 있다. 학교 철학이 세워지면 이를 토대로 중장기 발전 계획 및 방향을 만들고, 그에 맞는 비전 등을 제시할 수 있어야 한다.

• 학교 철학

철학의 사전적인 의미는 '인간이나 세계에 대한 지혜·원리를 탐구하는 학문'이나 '자기 자신의 경험 등에서 얻어진 기본적인 생각'을 말한다. 교육철학은 교육에 대한 관점과 방향을 말하는데, 교육관, 지식관, 학생관, 교사관, 학부모관을 포함한다. 학교 철학은 학교 공동체가 지향하고 공유하고 있는 생각과 신념을 말한다. 그러므로 학교 철학은 우리 학교가 추구하는 교육관, 지식관, 학생관, 교사관, 학부모관을 포괄하는 개념이다. 대개 학교 철학을 제시할 때, 모든 내용을 다 제시하기 쉽지 않다보니 추상적이고 포괄적인 개념을 제시하는 경우가 많다. 그러다 보면 개념이 너무 광범위하고 모호해져서 상징적인 언어로 그치는 경우가 많다. 이러한 문제점을 극복하기 위해 대개 학교 교육이 추구하는 인간상(학생상)을 학교 철학으로 제시하는 경우도 있다. 예컨대, '더불어 사는 평민', '창의성과 인성을 겸비한 민주시민 육성' 등이 학교 철학이라고 볼 수 있다.

학교 철학은 학교 공동체의 주요 의사결정의 기준이 된다. 예컨대, 학교 철학이 '더불어 사는 평민'이라고 해도, 실제 학교 교육과정이 상위권 학생들에게 유리한 교육과정을 구성하여 운영하고 있다면 엘리트 중심 교육이 그 학교의 진짜 학교 철학이라고 할 수 있다. 특별교실 예산이 주어졌을 때, 컴퓨터실 대신 미술실을 먼저 리모델링을 했다면 그것이 바로 학교 철학이라고 할 수 있다.

• 학교 비전

비전(vision)의 사전적인 의미는 '미래상이나 계획, 전망 등'을 말한다. 비전의 단어에는 '앞을 내다본다'는 의미가 있다. 그러므로 학교 비전이란 학교 공동체가 추구하는 미래학교 모습과 계획을 말한다. 예컨대, 학교 비전으로 '존중과 배려로 더불어 성장하는 행복한 학교', '참여와 소통이 살아있는 학교공동체', '더불어 사는 삶을 가꾸는 행복한 평화교육공동체' 등으로 표현될 수 있을 것이다. 학교 비전은 성격상 학교 교육목표와 중첩될 수 있다. 그래서 많은 학교 교육 활동 계획서를 살펴보면 혼합하여 사용하는 경우도 많다. 그럼에도 불구하고 구태여 학교 비전과 학교 교육목표를 구분하자면 비전은 추상적이고, 중장기 목표에 가깝다면 학교 교육목표는 현실적이고, 중단기 목표에 가깝다고 볼 수 있다.

그런데 학교 철학과 비전을 많은 학교 교육과정 문서에서 혼동하여 사용하는 경우가 많다. 학교 철학과 학교 비전이 추상적인 언어를 사용하는 경우가 많기에 중첩되기도 한다. 그렇다 보니 구분 없이 사용하는 경우도 있지만, 엄밀하게 개념적으로 구분하는 것이 필요하다. 학교 철학은 시대적인 요구나 학교의 변화와 상관없이 유지되고, 학교 교육 활동의 기반이 되는 것이다. 그에 비해 학교 비전은 학교 공동체가 지향하는 방향이므로 학교 철학에 비해 어느 정도의 유연성을 가질 수 있고, 학교 공동체 구성원들의 합의에 따라 비전을 수정·보완할 수 있다고 볼 수 있다. 학교 철학은 학교 교육 활동의 토대와 강령이라면, 학교 비전은 학교 교육 활동의 미래지향적 방향성과 중장기적인 목표라고 볼 수 있다.

[덕양중 학교 철학과 학교 비전]

학교, 미래교육을 디자인하다

[창덕여중 학생상, 학부모상, 교사상]

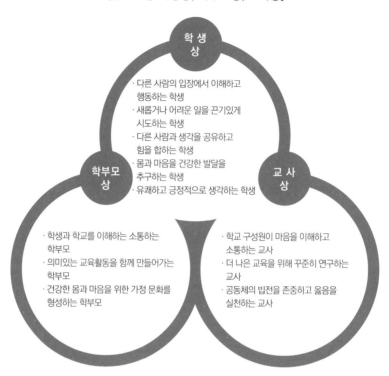

3. 핵심가치 선정

일반적으로 가치란 '바라는 것', '추구해야 하는 것', '좋아하는 것', '중요하다고 생각하는 것', '의미 있는 것' 등을 말한다. 그런데 학교 가치는 학교가 추구하는 가치인데, 학교 철학의 세부 영역으로서 학교 철학을 이루기 위한 세부 덕목 등을 말한다. 예를 들어, 학교 가치로서 인성, 지성, 공동체성, 민주성, 창의성, 사회성, 자율성 등이 있다. 최근 미래형 교육과정, 역량 중심 교육과정이 대두되면서 역량은 상대적으로 강조하지만, 가치는 상대적으로 소홀히 여기는 경향이 있다. 하지만 역량의 방향성을 잡아주고 의미를 부여하는 역할을 하는 것이 바로 가치이다. 가치를 뺀 역량은 위험할 수 있다. 의사에게 가장 필요한 역량은 환자의 병을 잘 치료하는 것이지만 '의사가 왜 환자의 병을 잘 치료해야 하는가?'의 질문에 대한 방향성을 잡아주는 것이 가치이다. 가치와 역량은 분리될 것이 아니라 서로 잘 연결되어야 한다. 특히 핵심가치로 어떤 내용을 선정할 것인지는 모든 학교 구성원들이 참여한 숙의 과정을 거쳐 학교를 둘러싸고 있는 지역, 공동체, 자연환경 등을 고려하여 선정할 필요가 있다. (예 : 소통, 공감, 상생, 존중, 협력, 생태 감수성, 성실, 융합 등)

4. 핵심 역량 선정

역량이란 과제나 역할을 수행하는 데 필요한 능력으로서 지식과 기술뿐 아니라 정서, 신념, 가치, 태도를 포괄하는 총체적인 능력이다. 우리 학교가 추구하는 핵심 역량을 세우고, 공유해야 한다. 2000년대 이후 지식과 학력 중심 교육의 문제점을 비판하고 이를 대체하는 개념으로 역량이 강조되고, 2015 국가 교육과정이 역량 중심 교육과정으로 전환되면서 학교 교육과정에서도 학교가 추구되는 역량이 제시되기 시작하였다. 2022 국가 교육과정에서는 6대 핵심 역량(자기관리 역량, 지식 정보 처리 역량, 창의적 사고 역량, 심미적 감성 역량, 협력적 소통 역량, 공동체 역량)을 제시한다. 하지만 학교 교육과정에서는 국가 교육과정처럼 6가지 역량을 현실적으로 모두 담아내기 쉽지 않다. 국가 교육과정에서는 종합적인 역량을 담아내야 하는 현실적인 이유들이 있겠지만 학교 교육과정에서는 한정된 교육력과 자원을 가지고 6가지 역량을 모두 성실하게 추진하기가 쉽지 않다. 그러기에 학교 교육과정에서는 국가 교육과정에서 제시하고 있는 역량들을 기반으로 선택과 집중의 원리에 따라 선택적으로 접근하는 노력이 필요하다. 그래서 학교 교육과정에서는 3~4가지 역량을 선택하는 것이 현실적인 접근이라고 할 수 있다. 학교 특성에 따라 강조되는 핵심 역량이 달라질 수 있을 것이다. 예컨대, 기초학력 부진 학생이 많다면 자기관리 역량을, 영재학교라면 창의적 사고 역량을, 예술 학교라면 심미적 감성 역량 등을 보다 더 강조할 수 있을 것이다.

5. 구현 중점 선정

학교 차원에서 핵심 가치와 역량을 발휘할 수 있는 구체적인 학교 교육 프로그램을 선택과 집중의 원리에 따라 선정하는 것이다. 학교 특색화 전략에 따라 차별화되고 창의적인 방안을 제시하는 것이다. 가급적 구체적이고, 기억하기 좋은 프로그램을 구현 중점 사항으로 정하는 것이 좋다. (예 : 1년 1인 10권 독서 운동, 1인 1기 교육, 3무 운동, 학생 자치 법정 운영, 진로탐색을 위한 창의융합 및 프로젝트 기반 수업 등)

학교에서 모든 것을 다 잘하겠다는 것은 결국 아무것도 제대로 하지 않겠다는 말과 동의어가 될 수 있다. 왜냐하면 학교가 가지고 있는 역량은 제한적이기 때문이다. 그리고 학교가 모든 것을 다 잘하려다가 전체 구성원들이 지쳐서 결국 지속 가능한 학교 발전이 어렵게 되는 경우도 발생할 수 있다.

학교 교육과정 디자인 단계 중 1단계부터 5단계까지가 학교 중핵 교육과정(learning core)이다. 학교 중핵 교육과정은 학교 구성원 모두가 함께 공유할 수 있어야 한다.

6. 세부 내용 및 실천 과제

학교 교육과정에 따라 구체적으로 실천할 수 있는 다양한 세부 내용과 실천 과제를 정하는 것이다. 선정된 구현 중점 내용을 구체화하는 과정이다. 중핵 교육과정(가치, 역량 교육과정), 교과 교육과정, 보조 교육과정 등을 포함한 종합적인 학교 교육과정을 세부적인 내용으로 구조화하는 과정이다. 세부 내용을 세우는 것은 해당 실무자들을 중심으로 진행하면 좋다. 예컨대, 교사교육과정이나 학급 교육과정은 교과 및 학급 담임 교사가 구성하고, 교과협의회에서 교과교육과정을 협의하고, 학년 협의회에서 학교교육과정을 협의하고, 방과 후 교육과정은 방과후 수업 담당 부서에서 협의하는 것이다.

7. 시간 운영 계획(타임라인)

월별, 날짜별로 학교 교육과정과 행사 등을 시간 운영 계획표로 정리하는 것이다. 특정 시기에 교육 활동과 행사가 몰리지 않고 조율할 수 있도록 해야 한다.

8. 교과별 시간 배당 및 편성 방안

교과별 시간을 배당하고 편성을 하는 것이다. 각 교과별 수업 시간, 창체 등 다양한 수업 시간표를 구체적으로 편성하는 것이다. 초등학교의 경우, 교사 교육과정과 학년 교육과정이 상대적으로 중요하다. 중고등학교의 경우, 교과 교육과정이 상대적으로 중요하다. 특정 교과가 이익이나 손해를 보지 않도록 세심한 배려가 필요하다. 특히 고등학교의 경우, 고교학점제를 운영할 때 교육과정 편제표를 어떻게 구성하는가가 매우 중요하다. 학생들의 요구에 따라 과목을 개설하거나 자기 주도형 교육과정을 만들어 운영할 수 있다. 교과 교육과정은 교과 내 재구성을 넘어 학교 교육과정 디자인의 안목을 가질 필요가 있다. 단일 교과를 재구성하는 논의는 해당 교과별 협의를 통하여 진행할 수 있다. 주제나 가치 중심의 내용을 중심으로 특정 교과와 다른 교과를 넘나드는 융·복합적 과정을 만들 필요를 느낄 때는 다양한 시도를 할 수 있다. 이러한 과정은 학습자들의 다양한 욕구를 충족시키고 학습자 내면에서 자발적으로 구성되는 배움이 그들의 자기 정체성을 기반으로 한 성장을 도모할 수 있게 할 것이다.

9. 학교 교육과정 운영

학교 교육과정에 따라 실제로 교육 활동을 운영하는 것이다. 학교 교육과정 운영 과정에 있어서 탄력적인 운영과 수시 보완이 이루어지면 좋다. 교육과정 재구성은 '교실 수업 활동(classing)'에서 '학교 교육 활동(schooling)'으로의 관점 전환이 필요하다. 학교의 독특성을 유지하면서 지역을 교육공동체로 엮어내기 위해서는 수업 전문가를 넘어 학교의 가치를 다듬는 철학자, 중핵 교육과정, 교과 교육과정, 특성화 교육과정 등을 융·통합할 수 있는 종합적인 교육과정 디자이너, 교육과정에 맞는 온·오프라인 교육 공간 조성 전문가의 안목이 필요하다. 이를 위해 학교를 중심으로 입체적인 지원을 하는 새로운 지원 체제가 필요하다.

10. 평가 및 피드백

1분기, 1학기, 1년 등 정기적으로 학교 교육과정 운영에 대하여 평가 활동을 진행하는 것이 필요하다. 자체적으로 평가 활동을 진행할 수도 있고, 인근 학교 구성원, 장학사, 연구원 등 교육전문가 등의 외부 사람들을 통해 평가받을 수 있다. 이때 외부 전문 컨설팅 기관에 의뢰하여 학교 컨설팅을 진행할 수도 있다.

[학교 교육과정 디자인 단계]

단계	설명	비고
기존 학교 문화 성찰하기	기존 학교문화와 운영을 객관적으로 성찰하기 학교의 장점, 단점, 위기, 도전, 감소, 증가 등을 파악하기	SWOT 분석 ERRC 전략 활용 등
학교 철학과 비전 세우기	학교가 추구하는 교육 방향, 교사상, 학생상, 학부모상 등을 정립하고 어떠한 방향으로 학교 운영이 이루어져야 할지 등에 대하여 학교 구성원들이 함께 공유하기	더불어 사는 평민 등
핵심가치 선정	학교 철학과 비전에 따라 추구하는 핵심가치를 정하기	소통, 공감, 상생, 협동 등
핵심 역량 선정	학교가 추구하는 핵심 역량을 선정하기(3~4개 정도)	자기관리 역량, 창의적 사고역량, 공동체 역량 등
구현 중점 선정	핵심가치와 역량을 발휘할 수 있는 구체적인 학교 교육 프로그램을 선택과 집중의 원리에 따라 정하기	1년 10권 읽기, 3무 운동 (흡연, 거짓말, 학교폭력) 등
세부 내용 및 실천 과제	학교 교육과정에 따라 구체적으로 실천할 수 있는 다양한 세부 교육내용과 실천 과제를 정하기	학생회 주관 학교 행사 진행, 방과 후 문화예술 프로그램 등
시간 운영 계획 (타임라인)	학교 교육과정에 맞게 학사 일정을 정하고, 특정 시기에 교육 활동과 학교 행사 등이 몰리지 않도록 조율하기	
교과별 시간 배당 및 편성 방안	교과별 수업 시간, 창체 등에 대한 시간을 정하고 편성하기	
학교 교육과정 운영	학교 교육과정 운영 계획에 따라 실제 교육과정을 운영하기	유연한 교육과정 운영 필요
평가 및 피드백	학교 교육과정 운영 결과에 대하여 정기적으로 평가하고 그 결과를 추후 교육과정에 반영하기	학교 자체 평가 및 외부 평가 등 다면 평가

질문 기반 교육과정 디자인의 접근 방안

질문은 사고의 방향을 인도한다. 뻔한 질문을 하면 뻔한 대답이 나오고, 낯선 질문을 하면 낯선 대답이 나올 수 있다. 그래서 질문은 교육과정 디자인 과

학교, 미래교육을 디자인하다

정에서도 방향을 제시하는 역할을 한다. 동일한 주제라도 질문의 방향과 성격에 따라 교육내용이 달라질 수 있다. 예컨대, 춘향전을 유교적인 관점에서 바라볼 것인가, 양성평등 관점에서 바라볼 것인가, 문학적 상상력 관점에서 바라볼 것인가에 따라 작품 해석과 교육과정 및 수업 방식이 각기 달라질 것이다. 여기에서는 핵심질문을 기반으로 교육과정 디자인 방안에 대하여 살펴보고자 한다.

핵심질문이란 학습 주제에 대한 질문 중 가장 근원적인 질문을 말한다. 핵심질문은 전체 학습 주제를 관통하면서 각 요소를 연결해 주는 역할을 한다. 그리고 수업 시간에 꼭 가르쳐야 할 내용을 질문으로 표현한 것이다. 그래서 학습 목표 및 성취기준과 직접적인 관련이 있는 질문이다. 핵심질문은 성격상 추상적인 질문일 수 있는데, 추상적인 질문은 세부 질문을 잘 구조화시키기 힘들고, 학생 흥미를 잃어버릴 수 있다. 그래서 핵심질문은 학습 목표를 질문으로 전환하되, 학생 흥미를 불러일으키고 좀 더 구체화된 질문으로 만들면 좋다.

- **학습 목표** : 격려의 의미와 중요성을 설명할 수 있다.

  ↓

- **단순 질문 전환** : 격려의 의미와 중요성은 무엇인가?

  ↓

- **배움질문 전환** : 구체적이고 흥미 있는 질문으로 전환 : 우리 일상생활 속에서 격려가 사라진다면?

핵심질문만으로는 교육과정과 수업의 기본 방향을 제시하는 역할을 하기에 세부적인 내용은 구조화시킬 수 없다. 그러기에 흥미 유발을 위한 출발 질문, 지식 및 내용 이해를 위한 전개 질문, 심화 내지 적용을 위한 도착 질문이 필요하다.

출발 질문은 학생들의 일상생활과 밀접한 관련이 있는 소재를 활용하여 구성하거나 선지식이 없어도 손쉽게 답변할 수 있는 질문으로 구성하면 좋다. 그래서 닫힌 질문보다는 열린 질문이 좋다.

전개 질문은 해당 주제에 대한 지식을 습득하고, 기본 개념을 이해할 수 있도록 돕는 질문이다. 주로 닫힌 질문으로 구성되며, 기존 교과서나 교재에 잘 나와 있기에 해당 질문들을 찾는 것은 그리 어렵지 않다.

도착 질문은 전개 질문을 이해해야 할 수 있는 질문으로서 고차원적인 심화 질문, 실천 지향적인 질문이 좋다. 주제에 따라 심화 방향으로 질문을 할 수 있고, 실천이나 적용에 초점을 맞춰 질문할 수 있다. 두 가지 질문을 모두 할 수도 있고, 둘 중에 하나를 선택하여 질문할 수도 있다. 기존 교육과정이나 수업 방식에서는 주로 전개 질문을 강조했다면, 미래형 수업 디자인에서는 도착 질문을 강조하여 심화나 적용에 강조할 필요가 있다.

- 학습 주제 : 격려
- 핵심질문(학습 목표 및 성취기준) : 우리 일상생활 속에서 격려가 사라진다면?
- 출발 질문(흥미 유발)
  : 내가 가장 힘들 때 위로가 되었던 말과 행동은?
    칭찬의 부작용이 나타나는 이유는?
- 전개 질문(지식 및 내용 이해)
  : 칭찬과 격려의 공통점과 차이점은?
    왜 격려가 중요한가?
    심리유형에 따라 적절한 격려 방법은 무엇인가?
- 도착 질문(심화 내지 적용)
  : 성장 과정에서 격려를 잘 받지 못한 어른들이 아이들에게 격려를 잘하지 못하는 이유는?(심화)
    주변 사람들에게 격려편지를 작성해 본다면? (적용)

학교, 미래교육을 디자인하다

질문 기반 교육과정 재구성

교과 내 재구성이나 범교과적 재구성(융합 수업 등) 시 핵심질문 기반 디자인의 단계를 제시하면 다음과 같다[2].

1. 배경 및 요구 분석
   - 학습자 분석
   - 학업 성취도 수준, 학습 의욕 등
   - 수업자 분석
   - 교사의 교수 유형, 역량 등
   - 학부모 요구
   - 다양한 학부모들의 요구 고려
   - 지역 사회의 교육 환경 및 학습을 위한 물적, 인적 자원 분석
   - 지역 사회의 요구와 교육 환경, 수업을 위한 물적 · 인적 자원 지원 상황 고려

2. 기존 교육과정 분석
   - 국가 수준, 지역 수준, 학교 수준 교육과정 분석
   - 교과서 및 교사용 지도서 분석
   - 교과별 교육과정에서 제시하고 있는 성취기준 분석 등

3. 교육과정 재구성 유형 선정
   - 학습 수준을 고려한 학습 목표 조정 (학교별, 교실별 학습 수준 등)
   - 프로젝트 수업 (프로젝트 주제에 따른 다른 학습 단원 조정)
   - 학습 주제와 시기 고려 (학교 행사, 답사, 기말고사 이후 등)

---

2) 김현섭, 장슬기(2019), "미래형 교육과정을 디자인하다", 수업디자인연구소

- 학습 공간 고려 (특별 교실, 도서관) 등

4. 핵심질문 만들기

- 학습 목표를 중심으로 한 핵심질문 만들기
  - 학습 목표를 질문 형태로 만들기
  - 핵심질문은 수업 디자인의 기본 뼈대 역할을 함
- 핵심질문을 기반으로 출발(흥미 유발) 질문, 전개(내용 이해) 질문, 도착(심화 및 적용) 질문을 구성하기
- 성취기준을 고려한 핵심질문 만들기
  - 평가를 염두에 두고 만들 것

5. 교육내용 재구성

- 재구성할 학습 요소 선정
- 교사 수준의 1차 재구성, 학습자 수준의 2차 재구성
- 단원 학습 나열 후 분류 및 배열
- 교과 지도 계획 수립
- 내용 재구성 결과 점검
- 타 교과 간 학습 내용 연계성과 통합 고려 등

6. 학습 구조 디자인

- 교수학습방법 선정
- 성취기준에 근거한 평가 계획 수립 등

7. 수업 준비

- 학습지, 수업 도구, 기자재, 교실 공간 등을 준비하기 등

8. 수업 실행

- 교육과정을 수업으로 구현하고 실행하기

9. 평가 및 피드백

- 수업 활동 평가
- 수업 후 반응 및 학습 결과물 정리
- 교육과정 재구성에 대한 피드백 활동 등

[질문 기반 교육과정 재구성 단계]

단계	설명
배경 및 요구 분석	학생의 학습 수준, 관심사, 특성 등, 교사들의 관심사와 역량, 학부모들의 요구, 지역 사회 및 미래사회의 필요 등을 파악하기
기존 교육과정 분석	기존 교육과정을 분석하고 파악하기(단원별 마인드맵 활동 등)
교육과정 재구성 유형 선정	교과 내 재구성, 범교과적 재구성, 시기 내지 공간 기반 재구성 등 교육 활동에 맞는 교육과정 재구성 유형을 선정하기
핵심질문 만들기	학습 목표를 바탕으로 핵심질문을 만들기 핵심질문을 기반으로 출발(흥미 유발) 질문, 전개(내용 이해) 질문, 도착(심화 및 적용) 질문을 구성하기
교육내용 재구성	핵심질문에 따라 교육과정의 내용을 재구조화하기
학습 구조 디자인	교육내용의 특성에 맞게 적절한 교수학습방법과 기법을 찾아 적용하기
수업 준비	학습지, 수업 도구, 기자재, 교실 공간 등을 준비하기
수업 실행	실제 수업을 운영하고 실천하기
평가 및 피드백	수업 결과에 대하여 평가하고, 개선 방안을 추후 반영하기

질문 기반 교육과정 재구성 예시

(중1 사회과 Ⅶ-2. 청소년기의 사회화는 왜 중요한가?)

구분	질문 내용	주요 내용	활동
핵심질문	좋은 어른이 되기 위해 나는 무엇을 준비해야 할까?		
출발 질문	감정 기복이 심한 나, 괜찮은 걸까?	감정의 이해	감정 카드 감정 일기
전개 질문	1. 변화의 상징인 '청소년기'를 우리만의 단어로 표현한다면? 2. 거울(나, 다른 사람)을 통해 본 나는 어떤 모습일까? 3. 내가 추구하는 삶의 중요한 가치는 무엇인가?	청소년기의 변화와 특징 나를 이해하기	타이포그래피 버블맵 자화상 그리기 관계도 작성 가치 수레바퀴
도착 질문	좋은 어른이 될 준비를 하기 위해 지금 내가 할 수 있는 것은 무엇일까?	좋은 어른이 되기 위한 노력과 자립	프로젝트

질문 기반 교육과정 개발 단계

학교교과목 개설 시 핵심질문 기반 교육과정 개발모델을 활용하면 좋다.

1. 배경 및 요구 분석
  - 학습자 분석
    - 학업 성취도 수준, 학습 의욕 등
  - 수업자 분석
    - 교사의 교수 유형, 역량 등
  - 학부모 요구
    - 다양한 학부모들의 요구 고려
  - 지역 사회의 교육 환경 및 학습을 위한 물적 · 인적 자원 분석
    - 지역 사회의 요구와 교육 환경, 수업을 위한 물적 · 인적 자원 지원
      상황 고려

2. 주제(과목명) 및 교육목표 선정
  - 주제(theme) 정하기 (예 : 평화, 생태, 관계, 행복, 전주 등)
  - 주제망(마인드맵) 활동 및 피드백
  - 주제망에서 핵심 키워드를 합의하여 도출하기
  - 기존 교과 수업과 차별성이 있는 주제를 기반으로 교육목표를 선정하기
  - 목표 달성 가능하고 행동적으로 관찰할 수 있는 교육목표를 선정하기

3. 핵심질문 만들기

　• 학습 목표를 중심으로 한 핵심질문 만들기

　　- 학습 목표를 질문 형태로 만들기

　　- 핵심질문은 수업 디자인의 기본 뼈대 역할을 함

　• 핵심질문을 기반으로 출발 질문(흥미 유발), 전개 질문(내용 이해), 도
　　착 질문(심화 및 적용) 등을 구성하기

4. 교육내용 선정 및 서술

　• 핵심질문의 방향에 맞는 교육내용 요소를 집단지성을 통해 도출하기 등

5. 학습 구조 디자인(교수학습활동 선정)

　　　　　　　　　　　　　　　　　　학교, 미래교육을 디자인하다

- 교수학습방법 선정
- 성취기준에 근거한 평가 계획 수립 등

6. 수업 준비
- 학습지, 수업 도구, 기자재, 교실 공간 등을 준비하기 등

7. 수업 실행
- 교육과정을 수업을 통해 실천하기

8. 평가 및 피드백
- 수업 활동 평가
- 수업 후 반응 및 학습 결과물 정리
- 교육과정 재구성에 대한 피드백 활동 등

[질문 기반 교육과정 개발 단계]

단계	설명
배경 및 요구 분석	학생의 학습 수준, 관심사, 특성 등, 교사들의 관심사와 역량, 학부모들의 요구, 지역 사회 및 미래사회의 필요 등을 파악하기
주제 및 교육목표 선정	주제(과목명)를 정하고, 교육목표를 집단지성을 기반으로 선정하기 주제망(마인드맵) 활동 및 피드백, 핵심 키워드 도출하기
핵심질문 만들기	학습 목표를 바탕으로 핵심질문을 만들기 핵심질문을 기반으로 출발(흥미 유발) 질문, 전개(내용 이해) 질문, 도착(심화 및 적용) 질문을 구성하기
교육내용 선정 및 서술	핵심질문에 따라 교육과정의 내용을 재구조화하기
학습 구조 디자인	교육내용의 특성에 맞게 적절한 교수학습방법과 기법을 찾아 적용하기
수업 준비	학습지, 수업 도구, 기자재, 교실 공간 등을 준비하기
수업 실행	실제 수업을 운영하고 실천하기
평가 및 피드백	수업 결과에 대하여 평가하고, 개선 방안을 추후 반영하기

질문 기반 교육과정 개발 예시

수업디자인연구소가 충남교육청과 함께 개발한 초등 고학년 인권감수성 교육과정(2021)을 소개하면 다음과 같다.

[충남 초등 고학년 인권감수성 수업자료집, 2021]

단원	주제	핵심질문	세부 질문	학습 내용	교수학습활동
1	달라서 좋아요	다양성을 존중해야 하는 까닭은 무엇일까?	· 우린 어떤 것이 다를까? · 우리는 왜 서로 다를까? · 내가 싫어하는 행동은 모두 다 나쁜 것일까? · 달라서 좋은 이유는?	다르게 느끼고 생각하는 이유 나와 친구들의 욕구 유형 싫은 것과 잘못된 것 다양성의 아름다움	욕구 유형 체크리스트 모둠토의 그림책 읽기
2	차별을 금지 합니다!	차이와 차별은 어떻게 다를까?	· 차별은 어떤 상황에서 일어나게 될까? · 차별을 나타내는 말에는 어떤 것이 있을까? · 생활 속에서 차별이 일어나는 까닭은? · 생활 속 차별 금지를 실천할 수 있는 것은?	공통점과 차이점 차별받는 상황 알아보기 언어적 차별 표현 차별의 이유 차별 금지 실천방안	모둠토의 전체 토의 즉흥극 차별 금지 표어
3	어린이도 권리가 있어요	어린이가 누려야 할 권리는 무엇일까? 어린이도 권리가 있어요	· 그림책 〈거짓말 같은 이야기〉 속 친구들에게 필요한 권리는 무엇인가? · 인권이 지켜지지 않는 실제 사례는? · 어린이 인권에는 어떤 것들이 있을까? · 어린이 인권을 지키기 위해 인권 지킴이 캠페인 영상을 만들어본다면?	이야기 속 어린이들에게 필요한 권리 〈유엔 아동 권리 협약〉 속의 권리 어린이 인권 보장을 위한 행동 어린이 인권 지킴이 캠페인	그림책 활용 매체 활용 수업 모둠토의 영상 만들기
4	차별과 편견에 반대 합니다!	나도 모르게 갖고 있던 차별과 편견은 무엇일까?	· 나의 일상 속 차별과 편견을 가지고 있는 것들은 무엇일까? · 사회적 소수자에게는 어떤 고민이 있을까? · 차별과 편견에 어떻게 대응하면 좋을까? · 차별과 편견을 당한 친구에게 어떤 말을 해주면 좋을까?	나의 일상 살펴보기 사회적 소수자의 입장에서 공감하기 차별과 편견에 대응하는 방법 제시하기	핫시팅 기법을 통한 질문 활동 종이공 던지기

학교, 미래교육을 디자인하다

13장. IB 학교를 넘어 KB 학교로!

다음 평가 문항의 정답은?

• 공부했던 수필 중 열린 결말로 마무리하는 작품을 최소 2작품을 골라 그 효과에 대하여 논하시오. (국어)

• 한국전쟁 발발에 대한 외세의 책임은 어느 정도인가? (역사)

• 문화의 날 행사를 개최한 후 그 후기를 영어 250~400단어 분량으로 쓰시오. (영어)

• 다음 말라리아 발생 수와 강우량의 계절별 패턴 그래프를 보고 이를 비교하고 말라리아 발생 패턴이 연간 강우량 변화에 기인한다는 가설을 검증해 보시오.(과학)

위의 평가문항은 국제 바칼로레아(International Baccalaureate, 이하 IB)에 속한 한국 국제학교에서 실시한 IB 평가 문항 사례들이다[1]. 이러한 평가 문제를 풀 때, 단편적 지식들을 서술한다고 좋은 점수를 얻기 힘들 것이다. IB 평가 문제는 지식과 이해 등 저차원적 사고보다는 적용, 분석, 종합, 평가, 창조 등 고차원적인 사고역량에 초점을 두어 평가 문항이 출제된다.

---

1) 이혜정 외(2019), "IB를 말한다", 창비교육

IB에 대한 사회적 관심이 높은 이유

최근 IB에 대한 사회적 관심이 높아지고 있다. 이미 도입한 대구시교육청과 제주시교육청 외에도 다른 지역에서도 IB에 대한 관심을 가지고 도입하려는 움직임이 있다. 최근 경기도교육청의 경우, IB 학교 도입 및 추진을 주요 정책으로 발표하였고, 추후 경기형 IB 프로그램 운영 기반을 마련하겠다고 하였다. 서울시교육청의 경우, 한국형 바칼로레아(Korea Baccalaureate, 이하 KB)를 2022년 선거 공약으로 내세웠고, '생각을 키우는 교실'(초등), '생각을 쓰는 교실'(중등)이라는 교육정책으로 반영되었다. 이를 통해 교육감의 정치적 성향을 넘어 전국적으로 IB에 대한 관심이 높다는 것을 알 수 있다.

우리나라 IB 인증학교는 2021년 기준 외국인 대상의 국제학교 11개교, 경기외고, 충남 삼성고, 경북사대 부설초·중학교가 있다. 시도교육청 차원에서는 대구시교육청, 제주시교육청, 충남교육청에서 공교육 체제 안에서 IB 학교를 도입하여 운영 중에 있다. 대표적인 학교로 대구외고, 제주 표선고, 충남 삼성고 등이 있다. IB 학교로 정식적으로 인정받기 위해선 크게 3단계('관심', '후보', '월드스쿨' 단계) 인증 절차를 걸쳐야 한다. 초·중학교는 '후보' 단계까지 인증돼도 IB 학교로 정식 운영할 수 있지만, 고등학교의 경우에는 '월드스쿨'까지 인증을 받아야 IB 학교로 운영할 수 있다. 이 중에서 제주 표선고는 일반 공립학교로서 IB 학교로 인증받았고, 학급 단위로 인증받은 다른 학교들과는 달리 학교 단위로 'IB 월드스쿨'로 인증받았다.

그렇다면 최근 IB에 대한 사회적 관심이 높아지는 이유는 무엇일까?

첫째, 기존 우리나라의 교육과정과 평가체제에 대한 문제점과 이에 대한 불만 때문이다. 정권이 바뀔 때마다 대학 입시 제도가 바뀌었지만, 교사, 학생, 학부모들이 새 대입 체제에 대하여 만족하기보다는 그에 따른 혼란과 문제점

학교, 미래교육을 디자인하다

발생으로 인한 불만이 많았다. 가장 근본적인 이유는 유교적 사농공상 체제에서의 정신노동과 육체노동의 사회적 인식 및 임금 격차가 존재하고 있는 현실에서 사회적 계층 상승 수단으로 교육을 이해했기 때문이다. 그래서 대다수의 학생과 학부모들은 소수의 상위권 대학을 진학을 희망하기에 입시 제도가 바뀌어도 치열한 입시 경쟁 구조는 여전히 유지되었고, 새 입시 제도는 새로운 부작용만 낳는 경우가 많았다. 특히 공정성과 신뢰성을 강조하는 입시 제도를 선호하다 보니, 논·서술형 평가보다는 객관식 평가가 강조되었다. 현행 수능 체제도 그 틀 안에서 운영되다 보니 그 한계를 극복하기 힘들었다.

둘째, IB 학교가 미래학교 모델학교로서 의미가 있다고 생각하기 때문이다. 미래학교란 미래사회가 추구하는 가치와 역량을 구현하는 학교로서 미래를 준비하는 학교이다. 현재 미래학교에 대한 다양한 탐색과 실험이 진행되고 있는 상황에서 IB 학교가 좋은 미래학교의 대안 중의 하나로 여겨지고 있다. 왜냐하면 IB는 국제적으로 인정받은 교육과정 및 평가체제이고, '인간애를 인식하고, 더 좋고 평화로운 지구를 만드는 데 도움을 줄 수 있는 국제적인 마음가짐을 가진 전인적 인재 양성'을 목표로 하기 때문이다. IB 학습자상은 탐구적 질문을 하는 사람, 지식을 갖춘 사람, 생각하는 사람, 소통할 줄 아는 사람, 열린 마음을 지닌 사람, 위험을 감수하고 도전하는 사람, 성찰하는 사람 등인데, 이는 미래교육에서 추구하는 학생상과 가치, 역량들과 일치한다. 또한 학습자 중심 교육, 효과적인 교수학습방법 개발, 국제적 문제에 대한 이해와 참여, 심화 주제 탐구 등 IB의 4대 영역은 미래형 교육과정 및 평가에 있어서 의미 있는 대안이 될 수 있다.

셋째, 우리나라에서 IB는 외국 대학 진학 희망자들의 입시에 현실적인 도움이 되기 때문이다. IB 디플로마(학위, Diploma)는 현재 75개국에 있는 2000개가 넘는 대학에서 인정해 주고 있다. 하버드, 예일, 프린스턴 대학 등 아이

비리그 소속 학교(8개교)뿐 아니라 뉴욕, MIT 등 982개 미국 대학에 입학할 수 있고, 케임브리지, 옥스퍼드 대학 등 78개 영국 대학, 호주 국립대 등 호주 48개 대학, 게이오 대학 등 일본 300개 대학 등에 진학할 수 있다. 세계 유수의 대학들이 IB를 인정하기 때문에 해당 대학들을 입학하는 데 IB를 활용하면 좋다. 그래서 우리나라 특목고와 자사고 등에서 해외 대학 진학 희망자를 대상으로 별도의 학급 단위로 IB 과정반을 개설하여 운영하고 있는 것이다. 국내 일반고를 졸업하는 것보다 IB 학교를 졸업하는 것이 해외 대학 진학에 도움이 된다.

넷째, 국내 대학 진학 희망자들에게도 대입 전형 시 현실적으로 유리한 부분이 있기 때문이다. IB는 서울대, 연세대, 카이스트 등 총 7개 국내 대학에서 인정하고 있다. 여기에 해당하지 않은 대학들도 IB를 통해 진학할 수 있다. 즉, 수능 최저등급을 요구하지 않는 학생부 종합 전형의 일환으로 IB를 통해 국내 대학에 진학할 수 있다. 무엇보다 다수의 대학들이 수시 제도를 활용하여 IB 학생들을 뽑는 이유는 현재 IB 운영학교들이 대부분 특목고와 자사고이기 때문이다. 대학 입장에서는 우수학생을 선발하고자 하기에 우수학생이 상대적으로 많이 있는 특목고와 자사고 출신 학생들을 뽑는 우회적 수단으로 IB를 활용하고 있다는 실정이다.

IB(국제 바칼로레아)란?

• 프랑스 바칼로레아

원래 바칼로레아(Baccalauréat)란 용어는 프랑스 대입 평가 체제를 의미한다. IB는 프랑스 바칼로레아를 벤치마킹하여 만든 것이다. 프랑스의 바칼로레아는 20점 만점에 10점 이상의 점수를 받는 모든 학생들에게 일반적인 국·공립대학 입학 자격시험으로 절대평가로 운영된다. 바칼로레아는 객관식

학교, 미래교육을 디자인하다

평가가 아니라 모두 필기(écrit) 내지 구술시험(oral)으로 진행된다. 시험은 프랑스어, 외국어, 역사 및 지리, 수학, 철학을 공통으로 치르고 이 외에는 각자가 희망하는 전공분야에 따라 계열을 선택하는 방식이다. 이 중에서 '철학' 시험은 바칼로레아의 점수 비중이 가장 높은 필수과목 중 하나이고, 네 시간 동안 3가지 주제 중 1가지를 골라 자신의 생각을 글로 적는 것이다. 예컨대, 2015년 철학 문제가 '현재의 나는 나의 과거가 만들어낸 것인가?'이었다.

• 국제 바칼로레아(IB)

IB는 1968년 스위스 제네바에서 국제 바칼로레아 기구(이하 IBO)에 의해 개발된 국제적인 교육과정으로서 세계 각국에 흩어져 있는 국제학교들이 힘을 모아 국제학교 졸업생들의 대학 입시 문제를 해결하기 위한 대안으로 시작되었다. IB는 3세부터 19세 학생을 대상으로 비판적이고 독립적인 사고력과 논리적인 탐구 방법을 강조한 4개의 프로그램(유초등 프로그램, 중학교 프로그램, 고교 대학 준비 프로그램, 직업 관련 프로그램)으로 구성된 교육과정이다. IB 대입 시험은 고급 수준 3과목, 표준 수준 3과목, 소논문, 지식론, 창의 체험 봉사활동 등 45점 만점으로 진행되는데, 수행평가를 포함하여 논술형 시험으로 운영하고 있다. IB에서는 자기의 생각을 표현할 수 있도록 생각의 힘을 기르는데 초점을 두고, 학생의 생각을 꺼낼 수 있도록 하고 논리적이고 설득력 있게 주장하는지 평가하고 있다. IB DP(대학 진학) 교육과정은 크게 6개의 교과군과 3개의 핵심요소로 구성된다. 6개의 교과목은 국어, 영어, 사회, 과학, 수학, 예술이다. 3개 핵심요소는 지식론(철학, 도덕, 논술 등을 통합한 비판적, 이성적 사고 훈련 과정), 소논문(학생 관심 주제에 대해 4000자 단어 연구논문 작성), 창의 체험활동(예술 및 창의활동, 체육활동, 지역 사회 참여 및 봉사활동)이다.

• IB 교육철학

IB는 공통된 인간애를 인식하고 더 좋고 평화로운 지구를 만드는 데 도움을 줄 수 있는 '국제적인 마음가짐'을 가진 전인적 인재 양성을 기본 목표로 하고 있다. 이러한 목표는 IB가 구현하고자 하는 교육철학에 의해 뒷받침되는데 이를 정리하면 다음과 같이 네 가지 영역으로 집약할 수 있다[2].

① 학습자 중심의 교육(centers on learners)

② 효과적인 교수 · 학습방법 개발(develops ef fective approaches to teaching and learning)

  - 학습법에 대한 학습(learning how to learn)

  - 체계적인 탐구(structured inquiry)

  - 비판적인 사고력(critical thinking)

③ 국제적 문제에 대한 이해와 참여(works with in global contexts for education)

  - 다문화주의와 문화 다양성에 대한 이해

   (multilingualism and intercultural under standing)

  - 국제적 참여(global engagement)

④ 심화 주제 탐구(explores significant content)

•IB 교육과정

IB는 구체적으로 유 · 초등 프로그램(PYP: Primary Years Program), 중학교 프로그램(MYP: Middle Years Program), 고등학교의 대학 준비 프로그램(IB DP: IB Diploma Program)과 직업 관련 프로그램(CP: Career-related program)으로 이루어져 있다.

---

2) 임영구(2015), '제주국제교육모델로서 IB 교육과정의 현황과 전망', 교육과학연구

IB DP의 과목들은 다음과 같다.

- 그룹 1(언어 A1. 학생의 모국어) : 국제 바칼로레아 디플로마 프로그램에서는 80여 개의 언어가 제공된다.

- 그룹 2(제2 외국어) : A2와 B로 두 가지의 레벨이 제공된다.

- 그룹 3(사회과학) : 비즈니스, 경제학, 지리학, 역사, 정보 과학, 철학, 심리학, 인류학, 종교학

- 그룹 4(자연과학) : 화학, 생물, 물리, 환경과학, 디자인 기술, 컴퓨터 과학

- 그룹 5(수학) : Mathematical Studies SL, Mathematics SL, Mathematics HL, 와 Further Mathematics SL로 네 가지의 레벨이 제공된다.

- 그룹 6(예술) : 음악, 연극, 미술, 영화, 무용. 학생들은 이 그룹에서는 예술 과목을 택하지 않은 학생은 학교에서 제공해 주는 그룹 1~4의 과목 중 하나를 추가로 택할 수 있다.

IB 필수 이수 활동으로 논문, 지식론, 봉사와 교외 활동을 해야 한다.

- 논문(Extended Essay, EE)
  - 학생들은 독자적인 연구와 추론을 통해 4000단어 미만의 에세이를 써서 제출한다.

- 지식론(Theory of Knowledge, TOK)
  - 철학, 도덕, 논술 등을 통합하여 비판적이고 이성적인 사고를 가르치는 교육과정. 100시간의 수업을 이수하고 1,200~1,600 단어의 에세이와 하나의 프레젠테이션을 완성한다.

- 봉사와 교외 활동(Creativity Action Service, CAS)
  - 학생들은 교과과정에 포함되지 않은 새로운 것을 배우는 Creativity 50

시간, 물리적인 운동을 하는 Action 50시간, 그리고 봉사하는 Service 50시간을 2년에 걸쳐 한다.

각 학교급별 IB 교육과정의 특징은 다음을 참고하면 좋다[3].

유형	PYP	MYP	IBDP
특징	· 교육과정의 틀 제공 · 모두에게 열려 있는 　교육프로그램	· 교육과정의 틀 제공 · 모두에게 열려 있는 　교육프로그램	· 대학진학 준비를 목적으로 한 　프로그램
구조	· 교과(6개 과목) · 언어, 사회, 수학, 과학· 　기술, 예술, 체육 · 6개의 교과 횡단적인 「탐구 　단원(UOI)」 · 탐구를 지원하기 위한 　소정의 「PYP 지도안」	· 교과(8개 과목) · 언어와 문학, 언어 습득, 　개인과 사회, 과학, 수학, 　예술, 신체와 건강, 디자인 · 교과와 학제적인 「상호작용의 　영역」에 의한 구성 · 활용 추천 장려되고 있는 　「MYP 단원 지도안」	· 교과(6개 교과) · 제1언어, 제2언어, 개인과 　사회, 과학, 수학 및 컴퓨터, 　예술 · 교과와 교과를 상호 관련 짓는 　지식 이론에 의한 구성
평가 방법	· 아동의 학습에 관련된 전체 　요소를 내부평가	· 과목별 평가기준에 기초한 　내부평가 · 내부평가를 IB에 의해 　수정하는 것도 가능	· 내부에서 평가된 과제에 　대한 IB에 의한 외부 수정 　(평가의 적정화) 및 외부 　평가 실시
학습 방법	· 교과 횡단적인 개념과 기능의 　습득	· 학습의 방법(ATL)	· 지식이론(TOK)
체험 활동	· 행동	· 공동체와 봉사활동	· 창의, 활동, 봉사(CAS)
언어 학습	· 모국어의 발달의 지원 · 7세 이후 학교가 제공하는 　부가언어 학습	· 모국어/최적 언어의 발달을 　지원 · 학생 선택의 추가언어 　(언어 B)의 학습	· 모국어의 발달을 지원 　(학교지원으로 실시하는 　언어 A의 자기학습 과정)
프로 젝트	· 발표회	· 개인 프로젝트 · 지역 프로젝트	· 소논문(EE)

---

3) 현혜정(2019), 국제공인 IB 교육프로그램의 제주 공교육 적용 가능성 탐색, 교육제주

학교, 미래교육을 디자인하다

• 국제 바칼로레아 기구(IBO)

IBO는 국제학교들을 중심으로 출발한 교육과정 및 대입 시험, 평가를 위한 비영리 국제 민간기구이다. 2020년 8월 현재 151개국 5,418개 학교가 가입한 상태로서 스위스에 법적 본부가 있고, 네덜란드에 실무 본부가 있고, 지역별 본부가 있다. IBO에서 학교 단위로 심사 가입할 수 있도록 하고, 학교 교육과정 운영 지원 및 평가의 질 관리를 하고 있다.

한국 IB 학교의 교육과정 운영 사례

• 충남 삼성고등학교

자사고인 충남 삼성고에서 희망 학생들을 중심으로 IB 교육과정을 다음과 같이 운영하고 있다[4].

구분	교과영역	교과(군)	과목유형	과목	기본단위	운영가능단위	편성단위	1학년 과정별 개설단위수 1학기	2학기	2학년 과정별 개설단위수 1학기	2학기	3학년 과정별 개설단위수 1학기	2학기	비고	편성단위 합 교과군	영역
기초		국어		국어			8	4	4						20	68
				IB 언어와 문학 SL 1			4			4				지정		
				IB 언어와 문학 SL 2			4				4					
				IB 언어와 문학 SL 3			4						4			
		수학		수학			8	4	4						24	
				IB 수학 HL 1			4			4				지정		
				IB 수학 HL 2			4				4					
				IB 수학 HL 3			4					4				
				IB 수학 HL 4			4						4			
		영어		영어			8	4	4						24	
				IB 영어 SL 1			4							SL과 HL 중 1과목 선택 (SL3는 1,2학기 연속 개설)		
				IB 영어 SL 2			4									
				IB 영어 SL 3			8									
				IB 영어 HL 1			4			4	4	4	4			
				IB 영어 HL 2			4									
				IB 영어 HL 3			4									
				IB 영어 HL 4			4									
		한국사		한국사			6	2	2	1	1				6	6
학교지정과목		사회		통합사회			8	4	4						8	8
		과학		통합과학			8	4	4						8	8
				과학탐구실험	2	2		1	1						2	2
	탐구	사회 선택		IB 정보와 국제사회 SL 1			4								48	48
				IB 정보와 국제사회 SL 2			4									
				IB 정보와 국제사회 SL 3			8									
				IB 정보와 국제사회 HL 1			4									
				IB 정보와 국제사회 HL 2			4									
				IB 정보와 국제사회 HL 3			4									
				IB 정보와 국제사회 HL 4			4									
				IB 세계사 SL 1			4									
				IB 세계사 SL 2			4									
				IB 세계사 SL 3			8	12	12	12	12			SL과 HL 중 3과목 선택 (SL3는 1,2학기 연속 개설)		
				IB 세계사 HL 1			4									
				IB 세계사 HL 2			4									
				IB 세계사 HL 3			4									
				IB 세계사 HL 4			4									
				IB 물리 SL Ⅰ			4									
				IB 물리 SL Ⅱ			4									

---

4) 2022 충남 삼성고 교육과정 운영계획서

				8							
	과학 선택		IB 물리 SL Ⅲ	8							
			IB 물리 HL Ⅰ	4							
			IB 물리 HL Ⅱ	4							
			IB 물리 HL Ⅲ	4							
			IB 물리 HL Ⅳ	4							
			IB 화학 SL Ⅰ	4							
			IB 화학 SL Ⅱ	4							
			IB 화학 SL Ⅲ	8							
			IB 화학 HL Ⅰ	4							
			IB 화학 HL Ⅱ	4							
			IB 화학 HL Ⅲ	4							
			IB 화학 HL Ⅳ	4							
체육 예술	체육		체육	4	2	2					10	16
			운동과 건강	4			2	2				
			스포츠 생활	2					1	1		
	예술		음악 연주	2	1	1					6	
			미술	4			2	2				
생활 교양	기술 가정		기술·가정	4	2	2					20	24
	제2외국어		중국어 Ⅰ	4	2	2			1과목 선택		
			일본어 Ⅰ	4							
	교양		철학	2			1	1			
			논술	4					2	2	
			진로와 직업	2					1	1	
			IB 지식이론 Ⅰ	2				2			
			IB 지식이론 Ⅱ	2						2	
자유 선택군	일반/진로		본교 편성 과목	5	2~8	4					4	4
교과이수단위소계					30	30	30	30	30	30		180
창의적 체험활동		진로활동(시간)		6	68	17	17	8.5	8.5	8.5	8.5	4	24
		봉사활동(시간)		6	68	17	17	8.5	8.5	8.5	8.5	4	
		동아리활동(시간)		6	170	34	34	34	34	17	17	10	
		자율활동(시간)		6	102	17	17	17	17	17	17	6	
창의적 체험활동 소계(시간)				24	408	85	85	68	68	51	51	408	
창의적 체험활동 소계(단위)				24	24	5	5	4	4	3	3	24	
이수단위 총계					204	35	35	34	34	33	33	204	

• 경북사대부속고등학교

경북사대부속고등학교 IB 교육과정은 다음과 같다[5].

구분	교과 영역	교과(군)	과목 유형	과목	1학년 일반 1학기	1학년 일반 2학기	1학년 IB 1학기	1학년 IB 2학기	2학년 일반 1학기	2학년 일반 2학기	2학년 IB 1학기	2학년 IB 2학기	3학년 일반 1학기	3학년 일반 2학기	3학년 IB 1학기	3학년 IB 2학기	개설유형	성적처리 유형
학교지정과목	기초	국어	공통	국어	4	4	4	4									학년제	성취도 5단계+석차등급
			일반	문학					4								학기제	성취도 5단계+석차등급
			일반	독서						4							학기제	성취도 5단계+석차등급
			진로	IB 언어와 문학 HL 1					5								학기제	성취도 3단계+성취도별 분포비율
			진로	IB 언어와 문학 HL 2						5							학기제	성취도 3단계+성취도별 분포비율
			진로	IB 언어와 문학 HL 3										4			학기제	성취도 3단계+성취도별 분포비율
			진로	IB 언어와 문학 HL 4												4	학기제	성취도 3단계+성취도별 분포비율
		수학	공통	수학	4	4	4	4									학년제	성취도 5단계+석차등급
			일반	수학 Ⅰ					3								학기제	성취도 5단계+석차등급
			일반	수학 Ⅱ					3								학기제	성취도 5단계+석차등급
			일반	확률과 통계						3							학기제	성취도 5단계+석차등급
		영어	공통	영어	4	4	4	4									학년제	성취도 5단계+석차등급
			일반	영어 Ⅰ					4								학기제	성취도 5단계+석차등급
			일반	영어 Ⅱ							4						학기제	성취도 5단계+석차등급
			일반	영어 독해와 작문						4							학기제	성취도 5단계+석차등급
			진로	진로 영어								4					학기제	성취도 5단계+석차등급
		한국사	공통	한국사	2	2	2	2					1	1	1	1	학년제	성취도 5단계+석차등급
탐구		사회	공통	통합사회	3	3	3	3									학년제	성취도 5단계+석차등급
		과학	공통	통합과학	3	3	3	3									학년제	성취도 5단계+석차등급
			공통	과학탐구실험	1	1	1	1									학년제	성취도 3단계
체육 예술		체육	일반	체육	2	2	2	2									학년제	성취도 3단계
			일반	운동과 건강					1	1	1	1	2	2	2	2	학년제	성취도 3단계
생활 교양		기술 가정	일반	기술가정	3	3	3	3									학년제	성취도 5단계+석차등급
		교양	진로	IB 지식이론 Ⅱ							2	2					학년제	이수&미이수
			진로	IB 지식이론 Ⅲ											3	3	학년제	이수&미이수
학교 지정 과목 교과 이수 단위(학점) 소계					26	26	26	26	15	12	8	8	7	7	10	10		

---

5) 경북사대부고 누리집 https://knu.dge.hs.kr/

왼쪽 세로 표제: 학생 선택 과목

선택군	교과	구분	과목	1	2	3	4	5	6	7	8	운영	평가
선택군 1	예술	일반	음악	택1	택1	택1	택1					학년제	성취도 3단계
		일반	미술	2	2	2	2					학년제	성취도 3단계
선택군 2	제2외국어	일반	프랑스어 I	택1	택1	택1	택1					학년제	성취도 5단계+석차등급
		일반	독일어 I	2	2	2	2					학년제	성취도 5단계+석차등급
선택군 3	국어	진로	고전 읽기					택1				학기제	성취도 3단계+성취도별 분포비율
	수학	일반	미적분					3				학기제	성취도 5단계+석차등급
	영어	진로	영어권 문화									학기제	성취도 3단계+성취도별 분포비율
선택군 4	사회	일반	윤리와 사상					택3	택3			학년제	성취도 5단계+석차등급
		일반	정치와 법									학년제	성취도 5단계+석차등급
		일반	세계지리									학년제	성취도 5단계+석차등급
		일반	동아시아사									학년제	성취도 5단계+석차등급
	과학	일반	물리학 I					9	9			학년제	성취도 5단계+석차등급
		일반	화학 I									학년제	성취도 5단계+석차등급
		일반	생명과학 I									학년제	성취도 5단계+석차등급
		일반	지구과학 I									학년제	성취도 5단계+석차등급
	사회	진로	IB 역사 SL I						택3			학기제	성취도 3단계+성취도별 분포비율
	과학	진로	IB 물리 SL I									학기제	성취도 3단계+성취도별 분포비율
		진로	IB 화학 SL I									학기제	성취도 3단계+성취도별 분포비율
		진로	IB 생명과학 SL I									학기제	성취도 3단계+성취도별 분포비율
	수학	진로	IB 수학 분석과 접근 SL I						9			학기제	성취도 3단계+성취도별 분포비율
	영어	진로	IB 영어 SL I									학기제	성취도 3단계+성취도별 분포비율
		전문	IB 영어 연극이론과 창작 SL I									학기제	성취도 3단계+성취도별 분포 비율
	사회	진로	IB 역사 SL II							택3		학기제	성취도 3단계+성취도별 분포비율
	과학	진로	IB 물리 SL II									학기제	성취도 3단계+성취도별 분포비율
		진로	IB 화학 SL II									학기제	성취도 3단계+성취도별 분포비율
		진로	IB 생명과학 SL II									학기제	성취도 3단계+성취도별 분포비율
	수학	진로	IB 수학 분석과 접근 SL 2							9		학기제	성취도 3단계+성취도별 분포비율
	영어	진로	IB 영어 SL 2									학기제	성취도 3단계+성취도별 분포비율
		전문	IB 영어 연극이론과 창작 SL II									학기제	성취도 3단계+성취도별 분포 비율
선택군 5	사회	전문	사회 탐구 방법					택1	택1			학기제	성취도 3단계+성취도별 분포 비율
		진로	세계 문제와 미래 사회									학기제	성취도 3단계+성취도별 분포비율
	과학	진로	생활과 과학					3	3			학기제	성취도 3단계+성취도별 분포비율
		진로	생태와 환경									학기제	성취도 3단계+성취도별 분포비율
선택군 6	예술	진로	음악 감상과 비평					택1	택1	택1	택1	학년제	성취도 3단계+성취도별 분포비율
		진로	미술 감상과 비평					1	1	1	1	학년제	성취도 3단계+성취도별 분포비율
선택군 7	기술·가정	일반	정보					택1	택1			학년제	성취도 5단계+석차등급
	한문	일반	한문 I					2	2			학년제	성취도 5단계+석차등급
	교양		IB 지식론 I					2	2	2	2		이수&미이수
선택군 8	수학	진로	IB 수학 분석과 접근 HL I						택2			학기제	성취도 3단계+성취도별 분포비율
	영어	진로	IB 영어 HL 1									학기제	성취도 3단계+성취도별 분포비율
	사회	진로	IB 역사 HL I						10			학기제	성취도 3단계+성취도별 분포비율
	과학	진로	IB 생명과학 HL I									학기제	성취도 3단계+성취도별 분포비율
		진로	IB 화학 HL I									학기제	성취도 3단계+성취도별 분포비율
	수학	진로	IB 수학 분석과 접근 HL II							택2		학기제	성취도 3단계+성취도별 분포비율
	영어	진로	IB 영어 HL II									학기제	성취도 3단계+성취도별 분포비율
	사회	진로	IB 역사 HL II							10		학기제	성취도 3단계+성취도별 분포비율
	과학	진로	IB 생명과학 HL II									학기제	성취도 3단계+성취도별 분포비율
		진로	IB 화학 HL II									학기제	성취도 3단계+성취도별 분포비율
선택군 9	국어	일반	화법과 작문						택1			학기제	성취도 5단계+석차등급
		일반	언어와 매체						4			학기제	성취도 5단계+석차등급
		전문	고전문학 감상							택1		학기제	성취도 3단계+성취도별 분포 비율
		전문	현대문학 감상							4		학기제	성취도 3단계+성취도별 분포 비율
선택군 10	수학	진로	경제 수학						택1	택1		학기제	성취도 3단계+성취도별 분포비율
		진로	기하									학기제	성취도 3단계+성취도별 분포비율
		진로	수학과제 탐구						4	4		학기제	성취도 3단계+성취도별 분포비율
		진로	실용 수학									학기제	성취도 3단계+성취도별 분포비율
		진로	심화 수학 II									학기제	성취도 3단계+성취도별 분포비율
선택군 11	국어	진로	심화 국어						택2	택2		학년제	성취도 3단계+성취도별 분포 비율
	수학	전문	심화 수학 I						4	4		학년제	성취도 3단계+성취도별 분포 비율
	영어	전문	심화 영어 I									학년제	성취도 3단계+성취도별 분포 비율
선택군 12	사회	일반	세계사						택2	택2		학년제	성취도 5단계+석차등급
		일반	한국지리									학년제	성취도 5단계+석차등급
		일반	사회·문화									학년제	성취도 5단계+석차등급
		일반	생활과 윤리									학년제	성취도 5단계+석차등급
	과학	진로	물리학 II						6	6		학년제	성취도 3단계+성취도별 분포비율
		진로	화학 II									학년제	성취도 3단계+성취도별 분포비율
		진로	생명과학 II									학년제	성취도 3단계+성취도별 분포비율
		진로	지구과학 II									학년제	성취도 3단계+성취도별 분포비율
선택군 13	사회	전문	사회과제 연구						택1	택1		학년제	성취도 3단계+성취도별 분포 비율
		전문	비교 문화									학년제	성취도 3단계+성취도별 분포 비율
	과학	전문	과학과제 연구						2	2		학년제	성취도 3단계+성취도별 분포 비율
		전문	과학사									학년제	성취도 3단계+성취도별 분포 비율
선택군 14	예술	진로	음악 연주					택1	택1	택1	택1	학년제	성취도 3단계+성취도별 분포비율
		진로	미술 창작					1	1	1	1	학년제	성취도 3단계+성취도별 분포비율
선택군 15	교양	일반	논술					택1	택1	택1	택1	학년제	이수&미이수
		진로	창의융합과제연구					1	1	1	1	학년제	이수&미이수

													택3		학기제	성취도 3단계+성취도별 분포비율
선택군 16	수학	진로	IB 수학 분석과 접근 SL Ⅲ											택3		학기제	성취도 3단계+성취도별 분포비율
	영어	진로	IB 영어 SL 3													학기제	성취도 3단계+성취도별 분포비율
	사회	진로	IB 역사 SL Ⅲ													학기제	성취도 3단계+성취도별 분포비율
	과학	진로	IB 물리 SL Ⅲ									9				학기제	성취도 3단계+성취도별 분포비율
		진로	IB 생명과학 SL Ⅲ													학기제	성취도 3단계+성취도별 분포비율
	영어	전문	IB 영어 연극이론과 창작 SL Ⅲ													학기제	성취도 3단계+성취도별 분포 비율
	수학	진로	IB 수학 분석과 접근 SL Ⅳ											택3		학기제	성취도 3단계+성취도별 분포비율
	영어	진로	IB 영어 SL 4													학기제	성취도 3단계+성취도별 분포비율
	사회	진로	IB 역사 SL Ⅳ													학기제	성취도 3단계+성취도별 분포비율
	과학	진로	IB 물리 SL Ⅳ									9				학기제	성취도 3단계+성취도별 분포비율
		진로	IB 생명과학 SL Ⅳ													학기제	성취도 3단계+성취도별 분포비율
	영어	전문	IB 영어 연극이론과 창작 SL Ⅳ													학기제	성취도 3단계+성취도별 분포 비율
선택군 17	수학	진로	IB 수학 분석과 접근 HL Ⅲ											택2		학기제	성취도 3단계+성취도별 분포비율
	영어	진로	IB 영어 HL 3													학기제	성취도 3단계+성취도별 분포비율
	사회	진로	IB 역사 HL Ⅲ													학기제	성취도 3단계+성취도별 분포비율
	과학	진로	IB 생명과학 HL Ⅲ									8				학기제	성취도 3단계+성취도별 분포비율
		진로	IB 화학 HL Ⅲ													학기제	성취도 3단계+성취도별 분포비율
	수학	진로	IB 수학 분석과 접근 HL Ⅳ											택2		학기제	성취도 3단계+성취도별 분포비율
	영어	진로	IB 영어 HL 4													학기제	성취도 3단계+성취도별 분포비율
	사회	진로	IB 역사 HL Ⅳ													학기제	성취도 3단계+성취도별 분포비율
	과학	진로	IB 생명과학 HL Ⅳ									8				학기제	성취도 3단계+성취도별 분포비율
		진로	IB 화학 HL Ⅳ													학기제	성취도 3단계+성취도별 분포비율
학생 선택 과목 교과 이수 단위(학점) 소계				4	4	4	4	15	18	22	22	23	23	20	20		
창의적체험활동	자율활동			1	1	1	1	2	1	2	1	2	1	2	1		
	동아리활동			1	1	1	1	1	1	1	1	1		1			
	봉사활동							1	1	1	1	1		1			
	진로활동			1	1	1	1	1	1	1	1	1		1			
창의적 체험활동 소계				3	3	3	3	5	4	5	4	5	1	5	1		
이수 단위(학점) 총계				33	33	33	33	35	34	35	34	35	31	35	31		

• 경북사대부속중학교

경북사대부속중학교 IB 교육과정은 다음과 같다[6].

2022학년도 중학교 3개학년 교육과정 편제표

구분			1학년 (2022 입학)			2학년 (2021 입학)		3학년 (2020 입학)	
			1학기	2학기		1학기	2학기	1학기	2학기
			교과	교과	자유학기				
교과 (군)		국어	68	64	21	68	68	68	68
	사회(역사 포함)/도덕	도덕	34	32	2	34	34		
		사회	51	32	2			51	34
		역사				51	34	34	51
		수학	68	49	19	68	68	68	68
	과학/ 기술·가정	과학	68	48	3	68	68	68	68
		기술·가정	51	32	2	34	51	34	34
		정보	34	32	2				
	예술	체육	51	17	34	51	34	34	51
		미술	17	17	17	17	17	34	17
		음악	17	17	17	17	17	17	34
		영어	51	51		51	68	68	51

6) 경북사대부중 누리집 https://knu.dge.ms.kr/

	영어	51	51		51	68	68	51
선택	생활일본어/생활중국어				51	51	34	34
	학교스포츠클럽활동 (교과감)							
교과(군) 소계		510	391	119	510	510	510	510
창의적 체험 활동	자율 활동	12	12		12	12	12	12
	동아리 활동	17		17	17	17	17	17
	봉사 활동	5	5		5	5	5	5
	진로 활동	17		17	17			17
	학교스포츠클럽활동 (창체활용)					17	17	
학교스포츠클럽활동(순증)		17		17	17	17	17	17
창의적체험활동 소계		51	17	34	51	51	51	51
학교스포츠클럽활동 소계		17		17	17	34	34	17
자유 학기 활동	진로탐색활동			34				
	주제선택활동			34				
	예술·체육 활동 / 체육활동			34				
	예술·체육 활동 / 예술활동			34				
	동아리활동			34				
자유학기 소계				170				
수업시수 총계		578	408	170	578	578	578	578
학기당 과목 수		11	11		11	11	11	11
체육, 예술, 교양과목 수		3	3		3	3	3	3
학기별 체육+스포츠클럽 시수 합계		68	68		68	68	68	68

IB 학교의 수업과 평가

IB에서 실시하는 논술형 평가에서 좋은 성적을 거두려면 단순한 지식의 암기나 이해 수준으로 그쳐서는 안 된다. 전통적인 강의식 설명법과 사실 확인 수준의 문답법 정도로 수업이 진행된다면 IB 평가 문항에 대하여 대답하기가 쉽지 않다. IB 평가는 기본적으로 고차원적 사고 능력에 초점을 두고 있기에 그에 맞는 수업 방법을 실행해야 한다. 일상 수업에서 문제 중심(PBL) 수업,

프로젝트 수업, 토의토론 수업, 협동학습, 소논문 쓰기 등을 실행할 수 있어야 한다[7]. 평가 혁신이 수업 혁신으로 이어진다. 필자는 오래전에 IB 학교인 난징 국제학교 수업 참관을 했는데, 초중고 수업 시 모든 수업 시간을 블록타임제로 운영하면서 기본적으로 문제 중심(PBL) 수업을 실행하는 것을 보면서 많은 것을 느끼고, 수업 혁신에 대한 고민을 했었다.

IB를 둘러싼 상반된 입장과 그 이유들

IB의 국내 공교육 도입을 둘러싼 논쟁이 존재한다. 우선 IB 쟁점에 대한 찬성 측과 반대 측 입장과 논리를 냉철하게 살펴볼 필요가 있다[8].

찬성하는 입장은 무엇보다 2015 교육과정이나 2022 개정 교육과정에서 추구하는 교육목표와 역량과 IB가 추구하는 교육목표와 역량이 다르지 않다

---

7) 김나윤, 강유경(2020), "국제 바칼로레아, IB가 정답이다", 라온북
8) 이기명(2021), 'IB의 국내 공교육 도입 추진 쟁점 분석', 학습자중심교과교육연구 제 21권 10호
김천홍(2018), '인터내셔널 바칼로레아 디플로마 프로그램의 국내 공교육 도입에 대한 비판적 고찰', 학습자중심교과교육연구 제18권 12호

는 것을 강조한다. 2022 개정 교육과정에서는 '포용성과 창의성을 갖춘 주도적인 사람'을 추구하고, 추구하는 학생상으로 자기 주도적인 사람, 창의적인 사람, 교양 있는 사람, 더불어 사는 사람을 지향한다. 또한 핵심 역량으로 자기관리 역량, 지식정보처리 역량, 창의적 사고역량, 심미적 감성 역량, 협력적 소통 역량, 공동체적 역량을 제시하는데, 이는 IB가 추구하는 학생상과 역량과 연결된다고 본다.

둘째, 공교육에 IB 교육과정을 도입한 이유 자체가 교육격차, 교육 불평등, 교육 양극화 해소 등 공교육을 통한 포용 가치 실현에 도움이 된다는 것이다. 지금까지 우리나라에서 운영하고 있는 IB 학교들은 비싼 학비를 내야 하는 국제학교, 특목고, 자사고가 많았다. 그런데 공립 일반고까지 IB 학교를 운영하면서 무상교육으로 확대하면, 경제 격차에 따른 교육격차를 진정으로 해소하는 방법이 될 수 있다는 것이다.

셋째, IB 교육과정과 평가는 사교육을 통하여 구현할 수 없기에 사교육비를 줄일 수 있는 현실적인 대안이 될 수 있다는 것이다. 일부 사람들이 IB를 귀족교육, 영재교육이라고 보는 것은 오해에 불과하다는 것이다.

넷째, IB 학교 지원 예산은 기존 연구학교나 혁신학교 지원 예산에 비해 크지 않기 때문에 예산 문제는 큰 문제가 아니라는 것이다. 그리고 IB 지원 예산은 주로 한글 번역 작업, 한국인 연수 강사 양성, 교원 연수 진행, 한국인 채점관 양성, 컨설팅 비용, 학교 시설 보완 등으로 사용되는데, 이는 국내 교육 발전에 있어서 도움이 되는 투자가 될 수 있다는 것이다. 또한 우리나라 교사들의 역량이 뛰어나기 때문에 IB 교사 수급 문제도 큰 문제가 되지 않는다는 것이다.

다섯째, IB 국내 도입으로 인하여 현재 객관식 평가 중심의 수능 체제를 혁신하는 데 있어서 현실적인 도움이 될 것이라는 입장이다. 대입 체제 개선을 위해 많은 노력이 있었지만 이와 관련 사람들과 단체들의 이해관계가 달라서 그 개선 효과는 높지 않았다. 하지만 IB 평가를 국내에 도입하면 실질적인 대입 체제 개선에 도움이 될 수 있다는 것이다. 국제적인 평가의 공정성을 확보하고 있는 IB 평가를 통해 내신 부풀리기 문제, 학종의 부작용 문제 등을 극복할 수 있는 대안이 될 수 있다는 것이다.

그에 반해 반대하는 입장은 정리하면 다음과 같다. 첫째, 2022 국가 교육과정을 성공적으로 정착시키고, 국내 현실에 맞는 한국형 교육과정을 개발하여 운영하는 것이 현실적인 교육과정 및 평가의 실현 방안이라는 것이다. 구태여 IB 교육과정을 도입할 필요가 없다는 것이다. IB 교육과정과 평가 자체는 긍정적으로 평가할 수 있지만, 2022 국가 교육과정에서 제시한 성취기준과 모두 일치하는 것은 아니다. 한 학교 안에서 2022 국가 교육과정과 IB 과정을 동시에 운영하는 경우, 교육과정과 평가를 안정적으로 운영하기가 현실적으로 쉽지 않다는 것이다. IB를 운영하는 노력과 예산, 그리고 에너지를 우리 교육 현실에 맞는 교육과정 운영과 한국형 논·서술형 평가를 개발하고 운영하는 데 사용하는 것이 더 바람직하다고 보는 것이다.

둘째, IB 학교가 교육 불평등과 교육 기회의 차별을 유발할 수 있다는 것이다. IB 학교에 우선적인 관심을 보이는 학교들은 특목고나 일부 사립학교 등인데, 이러한 학교들이 대거 IB 학교로 전환하는 경우, 새로운 특권 학교가 될 가능성이 있다는 것이다. 정부가 논술형 대입 국가시험을 서두르지 않은 상태에서 IB 학교들이 늘어나면 새로운 교육 양극화 현상이 나타날 수 있다는 것이다. 또한 IB 학교에 대한 예산 및 인력 지원은 다른 학교와의 형평성 문제를 불러일으킬 수 있다는 것이다.

셋째, IB를 도입하는 과정에 있어서 오히려 사교육 증가가 예상된다는 것이다. 중국 IB 학교의 경우, IB 과정을 성공적으로 이수하기 위한 학생들의 개인 교습이 횡행하고, 저소득층 학생의 진입이 쉽지 않았다. 우리나라에서도 IB 학교에 대한 사회적 선호 현상이 나타나면 IB 학교 진학을 위한 사교육 시장 이 활성화될 것이다. 또한 높은 수준을 요구하는 IB 교육과정과 과다한 학습 량, 빠른 진도, 영어 몰입교육에 대한 부담감 등으로 인하여 학생들이 심리적 인 압박과 스트레스를 받을 가능성이 높다.

넷째, IB 학교에 대한 막대한 예산과 행정을 지원할 경우, 교육예산 배분의 형평성 문제를 야기할 수 있다는 것이다. IBO에 직접 납부하는 IB 인증학교 비용은 약 1천만 원 정도이지만 교사 교육 및 연수, 학생 교육 활동 지원비, 학 교 시설 보완 등을 포함시키면 훨씬 더 많다. 교원은 IBO가 주관하는 워크숍 에 참석하여 연수를 의무적으로 받아야 하며 이에 대한 경비도 지불해야 하 고, 학교별로 IBO와 학교 사이에 관련 업무와 교육과정의 구성·평가·학생의 IB 시험 응시, IB 인증 관련 절차 등에 대한 업무를 수행하는 IB 전담 코디네 이터를 의무적으로 배치하는 예산도 필요하다. IBO가 실시하는 5년마다 정 기적으로 학교 평가를 실시하는데, 약 5백만 원 정도가 소요된다. 제주시교육 청의 경우, IB 관심 학교는 2천만 원, IB 후보 학교는 5천만 원을 지원했고, IB 관련 교육청의 전체 예산은 약 3억 원 정도가 된다. 대구시교육청의 경우, 학 교당 지원 예산은 IB 기초 학교는 3~5백만 원, IB 관심 학교는 3~4천만 원, IB 후보 학교는 6~8천만 원 정도이다[9].또한 IB 인증 교사에게 공립학교 자격 증을 부여할 경우, 교원 수급 문제, 기존 교사들과의 형평성 문제 등이 발생할 수 있다. IB 교사 중 일부는 근무 조건이 좋은 국내외 국제 학교로의 이직 가능 성도 있다.

다섯째, 현재 수능 체제를 유지하는 상태에서 IB 학교를 확산시키면 새로운

9) 조인식(2020), '국제 바칼로레아 운영 현황 및 국내 도입을 위한 과제', 국회입법조사처

부작용이 생길 수 있다는 것이다. 우리나라 내신과 수능 평가는 1~9등급 상대평가 체제이지만, IB 평가는 절대평가 체제이므로 서로 맞지 않는 부분이 있다. IB를 만병통치약처럼 바라보는 지나친 기대는 오히려 위험할 수 있다는 것이다. 논·서술형 평가는 평가자의 주관성이 개입될 여지가 있고, 공정한 평가 과정이 교사들에게 과중한 업무가 될 수 있다는 것이다.

IB 학교의 교육정책을 추진하는 데 있어서 풀어가야 할 과제들

IB에 대하여 개인적으로 찬성하든 반대하든 간에 현재 상황에서 바라보면 IB 학교가 일부 시도교육청을 중심으로 많이 확산될 것이다. 그렇다면 IB 찬반 여부를 떠나 IB 관련 교육정책을 추진하는 데 있어서 몇 가지 고민해야 할 과제들을 생각해야 한다.

첫째, 먼저 이미 운영되고 있는 국내 IB 학교 운영 사례를 연구하고, 시행착오의 경험을 바탕으로 전략적으로 추진하는 노력이 필요하다. 현재 운영되고 있는 IB 학교의 국내 유형별 연구가 이루어져야 한다. 한국 국제학교의 IB 운영, 일반 공립학교로서 학교 단위로 IB를 운영하는 제주 표선고 운영, 자사고로서 충남 삼성고의 IB 과정 운영, 경기외고, 대구외고 등 특목고의 IB 과정 운영 등 학교별 특성에 따라 IB 운영 방식이 각기 다르고 그에 따른 장단점도 다를 것이다. 이에 대한 정책 연구가 선행되어야 하고 이를 바탕으로 IB 학교 추진 전략 수립과 확산에 대한 방안을 마련해야 한다. 그래서 IB 학교를 점진적으로 확대하거나 현재 수준으로 유지하는 방안 등 다양한 대안들을 모색해야 한다. 혁신학교의 성급한 양적 확대에 따른 부작용을 IB 학교가 반복해서는 안 된다.

둘째, IBO와의 협조를 최대한 이끌어낼 수 있어야 한다. IB는 IBO가 운영하므로 IBO와의 협조 없이 IB 학교를 운영할 수 없다. IB 학교는 기본적으로

학교, 미래교육을 디자인하다

IBO의 학교 인증 평가 기준에 의한 중앙집권식 학교 관리와 통제를 받는다. 그런데 IBO가 지향하는 교육과정 편성 및 운영 지침, IB의 내외부 평가, 교사 교육, IB 프로그램 인증, 시설 투자, 교사 연수 및 관리 등이 우리나라 공교육 체제 운영 방식과 충돌될 수 있다. 시도교육청(내지 한국 IB 학교)과 IBO 사이에서 갈등이 발생한 경우, 이를 조정하는 것이 생각보다 쉽지 않다. 이미 이러한 갈등 문제는 대구시교육청과 제주시교육청이 경험하고 있다. 무엇보다 IBO가 한국 정부나 시도교육청의 요구를 순순히 받아줄 것이라는 순진한 기대를 내려놓아야 한다.

셋째, 기존 한국 교육과정 운영 방식과 달라서 생기는 충돌 문제들을 해결해야 한다. 영어과 이외 일부 과목에서의 영어 몰입 수업 등의 문제를 어떻게 풀어가야 할지 고민해야 한다. IB 학교에서는 학생들은 반드시 두 과목을 영어로 들어야 한다. 영어 과목은 모두 원어민 수업으로 진행된다. 수능에서 강조된 읽기, 듣기가 아닌 쓰기, 말하기 위주의 수업이 이루어진다. 그래서 IB 영어 공부를 한 학생들은 수능 영어 준비에 불리할 수 있다. 또한 미술, 연극, 정보, 물리 과목 중 한 과목 이상 영어 수업을 진행해야 한다. 이 경우, 해당 과목 교사가 전체 수업을 영어로 진행해야 하는 부담감이 있고, 학생들도 영어로 수강해야 하므로 영어 실력이 부족하거나 중하위권 학생들에게는 상대적으로 불리할 수 있다. IB 학교가 영어권 국제학교들로부터 시작했기에 영어 교육을 강조하지만, 영어가 모국어가 아닌 우리나라에서는 영어 몰입 수업이 현실적으로 쉽지 않다. 그리고 우리나라 수학과 교육과정에 비해 IB의 수학과 교육과정이 난이도가 낮기 때문에 한국 학생 입장에서는 수학을 공부하기 좋을 수 있겠지만, 국내 대학 진학을 희망하는 경우 문제가 될 수 있다.

넷째, 해외 대학 진학 예정자 외에 국내 대학 진학 예정자를 위한 지원 방안을 모색해야 한다. IB는 해외 대학 진학 희망자들에게는 좋겠지만, 국내 대학 진학 희망자들에게는 문제가 될 수 있다. 현재는 특목고 및 자사고 재학생 등 상위권 학생들이 IB 과정을 주로 이수하고 있기에 수시를 통해 국내 대학을 진학하는 것이 그리 어렵지 않았다. 일부 특목고나 자사고가 IB를 학교 단위가 아니라 학급 단위로 운영한 이유는 해외 대학 진학 희망자들을 대상으로 운영하기 때문이다. 그런데, 학교 단위로 IB 과정을 운영하면 다수의 학생들이 국내 대학 진학을 희망하는 경우, 대입에서 불리할 수 있다. 또한 중하위권 학생이 많은 일반 공립 고등학교가 IB 학교로 지정되는 경우가 많이 생기면 국내 대학도 해당 IB 학교에 대한 평가가 달라질 수 있을 것이다. 그러므로 IB를 국내에서 성공적으로 정착하려면 국내 대학과의 협력 체제를 구축해야 한다. 즉, 국내 대학들이 IB 점수를 많이 인정할 수 있어야 한다는 것이다. IB가 국내 대학 입시에 실질적인 도움이 될 수 있어야 IB 학교가 국내에서도 지속적으로 발전할 수 있을 것이다.

다섯째, 2022 국가 교육과정 및 평가, 입시 체제와 IB 교육과정 및 평가, 입시 체제 간의 공존과 협력 관계를 구축해야 한다. 특히 우리나라의 대입 및 평가체제와 IB 평가체제가 충돌하는 지점을 잘 해결할 수 있어야 한다. 이 문제를 해결할 수 있는 시나리오는 IB 평가 방식을 한국 대입 및 평가 방식으로 전환하는 방안과 한국 대입 및 평가 방식을 IB 평가 방식으로 전환하는 방안이 있을 수 있다. 그런데 전자는 IBO가 받아들일 수 있는 방안이 아니기 때문에 현실적으로 불가능한 것이다. 후자는 한국 정부 차원에서 IB 방식으로 대대적인 대입 제도를 혁신해야만 가능한 것이므로 현실적으로 쉽지 않다. 후자 방안이 현실화되려면 국가교육위원회 등을 통해 사회적 숙고 과정과 합의가 있어야만 가능할 것이다. 둘의 공존과 협력을 이루려면 시도교육청 내지 교육부와 IBO 간의 상호 이익 추구를 통한 타협과 지혜가 필요하다.

한국형 바칼로레아(KB)에 대한 두 가지 입장

KB의 필요성은 현행 수시 전형 학생부 종합 전형의 한계와 IB에 대한 벤치마킹의 필요성에서 비롯된다. 수능 5지 선다형 객관식 평가 방식과 이로 인한 파행적인 고교 교육과정 운영에 대한 비판과 그 대안으로 등장한 것이 수시 전형이다. 선다형 객관식 평가는 신뢰성과 공정성, 객관성은 어느 정도 담보했지만, 타당성은 상대적으로 떨어졌다. 수능 준비로 인한 파행적인 고교 교육과정 운영의 문제점을 극복하기 위해서 등장한 것이 바로 학생부종합전형이다. 학생부 종합 전형은 수능 문제풀이 특강 수업의 문제점을 극복하고, 토론 수업이나 프로젝트 수업 등 다양한 학생 참여수업을 가능할 수 있도록 했다. 학생부종합전형을 통해 고교 교육과정을 정상적으로 운영할 수 있었고, 농산어촌 학교나 중하위권 학생들도 상위권 대학에 들어갈 수 있는 통로가 되었다. 하지만 '깜깜이 전형'이라는 공정성 문제가 발생했고, 일부 사람들이 추천서와 자기소개서 작성 시 부풀리기를 하거나 소논문을 대필하는 등의 문제점이 생겼다. 부모의 재력과 노력에 의해 학생종합생활기록부를 유리하게 작성할 수 있기도 했다. 그래서 수시 전형 시 추천서를 이미 폐지했고, 2024년부터 자기소개서도 폐지할 예정이다. 생활기록부 작성 시 수상 기록도 교내로 한정했고, 기록 횟수와 교사들이 적는 글자 수도 제한했다. 또한 공정성을 해친다는 이유로 소논문도 폐지했고, 대회나 공인 어학성적 등을 쓰지 못하게 했다. 결과적으로 학생생활기록부가 입시 선발 기능에 있어서 변별력을 행사하기 힘들게 되었다. 현재 수시 전형의 비중을 줄이고, 수능 비중을 늘리는 방향으로 대입 제도가 바뀌고 있는 상황이다. 그런데 예전 수능 체제로 회귀하게 되면 예전 수능 체제에서 발생했던 부작용들(강의식, 문제풀이식 수업 강화, 파행적인 학교 교육과정 운영, 고교 교육과정 자율성 위축 등)이 다시 등장할 것으로 예상된다.

KB는 IB에 대한 장점을 한국적 상황에 맞게 구현하자는 것이다. 현행 우리나라 교육과정 및 평가체제와 IB가 충돌되는 지점이 있으니 IB를 직접 도입하는 것보다 IB를 한국형 절대 논술평가 체제를 만들어 운영하는 것이 현실적인 접근이라는 것이다. 즉, KB를 통해 비판적 사고력을 키우고, 사고력 중심 교육과정·수업·평가 모델을 확대하자는 것이다. 특히 서울시교육감은 2022년 교육감 선거과정에서 KB를 적극적으로 추진하겠다고 발표했다. 경기도교육청에서도 IB 학교 운영을 통해 이를 기반으로 경기형 바칼로레아를 운영하겠다고 인수위 백서에서 제시했는데, 이것이 사실 지역형 KB이다.

진보와 보수 등 정치적 성향을 떠나 IB 자체에 대하여 대체로 긍정적으로 평가한다. 하지만 시도교육청에 따라 IB와 KB에 대한 입장과 추진 전략은 차이가 있다. IB를 직접 도입하여 운영하다가 점진적으로 KB로 발전시키자는 입장과 IB를 건너뛰고 바로 KB로 발전시키자는 입장으로 구분된다. 둘의 공통점은 궁극적으로는 KB 체제를 구축해야 한다는 것이다.

KB 정책을 추진하는 데 있어서 풀어가야 할 과제들

KB를 성공적으로 추진하려면 IB 이상의 풀어가야 할 과제들이 있다.

첫째, KB 정책을 서둘러 추진하는 것보다 신중하고 점진적이며 전략적으로 접근해야 한다. IB에 대한 실증적인 정책 연구를 토대로 KB 추진 전략을 수립해야 한다. KB 학교 운영 시 소수의 모델학교를 지정하고 성과에 따라서 점진적으로 확대해 나가야 할 것이다.

둘째, 국내 대학과의 협력 체제를 구성해야 성공적으로 KB를 정착시킬 수 있다. KB의 핵심은 대입 선발이다. KB 점수를 대학에서 인정하고 대입 전형의 통로 중 하나로 인정해야 한다. KB를 인정하는 국내 상위권 대학이 많을수록 성공적으로 정착할 수 있을 것이다. 우선 시도교육청이 지역형 KB를 통해

학교, 미래교육을 디자인하다

지역 내 대학들과 고등학교를 연결하는 작업을 해야 한다. 학생 수 감소 현상으로 인하여 대학 입장에서 학생 모집을 하는 것이 쉽지 않기에 고교와 대학을 KB로 연결하는 것이 그리 어렵지 않을 것이다. 국내 대학들과의 협력을 통해 KB의 신뢰성과 공정성을 확보해야 한다.

셋째, 정부 차원에서의 대입 제도 개선이 뒷받침되어야 한다. 선다형 객관식 평가 및 상대평가를 근간으로 하는 현행 수능 체제와 논·서술형 평가 및 절대평가를 추구하는 KB 체제는 충돌할 수밖에 없다. 궁극적으로는 수능을 절대평가 방식으로 자격고사화하고, KB를 통해 대학이 원하는 학생상에 맞추어 학생들을 선발할 수 있도록 해야 한다. 하지만 현실적으로 대입 제도를 갑자기 크게 바꾸는 것이 쉽지 않기 때문에 관심 있는 고등학교와 대학과의 연계를 통해 점진적으로 KB 체제를 구축하는 것이 바람직할 것이다.

넷째, KB에 맞는 교사의 전문성과 역량을 기를 수 있어야 한다. 무엇보다 KB에서 교육과정, 수업, 평가 전문가를 양성해야 한다. IB가 교사 연수와 양성을 강조하는 것처럼, KB에서도 교사의 전문성을 신장하기 위한 노력을 기울여야 한다. 중국 난징국제학교는 모든 수업을 PBL(문제 중심) 수업, 토의토론 수업, 협동학습, 프로젝트 수업으로 진행했다. IB 평가가 가능한 이유는 수업 시간에 교사가 학생들이 자기 주도적 학습 활동을 할 수 있도록 유도하고, 고차원적 사고 능력 개발에 초점을 둔 수업을 하고 있었기 때문이었다. 강의식 수업과 문제풀이 수업으로는 IB 평가 점수를 잘 받을 수 없듯이, KB도 이러한 방향에서 진행되어야 할 것이다.

다섯째, KB의 공정성을 담보할 수 있는 제도적 장치를 마련하고, KB 운영기구인 KBO(한국형 바칼로레아 기구 내지 KB 지원센터)를 구축해야 한다. IB의 평가 공정성을 확보하기 위해 IBO 차원에서 여러 가지 노력을 기울인다. IB에서는 교사가 논술평가 시 학생 이름을 가리고 평가하되, 그 안에 스파이 답안지를 넣어 교사가 제대로 논술평가를 하는지 확인하고, 점수 부풀리기 등 문제가 발생하는 경우, 학교와 교사에게 페널티를 준다. IBO가 3단계에 걸쳐 검증 과정을 통하여 IB 학교를 인증하고, 학교 교육과정과 평가의 질 관리를 위해서 교사 연수를 실시한다. IBO가 교육과정 및 평가의 질 관리를 위해 학교 평가를 실시하고 그에 맞는 학교 컨설팅을 실시한다. IB처럼 KB도 희망 학교들을 낮은 기준으로 KB 학교로 인증하는 것이 아니라 철저한 준비 단계와 검증 과정을 통해 KB 학교를 선정하고, 학교 교육과정과 질 관리를 위해 정기적인 학교 평가와 그에 맞는 학교 컨설팅 활동을 진행할 수 있어야 한다. 시도교육청이나 교육부가 직접 KB를 운영하는 방안보다 시도교육청이나 교육부가 투자 내지 지원하여 비영리기구 형태로 KBO(한국형 바칼로레아 기구)를 조직하여 운영하는 것이 좋다. 왜냐하면 시도교육청이나 교육부는 행정기관이지, 교육과정과 평가에 대한 전문성을 가지고 있는 연구기관이 아니기 때문이다. 또한 직영의 경우, 시도교육감의 성향과 정부의 정치적 성향에 따라 운영 방식이 바뀔 수 있기 때문이다. 독일에서 정치교육이 발달한 이유는 정부가 직접 정치교육을 하지 않고, 정부가 투자하여 재단을 설립하고 재단이 자율성을 가지고 일관성 있게 정치교육을 수행했기 때문이다. 국가교육위원회가 KB를 직접 운영하는 것도 비슷한 문제점을 가질 수밖에 없다. 그러므로 학교 현장 교사, 대학교수, 연구원 등을 중심으로 교육과정과 평가에 대한 전문성을 가진 사람들을 중심으로 비영리기구 형태로 KBO를 조직하여 운영하는 것이 가장 좋다고 생각한다. 만약 당장 이렇게 추진하는 것이 힘들다면, 차선책으로 교육부 산하의 한국교육과정평가원이나 시도교육청 산하의 교육연구원에서 KB(지원) 센터를 만들고 이를 네트워크 형태로 연결하여 KB 사업을 추진하고, KB 학교 질 관리를 하는 것이 좋을 것이다. 시도교육청이나 교육부는 KB 학교의 운영 방향을 제시하고, KB 학교 운영에 필요한 예산

학교, 미래교육을 디자인하다

지원과 대학과의 연계 등을 하면 좋을 것이다. KBO 조직 및 운영 체제 문제는 추후 정책 연구와 사회적 합의 과정을 통해 합리적인 방안을 모색하면 좋을 것이다.

KB 학교를 위한 평가 혁신의 방향

교육평가의 목적은 학생들이 일정한 학습경험을 수행한 후 학습 목표를 어느 정도 달성했는지를 측정하는 것이다. 그리고 교사들은 측정 자료를 활용하여 학생들의 학습 수준을 이해하고 교사 자신의 수업을 반성하는 자료 내지 학생들과 학부모들의 자기 발전 자료로 삼는다. 평가는 학생들이 교육목표를 보다 빨리, 효율적으로 달성할 수 있도록 하는 과정(수단)이다. 즉, 평가는 학생들을 서열화하기 위한 수단이 아닌 학습 목표를 이룰 수 있도록 도와주는 수단이다[10]. 따라서 평가의 핵심은 테스트(test)가 아니라 피드백(feedback)이다. 그런데 현재 우리나라의 평가 문화는 테스트에 집중된 채 피드백이 빠져있고, 상급학교를 진학하기 위한 선발 수단으로 치우쳐 있기에 평가의 왜곡 현상이 두드러진다.

그러므로 KB 학교는 왜곡된 평가의 본질을 회복하고, 미래형 평가의 방향을 지향할 수 있어야 한다.

- 상대평가에서 절대평가로!
- 객관식 평가에서 수행평가 중심으로!
- 교육과정-수업-평가-기록의 분리에서 교육과정-수업-평가-기록의 일체화로!
- 단답형 지필 평가(기존 지식 습득 여부 확인)에서 논·서술형 평가(자기 생

---

10) 강승호 외(2002), "현대 교육평가 이론과 실제", 양서원

각 표현하기)로!

• 지식 중심 평가(아는 것)에서 역량 중심 평가(할 수 있는 것)로!

• 결과 중심 평가에서 과정 중심 평가도!

• 경쟁 학습 평가에서 협동학습 평가로!

• 선발 중심 평가에서 성장 중심 평가로!

• 교사 개인 중심 평가에서 집단지성 중심 평가로!

• 논·서술형 평가와 수행평가의 객관성을 확보할 수 있는 것으로!(평가 신뢰 성, 전문성 확보하기)

미래형 평가의 유형 중의 하나가 논술형 평가이다. 논술형 평가는 특성상 타당도는 높지만, 상대적으로 신뢰도, 객관도, 실용도는 낮은 편이다. 타당도 란 측정하고자 하는 바를 실제로 측정하고 있는가의 문제이다. 신뢰도란 측정 값이 믿을만한 것인가의 문제이다. 객관도는 교사가 얼마나 일관성을 유지하 여 채점하는가의 문제이다. 실용도는 측정 도구가 시간, 돈, 노력을 효율적으 로 사용하는가의 문제이다.

> • 타당도 − 측정하고자 하는 바를 실제로 측정하고 있는가? (평가문항 자체)
> • 신뢰도 − 측정값이 믿을만한 것인가?
> • 객관도 − 채점자(교사)가 얼마나 일관성이 있게 채점하는가? (교사 자체)
> • 실용도 − 측정 도구가 시간, 돈, 노력을 얼마나 적게 드는가?

IB는 논술형 평가의 단점인 신뢰도, 객관도, 실용도를 보완하기 위해 교사 대상 평가 연수를 실시하고, 실제 평가 결과를 점검하고, 컨설팅을 한다. 점수 부풀리기 현상이 나타나지 않도록 IB 코디가 평가의 질 관리를 정기적으로 진 행한다. KB를 잘 운영하려면 IB에서 실시하는 교육과정-수업-평가의 질 관리 체제를 잘 벤치마킹하여 한국적 상황에 맞는 평가체제를 구축할 수 있어야 한다. IB 평가 문항보다 더 중요한 것이 IBO가 운영하는 질 관리 시스템이다. 그러므로 KB를 잘 운영하려면 KBO의 운영 체제를 잘 구성하는 것이 중요하다.

논서술형 평가의 실제

IB나 KB에서 핵심은 평가이지만 이러한 평가가 가능하기 위해서는 교육과정과 수업이 평가와 잘 연결되어야 한다. 예컨대, 기존 교과 지식을 강의식 설명법으로 전달하고 나서 논술형 평가를 실시한다면 좋은 결과를 거두기 어려울 것이다. 평가는 학생들을 서열화하기 위한 수단이 아니라 학습 목표를 이룰 수 있도록 도와주는 수단이라는 것이다. 즉, 평가의 핵심은 테스트(test)가 아니라 피드백(feedback)이다. 피드백이 살아있는 평가가 있어야 KB도 잘 운영할 수 있을 것이다.

서술형 평가는 지식에 대한 이해 수준을 평가하는 문항으로서 특정 개념을 학생이 자기가 이해한 대로 문장 형태로 풀어서 쓰는 것이다. 예컨대, '"인공지능"에 대한 정의를 쓰시오' 처럼 객관적 사실에 초점을 맞추어 문장 형태로 쓰는 것이다. 논술형 평가는 적용, 분석, 종합, 평가 등 고차원적인 사고 전략에 맞게 평가하는 문항으로서 어떤 주제에 대한 의견과 생각을 학생이 논리적으로 서술하는 것이다. 주장하는 글을 쓰려면 자기의 주장과 이를 뒷받침하는 이유가 나와야 하고, 사실에 근거하여 주장을 펼쳐야 하므로 지식에 대한 이해 부분도 포함되어야 한다. 그래서 논술형 평가에서는 서술형 평가도 포함되어 있기에 서술형 평가와 논술형 평가를 엄밀하게 구분하기 쉽지 않다. 그래서 논서술형 평가 내지 서논술형 평가라는 용어를 사용하는 이유가 있다.

논서술형 평가의 장단점이 있다[11].

논서술형 평가의 장점은
- 복합적인 학습결과를 측정하는 데 효과적이다.
- 교과 수업의 타당도가 높다.
- 상대적으로 제작하기 쉽다.
- 학생들의 고차원적인 사고 전략을 세우는데 도움이 된다.
- 학생들의 생각과 주장을 확인하는데 좋다.
- 대충 찍기가 불가능하다.

하지만 논서술형 단점은
- 채점하는데 시간과 노력이 많이 필요하다.
- 채점의 신뢰도와 객관성이 떨어질 수 있다.
- 문항 내용이 명료하지 않을 수 있다.

그래서 논서술형 평가는 교과의 특성, 학습주제의 방향, 학생들의 특성 등을 고려하여 활용하는 것이 필요하다. 대개 객관식 평가와 주관식 평가를 혼합하여 평가하는 경우가 많은 것도 평가 유형의 특징과 관련하여 이해할 수 있다.

논서술형 평가에서 유의해야 할 사항

논서술형 평가 문항을 제작하려고 할 때 다음의 내용을 기억하면 좋다[12].

---

11) 강승호 외(1999), 현대 교육평가의 이론과 실제, 양서원
12) 강승호 외(1999), 현대 교육평가의 이론과 실제, 양서원

학교, 미래교육을 디자인하다

- 학생들의 지적 능력을 입증할 수 있는 문항이나 과제를 제시해야 한다.
- 학습한 내용을 토대로 새로운 문제 해결을 추구할 수 있는 문항을 제시하면 좋다.
- 성취기준에 근거하여 평가 문항을 제시해야 한다.
- 어떤 주제에 대한 자신의 입장을 간단히 제시하는 것보다 자신의 입장에 대한 근거를 잘 제시할 수 있어야 한다.
- 학생들의 학습수준과 특성을 고려하여 출제해야 한다.
- 문항 제작에 충분한 시간을 투입해야 한다.

논서술형 평가를 논술형 평가 문항에서 유의해야 할 사항을 정리하면 다음과 같다.

---

1. 발문 자체가 명료하고 구체적이어야 한다.
   예) 민주주의 사회를 만들기 위해 노력해야 할 자세를 서술하시오.
   ⇒ 4·19혁명을 통해서 알 수 있는 민주 시민으로서 지켜야 할 교훈 2가지를 제시하고 그 이유를 쓰시오.

2. 채점 기준이 구체적으로 제시될 수 있어야 한다.
   예) 윗글의 사례를 공리주의와 칸트 입장에서 도덕적인 판단을 내리고 그 이유를 쓰고 이 사례에 대한 자신의 입장을 3가지 이상 논하시오. (총 30점)
   ⇒ (도덕적 판단 각 2점, 총 4점 / 공리주의와 칸트 입장에서 그 이유를 제시하기 각 4점, 총 8점 / 자신의 입장 1가지 당 4점, 총 12점 / 분량이 200자 미만 시 감점 채점함)

---

3. 주관식 답안지 제시 시 채점 기준(표)와 모범 답안 사례가 제시되어야 한다.

- 평가 문항 및 채점 기준

[논·서술형]

남북한 통일 시 예상되는 문제점 3가지 이상을 제시하라. 그중에서 1가지를 선택하여 그 대안을 제시하고, 이에 대한 예상되는 반론과 재반론을 하시오.

[채점기준]

– 문제점 각 5점, 합 15점 / 대안 5점 / 예상되는 반론 5점 / 재반론 5점 / 총 35점

- 모범 답안 예시

[통일 시 예상되는 문제점 예시]

1. 사회적 혼란 및 갈등 발생
2. 막대한 통일 비용
3. 최고 지도자 선출 문제
4. 주변 국가들의 견제 등

[대안 예시]

통일 비용 문제 해결 – 통일 이전부터 통일세 신설, 국제기금 지원 방안 마련 등

[예상되는 반론 예시]

통일세에 대한 국민들의 조세 저항이 예상되고 통일 비용에 대한 부담감이 현실적으로 크다.

[재반론 예시]

통일 비용은 기본적으로 소모성 경비가 아니라 투자비라는 국민적 인식의 전환이 필요함

미리 통일 기금을 축적하고 통일의 필요성 홍보 및 투자 차원에서 접근할 수 있도록 함

군사비 감축, 통일에 따른 재건 사업, 대륙 진출을 위한 통로 확보 등으로 문제 해결 방안을 다양한 준비할 수 있어야 함

학교, 미래교육을 디자인하다

[논서술형 채점기준표(루브릭) 예시]

등급	남북 통일시 예상되는 문제점	문제점에 대한 대안 제시	예상되는 반론	재반론
상(2)	문제점 3가지를 제시함(15점)	문제점의 대안과 그 이유를 서술함 (2문장 이상- 주장과 이유, 5점)	반론을 2 문장 이상으로 논리적으로 서술함 (5점)	반론에 대한 재반론을 2 문장으로 서술함 (5점)
중(1)	2가지를 제시함 (10점) 1가지를 제시함 (5점)	문제점에 대한 대안만 제시했거나 1문장으로 간단하게 서술함 (3점)	반론을 1문장으로 간단하게 서술함	재반론을 1 문장으로 간단하게 서술함 (3점)
하(0)	문제점을 제시하지 못함 (0점)	문제점에 대한 대안을 제시하지 못함(0점)	반론을 제시하지 못함(0점)	재반론을 제시하지 못함 (0점)

주관식(논·서술형) 평가 문항을 검토할 때는 다음의 질문을 통해 점검하는 것이 좋다.

- 교육과정의 정상적 운영을 기할 수 있게 출제되었는가?
- 발문에 묻고자 하는 내용을 정확하게 물었는가?
- 발문과 관련하여 답지의 의도가 분명하게 드러났는가?
- 발문이 너무 길어 해석 자체에 부담을 주지 않았는가?
- 보기는 문제 해결에 필요한 내용만 담고 있는가?
- 관점에 따라 다양한 반응이 나올 가능성은 있는가?
- 예상하고 있는 문항 해결 시간은 적절한가?
- 수업 내용과 평가 문항이 잘 연결되고 있는가?
- 민감한 내용이 포함되고 외부 민원의 소지가 있을 수 있는가?
- 모범 답안은 미리 작성되어 있는가? 등

14장. 학교 공간을 새롭게 디자인하다

다음 중 학교 건물은 무엇인가?

정답은 없다. 왼쪽 사진은 군대 건물이고, 오른쪽은 교도소 건물이다.

학교와 교도소, 군대는 전혀 다른 목적으로 운영하는 기관이지만 공간 배치는 차이점보다는 공통점이 더 많다.

첫째, 공간 배치가 사용자 중심이 아니라 관리자 중심으로 배치되었다는 것이다. 복도를 지나가면서 개별 공간을 잘 감시할 수 있는 공간으로 배치되어 있다. 그래서 개인적인 공간을 찾아보기 힘들다. 일반 주택은 각자의 개인방이 있고, 개인방이 어느 정도 보호될 수 있도록 구성되어 있다. 하지만 학교, 교도소, 군대는 개인 공간이 제대로 보장되어 있지 않다.

둘째, 쉼과 대화의 공간이 부족하다는 것이다. 체력을 단련하고, 전체 집회를 할 수 있는 운동장은 공통적으로 존재하지만, 상대적으로 구성원들이 쉬거나 소그룹 활동을 할 수 있는 작은 공간을 찾아보기 쉽지 않다. 일부 학교는 학생 휴게실, 홈베이스 뿐 아니라 교직원 휴게실조차 없고, 학부모실이 없을 뿐아니라 학부모와 조용히 상담할 수 있는 공간이 없어서 교무실 한쪽 공용 책상이나 교무실 책상 옆에 작은 보조 의자를 마련하여 대화하는 경우도 많다.

셋째, 공간 기본 구조가 기본적으로 정방형 배치로 이루어졌다는 것이다. 사각형 정방형 배치는 건축 설계, 건축비 및 유지비 차원에서 절약할 수 있고, 공간을 효율적으로 사용할 수 있다는 장점이 있다. 하지만 획일화된 공간은 획일적인 사고를 낳는다. 왜냐하면 사람은 공간에 영향을 받는 존재이기 때문이다. 감시와 통제를 공간과 달리 학생의 배움을 지향하는 학교 공간은 다른 관점에서 공간을 디자인해야 한다. 학생들의 창의성을 기르고 학교 생활의 스트레스를 줄이기 위해서는 교실 공간이 현재보다 다양해질 필요가 있다.

넷째, 건물을 둘러싸고 있는 담장이 높다는 것이다. 건물 안에 있는 사람들이 외부 공간과 자유롭게 이동하기 힘든 구조로 되어 있다. 대개 정문 쪽에 관리실(통제실)이 있고, 후문은 특정 시간에만 개방되고 있다. 공간마다 창살이 설치되어 있어서 정해진 출입문 이외로 이동하기 쉽지 않다. 물론 높은 담장과 창살의 이유가 각기 다르다. 교도소는 수감자의 탈출을 통제하고, 군대는 외부 침입자로부터 보호하거나 탈영을 통제하는 것이라면, 학교는 외부의 위협으로부터 학생의 안전을 보호하기 위함이다.

다섯째, 건축비가 다른 공간들에 비해 저렴하다는 것이다. 학교 건축비는

2018년 기준 학교시설물의 ㎡당 평균 건축단가는 155만원이다. 그런데 교정시설은 ㎡당 단가가 194만원이었고, 주차장 시설도 199만원이었다. 일반주택은 말할 것도 없고, 공장(154만원)보다 더 비용이 낮다. 즉, 학교 건축비가 교도소나 주차장 건축비, 공장보다 더 저렴하다는 것이다. 물론 최근 학교 신축비(150~250만원+20만원(디지털 기기), 2021년 기준)가 약간 올랐지만, 아직도 부족하고, 기존 학교 공간 혁신을 위한 재정 투자가 좀 더 과감하게 이루어질 필요가 있다.

사람은 공간에 영향을 받는다. 현재 학교 공간 배치는 획일적 사고, 통제적 사고에 맞게 구성되어 있다. 우리가 자율성과 창의성을 지향하는 교육을 추구한다면, 학교 공간 배치에 대하여 근본적인 성찰과 혁신이 필요하다.

미래 학교를 위한 학교공간 디자인의 원칙

미래학교는 미래형 교육과정을 운영하는 학교이다. 많은 미래학자들과 교육학자들이 생각하는 공통된 미래교육의 방향과 특징을 제시하면 다음과 같다[1].

- 소그룹 중심의 네트워크화
- 온오프라인 수업이 가능한 학습공간
- 학업성취기준 도달 중심의 무학년학점제
- 학습공동체, 학습공원
- 직업 역량 기반 평생교육 체제
- 교육 분권화와 교육자치, 마을교육공동체
- 학교자치와 학교 교육과정 자율성 증대
- 학습코치로서의 교사 역할 변화 등

---

1) 김현섭, 장슬기(2019), "미래형 교육과정을 디자인하다", 수업디자인연구소

미래학교는 미래교육의 방향에 맞게 학교 공간이 디자인되어야 한다. 소그룹 중심의 네트워크화와 무학년 학점제, 학습공원을 구현하려면 학교 공간이 유연하고 스마트 교실로 전환이 이루어져야 한다. 큰 교실과 작은 교실을 구분하여 학교 공간을 만드는 것이 아니라 큰 교실을 작은 교실로 전환할 수 있도록 가변 벽을 설치하여 유연하게 운영할 수 있도록 하는 것이 필요하다. 네트워크와 온오프라인 수업 등을 위해 온오프라인 수업이 가능하도록 디지털 교실로 전환할 필요가 있다. 직업 역량 기반 평생교육 체제를 지원하고, 마을 교육공동체를 운영하기 위해 마을과 지역사회가 공유할 수 있는 학교 공간이 필요하다.

미래학교를 위한 학교 공간 디자인의 기본 원칙을 정리하면 다음과 같다.

• 사용자 중심 설계

학교 교육 주체들이 삶과 배움을 담을 수 있는 공간으로 설계되어야 한다. 학생들의 배움, 교사의 업무, 학부모들의 참여 공간이 물리적으로 마련되어야 하고, 학교 공간 설계 단계에서부터 교사, 학생, 학부모들이 적극적으로 참여할 수 있어야 한다.

• 교육과정 맞춤형 공간 설계

소프트웨어를 구현하기 위한 하드웨어가 필요하다. 놀이중심 교육과정을 지향한다면 학생들이 놀 수 있는 공간을 많이 마련해야 한다. 구성주의 교육과정을 지향한다면 학생들의 흥미를 유발할 수 있고, 다양한 학습 활동이 가능한 유연한 공간이 많이 있어야 한다. 역량중심 교육과정을 지향한다면 지식과 경험을 고려하여 다양한 실천, 연습, 실험·실습 등을 할 수 있는 공간이 필요하다. 그런데 기존 전통적인 학교 공간 배치는 일제학습 등 지식 중심 수업을 교실 내부 구성과 학급중심제 기반의 학년별, 학급별 교실 배치, 생활지도 상 관리 및 통제 중심 형태로 구성되어 있다.

• 수업 맞춤형 교실 설계

유치원이나 초등학교의 경우, 교실 안에 학습 뿐 아니라 학생들이 놀 수 있는 공간을 만들어야 한다. 중고등학교의 경우, 교과 특성에 맞는 교과교실이 필요하다. 일반 교실의 경우, 다양한 학습구조를 구현할 수 있는 교실 내부 구성이 필요하다. 한 교실 안에서 일제학습이나 개별학습에 적합한 한 줄 대형 자리 배치나 ㄷ자 형태의 자리 배치, 사각지대를 최소화한 사선형 자리 배치, 협동학습을 위한 모둠형 자리 배치, 온라인 수업을 위한 교육 기자재 설치 등이 필요하다.

• 디지털 교실 설계 및 LMS

온오프라인 수업(블렌디드 수업)이 가능하려면 교실에 디지털 기기를 비치하고, 인터넷망이 설치되어야 한다. 학생들의 디지털 기기를 충전하고, 관리할 수 있는 비치함이 필요하고, 교사와 학생들이 함께 영상을 공유할 수 있는 디지털 칠판이 설치되어야 한다. 디지털 교실은 여러 가지 요소가 모두 구성되고 네트워크로 연결되어야 효율적으로 사용할 수 있다. 또한 무학년 학점제를 위해서 온라인학습관리체제(LMS, Learning Management System)를 구축하여 운영해야 한다.

• 유연한 공간 설계

교육과정은 시대와 상황에 따라 변한다. 교육과정은 사회적 요구, 학교 구성원들의 요구에 따라 창의적으로 운영될 수 있어야 한다. 그러므로 공간 설계 시 교육과정의 변화에 따라 유연하게 사용할 수 있도록 구성해야 한다. 특정한 목적으로만 사용할 수 있는 공간이 많을수록 학교 공간 활용도가 떨어질 수밖에 없다. 그러므로 다양한 형태의 수업이 가능할 수 있도록 다인수, 소인수 과목을 위한 공간 내지 이동식 칸막이가 있는 공간, 이동이 용이한 조합형 책걸상, 온라인 수업을 위한 공간 및 인프라 구축 등이 있어야 한다.

• 마을 협력 공간 설계

학교와 지역사회가 협력할 수 있는 공간이 필요하다. 학교 강당이나 수영장 등 예술 및 체육시설 등 학교 시설 일부를 공유할 수도 있겠지만, 좀 더 적극적으로 지역사회와 소통하는 공간을 만들어 교류하는 것이 가능하다. 마을 협력 공간으로 까페를 만들거나 학부모교실, 메이커 교실 등을 만들어 공유할 수 있도록 하는 것이다. 물론 마을 협력 공간이 학생들의 교육활동에 방해되지 않고, 학생 안전 및 보호를 유지할 수 있도록 해야 할 것이다.

• 친환경 및 탄소중립학교 공간 설계

학교 건물 건축 시 자연 채광을 적극적으로 활용할 수 있도록 하고, 단열 및 냉난방을 위한 벽과 창문을 설치해야 한다. 생태교육을 위한 텃밭 등을 가꾸면 좋다. 태양광 패널 설치 등 신재생에너지를 많이 활용할 수 있도록 하고, 전기차 충전 시설 등을 통해 탄소중립을 위한 공간 구축을 해야 한다.

미래학교 공간을 위한 질문

미래학교 공간을 디자인하려면 기존 생각과 고정관념을 뒤집을 필요가 있다.

• 교실 자리 배치를 야구장처럼 바꾼다면?

대개 교실 자리 배치는 분단 중심 일제 학습 구조로 배치되어 있는 경우가 많다. 교실 앞쪽 칠판 중심으로 직사각형 구조 안에 3-4개 분단 중심의 배치가 되어 있다. 그런데 수업 공간을 야구장처럼 다이아몬드(마름모)형으로 구성해보면 어떨까? 광주 어룡초등학교에서는 최근 교실 공간 바꾸기 작업을 실행하면서 일부 교실 자리 배치 방식을 다이아몬드형으로 바꾸었다. 교사 책상과 TV 모니터를 홈베이스처럼 중앙으로 삼아 배치하였다. 바닥에 쿠션 카페트를 깔고 좌식 책상과 의자를 넣어 교사와 학생들과의 물리적 거리를 최소화하였다. 이러한 배치는 교사 중심 일제 학습시 최적화된 공간이다. 이렇게 자리배치를 하면 교사 설명시 집중도가 높고, 전체 토의시 이야기하기 좋은 공간이 된다. 물론 협동학습의 경우에는 모둠 중심 자리 재배치가 좋을 것이다.

• 초등 교실 안에 놀이공간을 만든다면?

최근 초등학교 교육과정에서 저학년의 경우, 놀이 중심 교육과정을 강조하

고 있다. 놀이 자체가 가지고 있는 교육적 의미를 생각해볼 때 의미있는 접근
이라고 생각한다. 그런데 일반적인 교실 공간은 놀이 공간으로 그리 적합한
공간은 아니다. 그런데 교실 공간 구석구석에 놀이 공간을 만든다면 새로운
변화를 기대할 수 있다. 광주 어룡초의 경우, 저학년 교실에 작은 집을 지어
놀이와 쉼 공간으로 활용할 수 있는 아지트를 만들었다. 고학년 교실에는 칸
막이를 치고 혼자서도 쉴 수 있는 공간을 만들었다. 창가에는 까페처럼 창가
테이블과 의자를 배치하였다. 당연히 아이들의 만족도는 매우 높았다. 미세
먼지 등으로 인하여 운동장에서 마음대로 놀기 힘든 현실에서 이러한 놀이 공
간 설치는 새로운 대안이 될 수 있을 것이다.

• 중학교 교실 안에 쉼터 및 발표 공간을 만들어본다면?

울산 상북중학교의 경우, 일반 교실 뒤편을 쉼터 및 발표 공간으로 구성하였다. 쉬는 시간에 학생들이 평상처럼 앉거나 누워서 쉴 수 있고, 수업 시간에는 발표할 수 있는 공간으로 활용하고 있다.

• 복도를 놀이터나 만화방으로 만든다면?

대개 복도는 이동하는 공간 정도로만 생각한다. 그런데 교실 복도에 놀이터를 만들거나 작은 도서관을 만들어본다면 전혀 다른 공간으로 사용할 수 있다. 어룡초의 경우, 저학년 교실 쪽 복도에 미끄럼틀을 만들어 놀이터로 변신시켰다. 고학년 교실 쪽 복도에는 탁구대, 아지트, 도서관 등을 설치하여 아이들의 쉼 공간으로 활용하고 있다. 복도 벽면에 대형 낙서판을 설치하여 보드마카 등으로 합법적(?)으로 낙서할 수 있도록 하였다.

학교, 미래교육을 디자인하다

울산 상북중 4층 복도 공간에는 만화방이 설치되어 있다. 학생들이 쉬는 시간이나 점심시간에 들러서 쉴 수 있는 인기 공간이다.

• 1층 중앙 현관 쪽 공간에 교장실과 행정실 대신에 도서관을 배치한다면?

학교의 핵심적인 역할 중의 하나는 학생들의 배움을 이끌어내는 것이다. 배움의 상징적인 공간은 교실과 도서관이다. 건물 공간 배치상 이동하고 모이기 가장 좋은 공간은 1층 중앙 현관 부분이다. 그런데 대부분 이 공간에는 교장

실과 행정실이 배치되어 있다. 그에 반해 학교 도서관은 4층 꼭대기층에 배치하거나 후미진 위치에 있어서 학생들이 찾아가기에 불편한 측면이 있다. 그런데 학교 건물 중앙에 도서관을 설치한다면 어떤 일이 생길까? 수원 중앙기독초등학교의 경우, 1층 중앙에 도서관이 있다. 단순히 책을 보는 공간을 넘어 시청각실, 소인수 토론실이 있는 복합적 생활 공간으로서 역할을 하고 있다. 울산 상북중학교도 1층 중앙에 북까페 같은 도서관을 만들어 학생들이나 학부모들이 이용하기 쉽게 구성하였다.

• 교사 회의실을 까페로 만든다면?

교사학습공동체가 활성화되고 교사 내 의사소통이 원활하게 이루어지려면 이에 맞는 공간이 필요하다. 어룡초의 경우, 평상시 잘 사용하지 않는 후미진 복도 공간을 막아 학교 까페를 만들었다. 커피를 마시면서 각종 회의를 하거나 각종 소모임을 할 수 있도록 만들었다. 까페 안에 작은 휴게실 공간도 있고, 안마기도 배치했다. 오전에는 학부모 모임 공간으로도 활용되고 있다.

학교, 미래교육을 디자인하다

- 학교 야외 공간을 쉼터와 텃밭으로 가꾼다면?

상북중에서는 생태수업과 노작활동을 위한 학교텃밭을 잘 가꿔 놓았다. 그리고 곳곳에 쉼터 공간을 만들어 날씨가 좋을 때 야외수업이나 쉼터 공간으로 활용할 수 있도록 하였다.

교육과정 맞춤형(고교 학점제) 학교 공간디자인 사례

고교 학점제를 성공적으로 운영하려면 선진형 교과교실제를 전제로 공간이 배치되어야 한다. 특성화된 교과교실, 학생들의 쉼과 소통을 위한 공간, 이동이 쉬운 동선 배치, 교과 중심 교무실 배치 등이 적절하게 뒷받침되어야 한다. 고교 학점제에 맞는 학교 공간을 디자인하고자 할 때 다음의 사항을 기억하면 좋다.

- 고교 학점제에 최적화된 교실 운영 제도는 교과교실제이다.

- 학생 동선을 고려하여 최단거리로 이동할 수 있도록 교실 배치, 층별 배치를 해야 한다. 무학년제 운영시 해당 학년 학생들이 공유할 수 있는 공간을 배려하여 학급 배치를 해야 한다.
- 소인수 과목 수업, 팀 프로젝트 활동, 학생 동아리 활동 등을 위한 소그룹실을 확보해야 한다.
- 교과군, 집중 과정별로 공간을 배치하고 주제별 공간과 공간 사이의 연계성을 고려하여 배치하면 좋다.(STEAM 융합관 : 수학교실, 과학교실, 디자인교실(미술실), 기술실(메이커교실))
- 접근성이 가장 좋은 위치에 다목적 도서관(1층 중앙 등)을 배치하고 도서관 안에서 소그룹 활동이나 수행평가 준비를 할 수 있는 공간을 배치하면 좋다.
- 학생들의 개인 공간(사물함, 홈베이스, 학생휴게실, 통로 휴게공간)을 최대한 확보하면 좋다.
- 교과교실의 경우, 교과 특색이 반영된 교실을 구성하면 좋다. 특히 인문사회 교과군의 경우, 해당 교실에 교과 관련 도서와 자료검색용 컴퓨터 등이 배치되면 좋다.
- 사각지대나 교과군 공간에 해당 교무실을 분산 배치하면 좋다. 교사 휴게실, 학부모회의실, 학생회실을 별도로 확보하면 좋다.
- 온오프라인 공동교육과정, 지역연계 교육과정을 위한 공간은 학교 공간 외곽 쪽에 배치하면 좋다. 1교 다캠퍼스 체제(메가스쿨, 캠퍼스형 고교)를 위한 공간배치도 고려해야 한다.

충남 삼성고는 고교 학점제에 맞추어 공간 배치와 기자재가 잘 배치되어 있어서 고등학교 캠퍼스 구축 시 참고할 만한 부분이 많다.

학교, 미래교육을 디자인하다

[교과군별 기본 공간 배치]

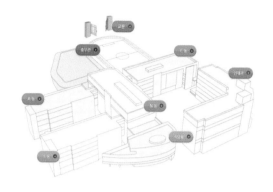 

[일반교실]

[모둠활동실]   [국제회의실]

[특성화된 교과교실 – 디자인교실]

[특성화된 교과교실 – 목공교실]

[랩실]   [학생 까페(쉼 공간)]

[도서관]

학교, 미래교육을 디자인하다

[교과군별 기본 공간 배치]

미래를 대처하는 우리의 자세

미래는 시간만 지나면 다가오는 것이 아니라 현재의 우리 결단과 노력에 의해 미래를 만들어갈 수 있다. 최근 상황은 패러다임을 바꾸고 있는 과도기적 상황이다. 학교가 예전 방식을 더 열심히 성실하게 한다고 해서 발전할 수 있는 것이 아니다. 학교에서 학생수 감소 등 현실적인 위기가 오고 나서 대처하면 이미 늦을 수 있다. 학교공동체 구성원들이 위기의식을 가지고 함께 노력해야 현재보다 더 좋은 학교, 그리고 지속가능한 발전을 할 수 학교가 될 수 있을 것이다. 이제, 정답보다는 질문이 더 중요하다. 학교에 대한 질문 앞에서 학교 공동체가 함께 고민하면서 대안을 만들어가야 한다.

"우리 학교는 미래를 준비하는 학교인가?"

"우리 학교는 현재 어디에 있고, 어디를 지향하고 달려가고 있는가?"

"우리 학교가 지속가능한 발전을 하기 위해 현재 우리가 노력해야 할 것은 무엇인가?"

EDUCATION DESIGN NETWORK

교육디자인네트워크 (www.edudesign21.net)

**교육디자인네트워크는 교육혁신을 위한 씽크 및
액션 탱크 역할을 지향합니다.**

- 현장 교원과 연구자를 중심으로 따뜻한 전문가주의와 실천연구 조직
- 교사는 연수받는 존재에서 연구하고 공유하는 존재
- 이론과 경험, 정책과 현장, 교육과 연구, 초등과 중등의 이분법 극복
- 각 영역별 연결과 협업, 소통과 나눔이 있는 플랫폼 조직
- 학습공동체, 연구공동체, 역량공동체, 실천공동체
- 연구자, 학부모, 교원, 전문직원 등이 함께 어우러지는 공동체를 지향합니다.

현재 교육디자인네트워크에는 수업디자인연구소, 교육과정디자인연구소, 교육디자인리더쉽연구소, 교육정책디자인연구소, 부모교육디자인연구소, 보건교육디자인연구소, 비주얼러닝디자인연구소, 유아교육디자인연구소, 코칭디자인연구소 등 9개 연구소가 함께 하는 수평적인 플랫폼 조직입니다.

사단법인 교육디자인네트워크는

- 네트워크 협의회 운영을 통한 각 연구소별 소통과 협업, 연대 강화
- 성장단계별 아카데미 공동 운영
  (예 : 새내기, 수석교사, 전문직원, 학부모 등)
- 연구소의 연구 및 실천 성과 홍보
  (예: 뉴스레터, 블로그, 페이스북 페이지 등)
- 논문과 보고서, 저서를 통한 출판 운동
- 각 연구소의 콘텐츠를 결합한 학교혁신 운동
- 분야별 컨설팅(예 : 연구, 수업 등)
- 정기모임을 통한 학습
- 각 연구소 사업 홍보 및 지원 등의 사업을 추진하고 있습니다.

앞으로 뜻을 같이 하는 사람들과 단체와의 협력을 하면서 교육 혁신의 꿈을 함께 이루어가고자 합니다.

- 서울 광화문센터 : 서울특별시 종로구 세종대로23길 47
                    미도파빌딩 411호
- 군포 대야미센터 : 경기도 군포시 대야2로 147, 201호
- 연락처 : 변미정 실장 (031-502-1359), eduhope88@naver.com

INSTRUCTION DESIGN INSTITUE

수업디자인연구소(www.sooupjump.org)는
수업 혁신과 교사들의 수업 성장을 돕기 위해 수업 관련 콘텐츠를
지속적으로 연구 개발하고, 연수와 출판을 통해 콘텐츠를 확산하고,
수업 전문가를 지속적으로 양성하고
수업공동체 운동을 지원하고자 합니다.

활동 방향

1. 수업 혁신을 위한 다양한 콘텐츠 개발 및 보급

2. 지속적인 수업 성장을 위한 수업 코칭 활동

3. 수업 전문가 양성

4. 수업공동체 지원 및 좋은 학교 만들기 활동

5. 교육디자인네트워크 활동 및 교육관련 단체들과의 연대 활동

활동 내용

1. 수업 혁신 콘텐츠 개발 연구
   (질문이 살아있는 수업, 수업공동체 만들기, 철학이 살아있는 수업 등)

2. 수업 혁신 콘텐츠 보급 (출판 및 학습도구 제작 등)

3. 외부 연구 프로젝트 추진

   (교육부 주관 인성교육 및 자유학기제 자료 개발, 비상교육 주관 질문이

   살아있는 교과수업 자료집 시리즈 등)

4. 교원 대상 연수 활동

   (서울 강남, 경기 광명, 구리남양주, 군포교육지원청 등 주관 연수,
   각종 교사학습공동체 및 일선 학교 대상 연수,

   온라인 원격 연수(티스쿨원격연수원, 티쳐빌원격연수원 등))

5. 수업 혁신 콘텐츠 온라인 홍보

   (홈페이지, 블로그 및 각종 SNS 활동 등)

6. 수업 전문가 양성 프로그램

   (수석 교사 및 일반 교사 대상 수업 디자이너 아카데미 운영)

7. 수업콘서트(교사들을 위한 수업 이벤트)

8. 수업 코칭 활동

   (개별 및 단위학교, 교육청 주관 수업코칭 프로그램 수업코치 및 헤드코치)

9. 교사 힐링 캠프(교사 회복 프로그램)

10. 학교 내 교사학습공동체 지원 및 외부 교육 단체 및 기관연대

변미정 실장
● 연락처 : 031-502-1359, eduhope88@naver.com